인생샷 뒤의 여자들

인생샷 뒤의 여자들

피드 안팎에서 마주한 얼굴

김지효 지음

오월의봄

사진첩에 비슷한 사진이
수십 장씩 담겨 있는 여자들에게

일러두기

- 이 책은 필자의 서울대학교 대학원 협동과정 여성학 전공 석사학위논문 〈20대 여성의 인생사진 문화 연구〉(2020)를 단행본으로 재구성한 것이다.

- 이 책 중 일부는 다음과 같은 학술지 및 잡지에 게재되었다. 소논문을 단행본에 맞게 다듬는 과정에서 일부 인터뷰를 삭제하거나 추가했고, 내용을 수정했다.
  ⑴ 〈페미니스트'들'의 인스타그램: 디지털 평판과 SNS 페미니즘〉, 《한국여성학》 37(4), 2021.
  ⑵ 〈인생샷을 찾는 사람들〉, 《인문잡지 한편》 7, 2022.

- 인터뷰이의 이름은 모두 가명으로 처리했다.

- 외래어 표기는 국립국어원의 원칙을 따르되, 고유명사(기업명, 프로그램명 등)나 관행적으로 굳어진 표현은 그대로 썼다.

들어가며

"인스타그램에 사진을 올리는 건 왜 이렇게 민망할까?" 트위터에 올라온 한 줄짜리 이 질문은 약 10만 개의 '좋아요'를 받고 만 번 넘게 공유되었다.[*]

진짜로, 나는 인스타그램에서 조금 이상해지는 것 같다. 내 인스타그램을 볼 일이 영영 없을 사람에게 스토리로 말을 걸고("오늘 카페에서 잃어버린 지갑 찾아주신 분♥ 정말 감사합니다. 복 받으세요!"), 인스타그램 계정은커녕 스마트폰조차 없는 반려동물을 향해 편지를 쓴다("뽀롱아! 세상에서 제일 사랑해"). 생일선물을 준 친구에게 직접 감사 인사를 전하기보다는, 오늘이 내 생일인지도 몰랐던 수백 명의 팔로워를 향해 고맙다는 글을 올린다("오늘 과분하게 많은 축하를 받으면서 제가 얼마나 사랑받는 사람인지 느꼈어요. 감사합니다"). 나는 인스타그램에 일기

---

[*] 〈인스타그램에 사진을 올리는 건 왜 이렇게 민망할까? 그건 당신의 공감 능력 때문일지도!〉, 《ELLE》, 2023. 2. 2.

를 쓰며 수많은 각주를 달고, 상황을 이해하지 못할 팔로워들을 고려해 게시글의 숨은 전제를 자세히 설명한다. 인스타그램에서 나는 스스로를 중계하는 리포터이자 상황을 설명하는 MC가 된다.

셀카를 올릴 때는 조금 더 치밀해진다. 나는 수백 장 찍어 겨우 한 장 건진 사진을 어쩌다 우연히 찍힌 사진인 마냥 포장해 업로드한다. 또한 손가락으로 구석구석 확대해가며 보정한 셀카를 원본인 것처럼 올리거나, 풀메이크업을 하고 찍은 사진을 막 일어나자마자 찍은 사진인 양 연출하기도 한다. 인스타그램에서 나는 내가 주인공인 화보를 연출하는 감독이자 셀카를 성형하는 디지털 집도의가 된다.

인스타그램에서 나는 왜 이토록 이상하고 치밀해질까? 그리고 이 모든 과정은 왜 이렇게 스스로를 민망하게 할까?

생각해보면 이 민망함의 역사는 꽤 오래되었다. 인스타그램 전에는 페이스북이, 그 전에는 싸이월드와 버디버디가 있었기 때문이다. 나는 초등학생 때부터 지금까지 무려 20년 가까이 SNS에 다양한 셀카를 업로드해왔다. 다만 최근에는 과거와 비교하기 어려울 정도로 셀카에 대한 집착이 커졌고, 이는 '인생샷'이라는 셀카 문화를 만나면서 시작됐다. 셀카는 시대에 따라 유행하는 양식이 변화해왔는데, 그중 인생샷은 최근 인스타그램에서 크게 인기를 끈 셀카 장르다. 콘셉트를 정해 장소와 의상을 맞추는 것이 특징이다. 대학 시절에 나는 거의 인생샷을 찍기 위해 태어난 사람처럼 살았다. 봄에는 하얀 원피스를 입고 벚꽃 아래서 사진을 찍었고, 크리스마스에는 감성적인 숙소에서 풍선을 들고 사진을 찍었으며, 새해에는 친구들과 파자마를 맞춰 입은 채 레터링 케이크에 꽂은 초를 부는 사진을 찍었다. 애인과의 기념일은 가장 중요한 디데이였다. 사진 찍기 싫다는 애인을 어르고 달래고 협박하며 어떻게든 사진 한 장을 남겼다.

불행이자 다행인 점은 이것이 나 혼자만의 일이 아니었다는 것이다. 인스타그램에 '#인생샷'을 검색하면 현재 무려 240만 개의 게시물이 나온다. 몇해 전 서울대학교 소비트렌드센터는 한국의 정치·경제·문화를 아우르는 트렌드 중 하나로 콘셉트 연출, 즉 인생샷을 뽑았다.[**] 굳이 이런 자료를 거론하지 않아도 우리는 인생샷 문화의 영향력을 도처에서 확인할 수 있다. 인생샷 문화는 관광지·카페·식당·숙소 등 상업 공간뿐 아니라 도시 전반의 지형을 바꿔놓았기 때문이다. 어딜 가나 사진을 찍는 사람들이 길게 줄을 서 있고, 지자체

[**]   김난도 외, 《트렌드 코리아 2019》, 미래의창, 2018.

는 사진을 찍기 위해 자연 경관을 해치는 사람들로 골머리를 앓는다. 전시회와 박물관은 '교양' 있는 포토존이, 역사 유적지는 '전통' 있는 포토존이, 지역 여행지는 '자연친화적인' 포토존이 되었다. 낙후된 지역이 '힙스터 성지'로 떠오르며 부동산 가격이 오르는 젠트리피케이션 현상은 지역 주민의 설자리를 뺏는 심각한 사회문제로 대두했다. 그야말로 대한민국 곳곳이 인생샷을 위한 '인스타 시티'가 되고 있는 것이다.

이 많은 여자들은, 그리고 나는 대체 왜 이렇게까지 인생샷을 찍는 걸까? 우리는 왜 스스로 민망해질 사진을 위해 이토록 노력하는 걸까? 마침 대학원에서 석사논문 주제를 찾고 있던 나는 인생샷 문화를 연구해보기로 마음먹었다.

인생샷 문화를 이해할 단초를 얻기 위해, 가장 먼저 시중에 나와 있는 셀카 관련 책을 찾아보았다. 제목에 '셀카'를 언급한 책을 잔뜩 사와 들여다보던 나는 크게 실망했다. 이 책들 대다수가 정작 본문에서는 셀카를 다루지 않았기 때문이다. 여러 책들이 셀카를 현대사회의 문제를 압축해 보여주는 일종의 '상징'으로 '잠깐' 인용할 뿐이었다. 이 논의에 따르면 셀카는 셀카 찍는 사람의 문제가 아닌, 공허한 현대인과 현대사회 전체를 대표하는 문제였다. 예를 들면 "인정욕구로 인해 자유를 잃어버린" 현대인이 "비극 배우의 가면을 쓴 우리의 모습"을 숨긴 채, "함박웃음을 짓고 있는 셀피를 전시"하며 "셀피야, 셀피야. 이 세상에서 누가 제일 예쁘니…… 페이스북 친구들아, 페이스북 친구들아. '좋아요'를 최대한 눌러 오늘 아침에 내가 정말 존재한다는 걸 알려주렴" 하고 묻는다는 것이다.*** 또한 셀카는 '관종' 문제를 지탄하는 책에도 빠지지 않고 등장했다. 많은 책에서 셀카는 타자를 소거한 채 자신에게 도취되어 살아가는 현대인의 공허함 및 비윤리성을 한눈에 보여주는 상징적 사례로 제시됐다.

한쪽에 셀카를 '시대의 문제'로 바라보는 글이 있다면, 그 반대쪽에는 셀카를 '내면의 문제'로 바라보는 글도 있다. 셀카를 분석한 여러 연구는 셀카 찍는 여성을 들여다보며 마음 상태를 진단했다. 그리고 셀카가 노출증 및 관음증, 너무 낮거나 높은 자존감 등과 같은 심리적 문제와 연결되어 있다고 결론 내렸다. 이것은 우리에게 친숙한 관점이기도 하다. 셀카를 많이 찍는 여성을 셀카 중독이라고 진단하거나 심리적 결핍을 겪는 존재로 폄하하는 경우는 흔하다. 이런 식의 논의에서 셀카는 자존감이 너무 낮거나 높은 개인의 문제로 여겨진다.

*** 엘자 고다르,《나는 셀피한다 고로 존재한다》, 선영아 옮김, 지식의날개, 2018, 122쪽.

셀카를 설명해온 기존의 이야기에는 유독 멀리 떨어져 바라보거나 가까이서 바라보는 경우가 많았다. 이 분석들은 셀카를 구조적·심리적으로 분석하는 데 도움을 주었으나, 정작 셀카가 어떻게 만들어지는지, 혹은 어떤 여성들이 셀카를 찍는지와 같은 구체적인 질문에는 답을 해주지 못했다. 셀카는 분명 시대의 문제이자 개인의 문제이지만, 셀카 찍는 이들이 시대상을 온몸으로 비추는 상징적인 거울이나 스스로의 내면에 침몰되어 갇힌 존재만은 아닐 것이다. 이들은 생각과 감정을 가지고 일상을 꾸려나가는 존재이자, 얼굴과 몸을 지닌 생생한 사람이기 때문이다. 나는 인생샷 찍는 여자들을 직접 만나 이야기를 듣기로 결심했다.

2019년부터 2022년까지, 인스타그램 인생샷 문화에 참여하거나 참여했던 20대 여성 12명을 만났다. 뒤에서 자세히 이야기하겠지만 인생샷은 상당히 많은 양의 시간과 노력, 자원을 요구한다. 따라서 입시와 노동의 과업으로부터 비교적 자유롭고, 셀카 문화에 참여할 경제적·사회적 여유가 있는 20대 중산층 여성이 인생샷 문화에 주로 참여한다. 이 연구에 참여한 여성들도 대부분 이와 비슷한 배경을 공유했다.

인터뷰이의 나이는 20대 초반부터 후반까지 다양했다. 20대는 10대 때 유예해놓은 자아 탐색 및 잠재력 발산의 기회가 주어지는 시기이자, 노동시장으로 진입을 준비하며 자기 경쟁력을 계발하는 시기이다. 자신이 노력하는 만큼 기회를 얻을 수 있다고 여겨지기에 그만큼 스스로에 대한 기대치가 강한 시기이고, 또래 사이에서 돋보이려는 욕망이 드러나는 시기이기도 하다.

인터뷰이들은 서울, 경기도, 경상도 등 여러 지역에 거주하고 있었다. 이 중에는 수천 명의 팔로워를 지닌 준인플루언서부터 지인들을 위주로 소규모 계정을 운영하는 이까지 다양했다. 사진을 보정하는 정도나 인스타그램을 이용하는 정도도 각기 달랐다. 인터뷰이들과 나는 그가 업로드한 인생샷을 함께 보며 대화를 나눴다. 주로 인스타그램에서의 경험에 대해 이야기했는데, 이들은 싸이월드부터 인스타그램까지 다양한 SNS를 연속적·동시적으로 이용하며 각 경험을 분절해 인식하고 있지 않았다. 따라서 인스타그램 밖의 SNS 및 셀카 경험에 대해서도 충분히 이야기를 나눌 수 있었다.

처음 인터뷰할 때 내가 준비해갔던 질문은 주로 외모에 관한 것들이었다. 친구의 얼굴보다 프로필사진을 더 자주 마주하는 시대에, '아름다움'이나 '외모'로 칭해지는 많은 것은 사실 디지털화된 아름다움인 셀카를 뜻한다. 셀카는 아름다움에 대한 기존의 논의와 많은 부분을 공유하지만 그것이 전부는 아니다. 셀카는 몸에서 출발하지만 몸에서 떨어져 나온 독립된 이미지이기 때문이다. 나는 인터뷰이들이 디지털화된 아름다움에 관한 이야기를 들려줄 것이라고 예상했다.

그런데 여성들은 내가 미처 알지 못했던 이야기를 꺼내며, 내 손을 잡고 멀리, 더 멀리 나아가기 시작했다. 이들의 이야기를 따라가며 인터뷰는 점차 여성들의 생애사를 총체적으로 묻는 방향으로 흘러갔다. '여성들은 왜 인스타그램에 아름다운 인생샷을 올릴까?'라는 질문은 '여성들은 다양한 모습 중에서도 왜 하필 아름다워 보이고 싶어할까?'라는 질문으로 연결되었다. 이 질문은 '여성들은 누구와 관계를 맺고 있나?'라는 질문으로, 또한 '우리는 인스타그램에서 타인과 어떻게 만나고 있나?'라는 질문으로 이어졌다. 그리고 이 물음은 결국 '나는 어떤 타자를 거치며 지금의 내가 되었나'라는 또 다른 질문에 도착했다. 인생샷은 그 사람의 인생과 연결되어 있었고, 인생은 또 다른 인생(인터넷 생활)과 맞닿아 있었다.

인터뷰이들의 이야기는 단순히 나의 예상을 뛰어넘는 수준을 넘어, 그와 완전히 반대되는 지점까지 가닿았다. 이들은 인생샷을 찍는 사람일 뿐 아니라, 인생샷 문화를 비판적으로 바라보는 존재이기도 했던 것이다. 특히 인생샷 문화가 유행한 2010년대 후반은 온라인에서 페미니즘 운동이 활발하게 일어난 시기였다. 20대 여성들은 인생샷 문화에 참여하고, 타협하고, 비판하고, 거부하며 셀카와 입체적인 관계를 맺고 있었다.

인생샷 문화를 만든 이들이 인생샷을 비판하는 상황이 처음에는 너무나 혼란스러웠다. 이는 그간 청년 여성을 납작하게 해석해온 시선과 무관하지 않다. 20대 여성은 유독 상반된 이미지가 중첩되어 있는 존재다. '알파걸'이나 'MZ' 세대라 불릴 때 이들은 자신감과 성취욕이 넘치는 당당한 존재로 여겨진다. '청년'이나 'N포세대'라 불릴 때, 이들은 안정적 생애를 누리기 어려운 안쓰럽고 취약한 존재로 여겨진다. 최근 추가된 이름으로는 '이대녀'(20대 여성), 혹은 '메갈리안'(페미니스트)이 있다. 이 이름으로 불릴 때, 여성들은 앞도 뒤도 돌아보지 않고 투쟁하는 무섭고 과격한 전사로 여겨진다.

세 이름은 서로 무관한 듯 따로 떨어져 이야기되어왔지만, 인생샷 찍는 여자들은 이 모든 얼굴을 동시에 가지고 있었다. 나는 이들의 이야기를 들으며 세 얼굴을 하나로 꿸 수 있었다. 어떤 취약함은 화려한 얼굴을 하고 있다는 것을, 과격해 보이는 얼굴 안에도 두려움이 있다는 것을, 취약한 얼굴 안에도 욕망이 깃들어 있다는 것을 알게 되었다. 셀카는 여성이 자기 자신을 재현하는 이미지라는 점에서 여성 청년에 대한 이야기이기도 했다. 자신이 품고 있는 혼란과 모순을 숨기지 않고 용감하게 이야기해준 12명의 여자들에게 진심으로 감사드린다.

이 책은 내가 2020년에 제출한 석사학위논문을 수정 및 보완하며 다시 쓴 것이다. 논문에서 단행본까지 오는 동안 많은 것이 바뀌었다. 인스타그램은 수많은 기능을 추가하거나 삭제했고, 명실상부 '대세 SNS'를 점하고 있던 위치가 조금씩 흔들리기 시작했다. 요즘의 20대 여성들은 틱톡, 릴스, 쇼츠와 같은 셀피 동영상 콘텐츠를 찍는 데 주로 공을 들이는 것처럼 보인다.

하두리캠 사진과 싸이월드 스타일의 셀카가 '흑역사'가 되었듯, 인생샷의 시대도 머잖아 저물 것이다. 그러나 이 책의 이야기들은 계속 변주되며 새롭고 익숙한 모습으로 다시 등장할 거라고 생각한다. 이 이야기가 인생샷을 거쳐간 이들에게는 과거의 자신을 이해하는 계기가, 지금 인생샷 문화에 참여하는 이들에게는 일상을 돌아볼 수 있는 계기가, 인생샷 문화를 처음 접한 이들에게는 SNS와 셀카 문화를 이해하는 계기가 되었으면 좋겠다.

싸이월드에서 파도를 타며, 그리고 인스타그램 피드를 밀어 내리며 만나온 우리는 또 어떤 공간에서 어떤 얼굴로 서로를 마주하게 될까? 셀카가 사라진 메타버스에서 아바타로 만나게 될까? 어떤 얼굴을 마주하든, 그 뒤에는 생생하게 살아 숨 쉬는 서로가 있다는 사실을 기억할 수 있다면 좋겠다.

인생샷을 더는 찍지 않게 된 2023년 초여름

김지효

차례

들어가며 09

PROLOGUE 셀카의 문화사: 인생샷에도 계보가 있다

1. 네컷 사진의 원조, 스티커사진 27
2. 태초에 하두리가 있었다 30
3. 얼짱 신드롬의 시작, 5대얼짱카페 34
4. '훈녀 생정' 공부하던 그때 그 시절, 싸이월드와 얼짱 시대 38
5. 인스타그래머블한 인생샷을 찾아서 43

CHAPTER 1 인생샷: 몸과 사진 사이

1. 콘셉트 선정: 랜선 '분위기' 만들기 55
2. 인공추억 기획: 공간과 의상 준비하기 65
3. 사진 촬영: 100장 찍어서 한 장 건지기 72
4. 사진 선별 및 보정: 다이어트는 포토샵으로 80

CHAPTER 2 인스타그램: 피드와 '현생' 사이

1. 셀카의 관객들 93

2. '실친'과 '인친' 사이 113

3. '인생샷'과 '실물' 사이 145

CHAPTER 3 페미니스트: #인생샷과 #탈코르셋 사이

1. 인생샷 찍는 페미니스트 186

2. 페미니스트의 인생샷, 탈코르셋 209

3. 인생샷과 탈코르셋의 차이점 234

CHAPTER 4 페미니즘: 페미니스트와 페미니즘 사이

1. 페미니즘의 관객들 255

2. 인스타그램 × 페미니즘:
사적인 공간에서 공적인 운동하기 274

3. 여성 × 페미니즘:
사랑받고 싶은 여성과 사랑의 조건을 바꾸는 페미니즘 286

나가며 320

감사의 말 330

PROLOGUE

셀카의 문화사:
인생샷에도 계보가 있다

나의 가장 생생한 초등학생 시절은 일기장도, 엄마가 만들어준 두꺼운 사진앨범도 아닌 버디버디 미니홈피에 있다. 거기에는 하두리캠 밑에서 눈을 최대한 부릅뜨고 모니터를 노려보며 0.5초마다 현란하게 포즈를 바꾸던 내가 있다. 미화되지 않은 나의 중고등학생 시절을 정직하게 떠올리고 싶을 때는 마음을 굳게 먹고 싸이월드에 들어간다. 그곳에는 꿀벌 카라티를 입고 타미힐피거 원통 가방을 맨 채 손으로 입을 가리고 눈으로만 활짝 웃던 내가 있다. 마찬가지로 페이스북에는 '아날로그 파리' 필터로 덧입혀진 나의 대학생 시절이, 인스타그램에는 그 이후의 삶이 정방형 모양으로 담겨 있다.

　　나이와 지역에 따라 편차가 있지만, 청년 여성들은 생애 전반에 걸쳐 SNS에 디지털 자화상을 남겨왔다. 셀카[1]는 종종 사소한(한심한) 취미 정도로 여겨지나 사실 여성이 자신의 역사를 기록하고 남겨온 방식이라고 볼 수 있다. **또한 셀카는 개인 기록일 뿐 아니라, 연예·뷰티·여가·식문화·건축·관광 등 한국사회 전반에 다방면으로 영향을 준 '문화'**이기도 하다. 이에 본격적으로 본문을 시작하기에 앞서 **스티커 사진부터 인생샷까지, 개인적이며 사회적인 디지털 셀카 문화의 변천사를 간략하게 살펴보려고 한다. 인생샷에도 계보가 있다.**[2]

시기	1990년대 후반 → 2000년대 → 2010년대 → 2020년대			
주 셀카 공유 커뮤니티	아이러브스쿨, 다모임, 세이클럽 등	버디버디 홈피, 5대얼짱카페, 싸이월드 등	페이스북	인스타그램
			트위터, 카카오스토리 등	
주 촬영 및 보정 기기	PC, 하두리캠	카메라폰, 디지털카메라	스마트폰, DSLR	
셀카 화각	얼굴	얼굴+몸 (얼짱패션)	얼굴+몸+배경(인생샷)	
셀카 스타	퀸카	얼짱	여신 / 인플루언서	
상업화 시장	연예기획사 캐스팅 (K-엔터테인먼트)	쇼핑몰 운영 (K-뷰티)	SNS 공동구매/ 협찬 (인플루언서 이코노미)	

〈표1〉 셀카 문화 변천사

1. 네컷 사진의 원조, 스티커사진

우리 집에는 내가 어릴 적 엄마가 만들어준 두꺼운 사진 앨범이 있다. 그 안에는 돌잔치부터 입학식, 소풍날, 생일날, 시상식, 졸업식 등 중요한 날마다 찍은 사진들이 붙어 있다. 지금 젊은 여성들이 좋아하는 연예인의 포토카드를 '폴꾸'(폴라로이드 사진 꾸미기)하듯, 1980~90년대 젊은 중산층 엄마들 사이에서는 '자꾸'(자녀 사진 꾸미기)가 유행이었다. 당시 엄마들이 앨범을 만드는 게 가능했던 이유는 몇 년 동안 앨범 한 권에 다 담을 수 있을 정도의 사진만 찍었기 때문이다. 지금은 스마트폰 용량이 체감상 무한대에 가까워 원하는 만큼 사진을 찍을 수 있지만, 당시에는 24컷이나 36컷 필름에 따라 정해진 컷 수만큼만 찍을 수 있었다. 한 컷 한 컷이 모두 비용이었기 때문에 사람들은 오래 기억할 가치가 있는 기념적인 날에 주로 사진을 찍었다. 사진을 찍은 후에는 필름카메라를 사진관에 가져가 현상을 맡기고 며칠을 기다려 결과물을 확인했다. 엄마는 몇 달에 한 번씩 날을 잡아 인화한 사진을 앨범에 정리하곤 했다.

지금 내 사진 앨범을 만들 수 있을까? 사진을 인화하여 꾸미기는커녕, 수만 장의 사진 중 어떤 것을 인화할지 추리는 일부터 불가능할 것이다. 내 스마트폰은 출근길에 찍은 지하철 창밖의 한강, 점심에 들렀던 카페의 예쁜 조명, 길에서 만난 고양이, 감동적인 책 구절, 웃긴 짤, 언젠가 필요할지 몰라 캡쳐해둔 정보글 등 온갖 자질구레한 잡동 사진으로 가득하다. 나쁜 아니라 많은 이들의 사진첩에는 이제 오프라인에서 '찍은' 것뿐 아니라 온라인에서 '캡쳐한' 장면까지 담긴다. 흡연자가 틈날 때마다 담배를 피우듯, 순간순간 무의식적으로 스마트폰에 손을 뻗어 온오프라인 세계를 캡쳐한 이미지들은 앨범에 고스란히 묻혀 있다. 애플이 스마트폰 잠금을 해제하지 않아도 사용할 수 있는 기본 기능으로 긴급전화와 손전등, 그리고 카메라를 설정해놓은 것은 현대사회에서 사진이 갖는 위상을 보여준다. 《뉴욕타임스》는 현대를 "한순간도 사진을 찍지 않은 채 흘러가지 않는 시대An era when no moment passes that is not a photo opportunity"[3]라고 표현했다. 이제 '힙한' 카페나 전시회에 들어가서 주머니에 손을 넣지 않기 위해서는 비장한 결심을 해야 한다.

셀카의 역사를 이해하기 위해서는 디지털 기술이 발달하면서 사진의 의미도 변화해왔다는 점에 먼저 주목해야 한다. 필름카메라의 대중화 및 사진의 디지털화는 사진에서 엄숙하고 비일상적인 이미지를 벗겨낸 후 친근하고 부담 없는 이미지를 심어주었다. 이 과도기에 성장한 이들이 바로 1990년대에 청소년기를 보낸 'X세대'다. 이들은 자기만의 앨범을 가지고 자란 세대로, 사진을 찍는 일과 찍히는 일에 모두 익숙했다. 그리고 1990년대 중후반, 이들을 중심으로 스티커사진 놀이가 유행하기 시작했다.[4]

현재 유행하는 '인생네컷', '네컷사진' 등의 기원이라고 할 수 있는 스티커사진은 젊은 여성들 사이에서 선풍적인 인기를 끌며 신세대의 놀이 문화로 자리 잡았다. 스티커사진은 필름사진과 달리 촬영에서 인화까지 5분밖에 걸리지 않고, 어디에나 붙일 수 있기에 활용성이 높았다. 여성들은 애인 및 친구와 찍은 스티커사진을 삐삐와 학용품 곳곳에 붙이며 사랑과 우정을 자랑했다. 스티커사진의 초기 버전은 인물에 선글라스나 모자 같은 소품 이미지를 어색하게 합성하는 형식이었는데, 시간이 갈수록 여기에 보정 기능이 추가됐다. 여성들은 스티커사진 프레임에서만큼은 패션 잡지의 표지를 장식하는 화보 모델이자 할리우드 영화 포스터의 주인공이 될 수 있었다. 또한 큰 눈, '뽀샤시'한 피부, 사라진 코, 뾰족한 턱도 가능했다. 스티커사진은 돌사진, 증명사진, 졸업사진 등과 같은 진지한 자기 초상이 재기발랄한 '셀카'로 옮겨가는 계기가 되어주었다.

여성들은 스티커사진을 찍으며 자신이 되고 싶은 모습을 일회성으로 체험했고, 특정한 사건이 아닌 자신을 촬영 대상으로 삼는 것에 즐거움을 느꼈다. 이는 촬영자와 피사체가 일치한다는 점에서 넓은 의미의 셀카라고 볼 수 있지만, 우리에게 익숙한 셀카의 이미지는 아니다. 셀카에 관한 가장 전형적인 이미지는 한 손에 디지털카메라(디카)나 휴대폰카메라(폰카)를 들고 얼굴을 이리저리 돌려가며 사진을 찍는 모습이다. 이 장면이 가능하기 위해서는 휴대폰이나 디지털카메라와 같은 소형화된 개인 기기가 보편화될 때까지 조금 더 기다려야 한다.

2. 태초에 하두리가 있었다

'디카'와 '폰카'의 시대로 넘어가기 전에 잠깐 서양 사례를 간략하게 살펴보자. 세계에서 가장 권위 있는 사전 중 하나인 옥스퍼드 사전은 매해 가장 화제인 단어를 뽑는데, 2013년 '올해의 단어'는 '셀피selfie'였다.[5] 옥스퍼드 사전은 근 1년 동안 '셀피'의 사용 횟수가 무려 1만 7,000%나 증가했다고 밝혔다. 심지어 《타임》은 셀카봉을 2014년 '최고의 발명품' 중 하나로 선정하며, 셀피가 2013년에 유행어가 되었고, 2014년을 기점으로는 하나의 문화 현상이 되었다고 설명했다.[6] 셀피 문화가 2010년대에 유행하기 시작했다고 보는 관점은 스마트폰이 등장한 점을 주요한 계기로 꼽는다.

그런데 크리스 예가Chris yerga 구글 엔지니어링 부사장은 서양에서 셀피가 2010년대에 처음 등장한 현상인 것처럼 강조하지만 사실 셀카 문화는 아시아에서 일찍이 유행하기 시작했다고 지적한 바 있다.[7] 실제로 한국은 확실한 사례를 보여준다. 서양에서 셀피 유행이 스마트폰과 함께 시작됐다면, 한국에서 셀카 유행은 스마트폰도, 휴대폰카메라도, 디지털카메라도 아닌 무려 '회의용 웹캠'과 함께였기 때문이다. 그것이 바로 '하두리캠'이다. 한국 사람들은 제대로 된 촬영 기기가 보급되기도 전에, 이가 없으면 잇몸으로, 카메라폰이 없으면 화상채팅(하두리)용 웹캠으로 셀카를 찍던 셀카의 민족이었던 것이다. 심지어 옥스퍼드 사전이 셀피를 '올해의 단어'로 선정하기 딱 10년 전, 한국의 삼성경제연구소는 '올해 최고의 히트상품'으로 '디지털포토'를 뽑았다.[8]

도대체 이것은 어떻게 가능했을까? 촬영 기기의 발달이 셀카 문화의 물리적 기반을 제공한다면, 셀카가 2000년대 한국 청소년의 대표적인 놀이 문화로 자리 잡기 위해서는 한 가지가 더 필요했다. 타인의 시선, 바로 사진을 공유하는 온라인 커뮤니티다. 한국은 1999년에 이미 인터넷 이용자가 1,000만 명을 돌파했을 뿐 아니라 초고속 인터넷이 세계에서 가장 빠르게 구축되고 보급된 국가다.[9] 인터넷의 개시와 보급에 관한 글로벌 통계에서 한국은 늘 상위권을 차지해왔다.

특히 이와 관련한 자료에서 눈에 띄는 점은 한국에서는 인터넷의 원형이라고 할 수 있는 PC통신 시절부터 온라인 커뮤니티가 적극적으로 운영되었다는 것이다.[10] "PC통신이 갖는 가장 큰 의의"를 "온라인상에서의 '동호회'라는 개념이 형성되는 계기를 제공했다는 것"[11]으로 평가할 만큼, PC통신에서는 각종 동호회 모임이 활발하게 생겨나고 운영됐다. 초반에는 신기술에 익숙한 사람들이 주축이 되어 컴퓨터·게임·해킹 등에 관한 동호회를 꾸렸는데, 이는 점차 취미·오락·스포츠·종교 등 다양한 분야의 동호회로 확장되었다. 게시판·이메일·채팅·자료실 등 지금까지 이어지는 온라인 공동체의 기본 구조도 이때 만들어진 것이다. 또한 '정모'(정기 모임), '번개'(즉석 만남), '공구'(공동구매)와 같은 인터넷 은어들도 이 시기에 생겼다.[12]

이후 PC통신의 시대가 저물고 초고속 인터넷이 등장

하며, 각종 온라인 커뮤니티와 포털 사이트에서 '카페'가 등장했다. 당시 엄청난 열풍을 일으켰던 카페 중 하나가 바로 '5대얼짱카페'였다. "연예인보다 제 또래의 예쁜 아이들 사진을 발견하면 퍼다가 모아놓는 게 취미"였던 한 고등학생은 2002년 2월, "예쁜 언니들 사진"을 모아 카페를 개설한다.[13] 이 카페는 이전까지 외모가 화려한 사람을 지칭하던 '퀸카'와 '킹카'라는 단어를 '얼짱'으로 대체하며 얼짱 신드롬을 불러일으켰다. 투표를 통해 선발된 얼짱들은 톱스타가 되어 브라운관과 스크린을 장악했다.

얼짱 1기였던 구혜선은 당시 인기 프로그램이었던 MBC 시트콤 〈논스톱5〉의 주인공이 되었고, 박한별은 영화 〈여고괴담〉에 캐스팅되었다. 비슷한 시기에 유행했던 아이러브스쿨·다모임·세이클럽·버디버디 등과 같은 SNS는 얼짱의 사적인 모습을 알아가고 소통할 수 있는 공간을 제공하며 셀카에 사회적 의미와 가치를 부여하는 문화적 기반을 다졌다. 삼성경제연구소가 올해의 단어로 '디지털포토'를 선정했던 2003년, 네이버는 당해 인터넷 유행어 1위로 '얼짱'을 뽑았다.[14]

한국의 디지털포토가 얼짱을 추종하는 온라인 커뮤니티와 함께 번창했다는 사실은 이 책의 마지막 장을 덮을 때까지

염두에 둬야 하는 중요한 부분이다. 개인적 행위인 듯 보이는 셀카가 사실은 언제나 사회적인 의미를 얻어왔다는 점을 시사해주기 때문이다. 셀카는 컴퓨터 폴더와 디카의 메모리카드, 그리고 스마트폰 앨범에만 저장되어 있지 않았다. 셀카는 얼짱카페와 버디버디 홈피, 싸이월드, 페이스북, 인스타그램에 공유되었다. 셀카 문화는 '하트'를 누르고, 댓글을 달고, 투표를 하는 사람들이 함께 만들어온 공동의 문화였던 것이다. 처음부터.

3. 얼짱 신드롬의 시작, 5대얼짱카페

드디어 2000년대 초중반, 폰카와 디카가 대중화되며 본격적인 셀카의 시대가 시작된다. 하두리캠으로 단련해온 준비된 소비자들은 폰카의 등장에 열렬히 호응했다. 카메라폰은 출시된 해에 품귀 현상까지 일어날 정도로 엄청난 인기를 끌며 휴대폰 시장의 판도를 바꿔놓았다.[15]

　　폰카와 디카는 필름카메라나 하두리캠과 감히 비교할 수 없는 가성비를 제공했다. 필름카메라는 너무 무겁고 한 손으로 조작하기 어려워 셀카에 활용하기 어려웠다. 하두리캠은 PC 위에 고정되어 있는 기기 특성상, 컴퓨터 앞에서만 촬영할 수 있었고 다양한 포즈를 취하기도 어려워 '캠빨'에 한계가 있었다. 반면 폰카나 디카는 언제 어디서나 들고 다닐 수 있을 뿐 아니라 다양한 '셀카 각도'를 가능하게 해주었다. 사람들은 각자의 팔 길이에 비례해 얼굴이 작아 보이는 사진을 얻을 수 있었다. 메모리 용량이 늘어난 만큼 아름다움을 시도할 기회도 늘어났다. 무엇보다 필름카메라와 하두리캠이 가족 공동의 소유물이었다면, 폰카나 디카는 개인 소유물이 될 수 있었기에 엄마의 눈치를 보지 않고 자기만의 사진을 무한대로 찍을 수 있는 조건까지 마련됐다. 이제 여성들은 스티커사진 기계가 있는 시내나 하두리캠이 설치된 PC방에 가지 않아도 학교·방·노래방에서 마음껏 사진을 찍으며 자신을 시시각각 기록하는 게 가능해졌다.

5대얼짱카페는 폰카와 디카의 인기에 힘입어 개설 1년 반 만에 무려 40만 명의 가입자를 모았다. 필름사진은 손에 직접 쥘 수 있는 물성을 가졌기에 가족·친구 등 상호 대면이 가능한 가까운 지인들 사이에서만 공유가 가능했다. 반면 디지털사진은 수십만 명이 보고 평가하며 심지어 투표까지 하는 공적인 대상이 되었다. 한국 포토샵의 역사에 지대한 공헌을 한 카페 '장미가족의 태그교실'의 인기는 이를 방증한다.[16]

이 카페는 2000년대 중반, 약 285만 명의 회원을 모으며 사진 보정 열풍을 불러일으켰다. 여성들은 카페에서 제작된 튜토리얼을 따라하며 사진에 올록볼록한 손글씨를 넣고, '반짝이'와 '뽀샤시' 효과를 줬다. 블러툴로 피부를 두드리고, 눈동자를 톡톡 눌러 키우며, 볼을 밀어 얼굴형을 갸름하게 만들었다. 포토샵 열풍이 커질수록 사진의 진정성을 검증하려는 무리도 나타났다. 대표적인 것이 바로 '얼짱들의 비리를 쭉 모아서 빵 터뜨리자'라는 목표 아래 창설됐다고 알려진 '쭉빵카페'다. 이 카페에서는 얼짱의 사생활이나 과도한 포토샵 문제 등을 활발히 고발하고 토론했다.[17]

초기 얼짱카페는 네티즌이 자유롭게 투표하는 놀이 공간이었지만, 카페가 성장하면서 이를 이용하고 싶어 하는 연예 기획사들에게 타깃이 되기 시작했다. 카페가 최정상의 인기를 누리던 2000년대 초중반은 마침 핑클·SES·HOT·젝스키스 등 1세대 아이돌이 큰 성공을 맛본 시기로 연예 기획사들이 차세대 스타를 발굴하기 위해 총력을 기울이던 때였다. 당시 얼짱카페는 이미 얼짱 투표라는 '자체 오디션'을 진행할 정도였으니, 연예 기획사에게 팬층이 확보된 얼짱카페가 엄청난 기회의 장으로 여겨졌던 것은 말할 필요가 없다. 이전까지 기획사에서 스타를 발굴하는 방식은 지역에서 예쁘기로 유명한 '퀸카'를 수소문해 찾아가거나, 길거리 캐스팅을 하거나, 공개 오디션을 여는 방식이었다. 그런데 이제 캐스팅 장소가 온라인으로 옮겨간다. 심지어 1대 얼짱 선출이 성공적으로 마무리되고 2대 얼짱을 뽑을 때부터는 카페 운영진과 연예 기획사가 협업을 했다. 이들은 함께 전국을 돌며 얼짱 후보들을 대상으로 '실물 오디션'을 진행하거나 캐스팅을 하기도 했다.[18] 이에 얼짱카페는 청소년의 놀이 공간에 머무르지 않고, 연예계로 진출하는 '등용문'으로 여겨지며 수많은 연예인 지망생들이 모이는 곳으로 탈바꿈하기 시작했다.

한국의 스타 발굴 시스템과 엔터테인먼트 산업은 청소년들이 자생적으로 만든 셀카 문화를 적극적으로 이용하고 포섭하며 무럭무럭 자라났다. 기획사는 자신들이 데리고 있는 연습생들을 얼짱 투표에 올린 후 사무실 인원을 총동원해서 투표수를 올리는 등 편법을 쓰기도 했으며, 심지어 얼짱카페를 통째로 인수하려고 시도하기도 했다.[19] 얼짱카페는 자생적 문화와 상업화의 경계를 위태롭게 오가며 영향력을 꾸준히 키워나갔다.

청소년들은 카페를 통해 데뷔한 얼짱 스타들을 보며 아름다운 사진이 단순한 '인기' 그 이상일 수 있음을, 심지어 인생을 통째로 바꿔 놓을 정도의 잠재적 가능성을 지녔음을 확인했다. 사회적 비난의 대상이었던 강도나 거지도 화려한 사진 몇 장이면 팬카페가 생길 수 있는 시절이었다. 이제 사진은 단순히 추억을 남기거나 일상을 기록하기 위한 사적인 물건이 아니었다. 사진의 의미는 책장에 꽂혀 있는 두꺼운 앨범이 아닌, 사람들이 오가는 컴퓨터 액정 안에서 찾을 수 있었다. 더 이상 사진을 인화하지 않는, 예쁘지 않은 사진은 조용히 삭제하는 셀카 시대가 도래한 것이다.

4. '훈녀 생정' 공부하던 그때 그 시절, 싸이월드와 얼짱 시대

얼짱카페는 셀카를 수십만 명의 대화 소재이자 평가 대상으로 만들며 '셀카 공화국'의 포문을 열었다. 그러나 당연하게도 모두가 이곳에서 주목받을 수 있는 건 아니었다. 얼짱카페 이용자 45만 명 중 44만 9,900명 정도는 자신 정도면 '일반인 얼짱'이 될 수 있을지 누리꾼에게 의견을 구하는 '질문 게시판'에 머무를 수밖에 없었다.

얼짱카페가 극소수만 주목받을 수 있는 구조였다면, 싸이월드가 등장함으로써 주목의 진입문이 획기적으로 넓어지는 계기가 마련된다. 싸이월드는 전성기 이용자 수가 3,200만 명에 달했을 만큼 엄청난 영향력을 가졌던 SNS 플랫폼이자 2000년대 한국 인터넷 문화의 아이콘이다.

싸이월드가 등장한 시기는 세이클럽·버디버디·아이러브스쿨·프리챌 등이 치열하게 경쟁하던 때였다. 그중에서도 프리챌은 포털 사이트인 '야후!'와 '다음'을 뛰어넘을 정도로 높은 점유율을 보이는 SNS '대세'였다. 그러나 프리챌이 유료화되는 것을 계기로 수많은 이용자가 이탈하기 시작했고, 싸이월드는 이 일을 기회 삼아 인지도를 높여갔다.[20] 결국 싸이월드는 'SNS 춘추전국시대'를 통일하고 '전 국민 일촌 시대'를 열었다.

싸이월드의 영향력은 또래 문화와 유행에 민감한 청소년들에게 유독 크게 작용했다. 5대얼짱카페는 비교적 배타적이고 폐쇄적인 카페 플랫폼이었기에 파급력에 한계가 있었다. 또한 얼짱을 기수별로 다섯 명씩밖에 선출하지 않아 많은 사람이 주목받기 어려웠다. 반면 싸이월드는 '투데이멤버' 코너를 통해 매일 새로운 얼짱을 소개하며 진입 장벽을 낮췄다. 또한 싸이월드는 개인 SNS 플랫폼이기에 외모에 관심이 없던 이들도 얼짱의 존재와 이들을 선망하는 분위기를 자연스럽게 접할 수 있었다. 싸이월드는 전국 청소년의 준거집단을 한곳으로 모으고 전국적인 유행을 선도했다. 온라인의 얼짱은 오프라인의 다양한 지역 및 공동체 문화를 압도하며 '닮고 싶고 부러운' 멋진 10대의 대표적인 모습으로 자리 잡았다.[21]

얼짱카페의 얼짱이 멀리서 바라봐야 하는 어려운 존재였다면, 싸이월드의 얼짱은 일반인과 연예인의 경계에 있기에 노력을 통해 모방할 수 있는 존재처럼 여겨졌다. 설사 얼짱이 되지는 못하더라도 이와 유사한 '훈녀'(훈훈한 여자) 정도는 꿈꿔볼 수 있었다. 여초 커뮤니티에는 청순 얼짱, 귀여운 얼짱, 센 언니 얼짱 등 좋아하는 얼짱의 분위기를 모방할 수 있는 애교법이 '훈녀 생정'(생활 정보)이라는 이름으로 전수되기도 했다.

싸이월드에서 유명한 얼짱들은 미니홈피에 하루 수만에서 수백만 단위 방문자 수를 찍으며, 웬만한 연예인을 압도하는 인기를 누렸다. 이들은 때맞춰 유행했던 인터넷 소설의 주인공인 '반휘혈', '지은성', '이강순' 등과 같은 가상캐스팅 역을 꿰차며 지금의 아이돌에 버금가는 위상을 차지했다.

얼짱이 하는 모든 것은 족족 유행을 불러일으켰는데, 그중 핵심은 패션이었다. 일명 '얼짱 패션'이 유행했다는 사실은 사진의 화각이 넓어졌음을 뜻한다. 하두리캠은 PC 위에 달려 있어 얼굴을 중심으로 사진을 찍을 수밖에 없었지만, 이

제 여학생들은 폰카와 디카를 든 손을 하늘 높이 번쩍 뻗어 얼굴부터 발까지 나오도록 하는 전략을 활용하기 시작했다. 또한 셀카가 또래 문화로 자리 잡기 시작하며 기꺼이 서로의 '인간 삼각대'가 되어 상대의 셀카를 찍어주는 문화도 생겼다. 이제 셀카에서는 큰 눈, 사라진 코, 갸름한 턱만이 아닌 'ㅈㄷH 간ㅈ1' 나는 패션 센스가 중요해졌다. 얼짱 패션은 어마어마한 영향력을 가지고 퍼져나갔다. 미용실은 울프컷과 샤기컷을 원하는 학생들로, 세탁소는 시장표 청바지의 뒷주머니에 빨간 라벨을 달고 싶어 하는 청소년들로 가득 찼다. 중고 거래 카페는 가품 타미힐피거 원통 가방과 빅포니 카라티, 본더치 모자, DC 보드화, 쥐샥 시계 등을 찾는 글로 도배되었다. 거리마다 써클 렌즈, 가발, 악세사리 등을 판매하는 로드샵이 생겼고, 훼어니스 로션, 토마토 썬크림, 디어달링 틴트 등이 인기를 끌면서 국산 화장품 브랜드들이 뿌리를 내렸다.

싸이월드 얼짱들은 기성 상품을 유행시켰을 뿐 아니라 직접 상품을 팔기도 했다. 얼짱카페를 통해 유명해진 얼짱들이 기획사에 들어가 주류 연예계로의 진출을 꿈꿨다면, 싸이월드 얼짱들은 이제 스스로를 브랜드화해 상업 모델을 구축하기 시작했다. 얼짱의 영향력을 일찍부터 알아본 사업가들은 이들과 동업하거나, 쇼핑몰 플랫폼을 만들어 판을 키웠다. 얼짱들은 엡스샵·미쳐라·슈퍼래빗·주지랄닷컴·겐즈샵·가발나라·소녀시대·피그힙 등과 같은 자신의 이미지에 어울리는 뷰티 상품을 판매하는 인터넷 쇼핑몰을 열었다. '하루에 100개가 새로 생기고 120개가 문을 닫는' 여성 인터넷 쇼핑몰의 전성시대가 열린 것이다.

얼짱의 영향력은 국내에만 국한되지 않았다. 얼짱을 중심으로 하는 K뷰티 문화는 K드라마 및 K팝의 인기와 함께 주변국으로 활발히 수출되었다. 대표 사례가 바로 포니(박혜민)다. 포니는 싸이월드 시절 뛰어난 메이크업 실력으로 유명해진 얼짱 겸 메이크업 아티스트다. 그는 싸이월드 블로그에 자신이 고안한 화장법을 올리며 엄청난 인기를 끌었고, 대기업과 컬래버레이션을 하거나 책을 출판하며 사업 영역을 확장했다. 그는 미국·일본·영국·중국 등에 진출해 뷰티 사업을 펼쳐나갔고, 꾸준히 성장해 현재 중국 SNS인 웨이보에서만 약 1,000만 명의 팔로워를 지닌 글로벌 뷰티 셀럽이 되어 있다. '얼짱ULZZANG' 혹은 이를 일본식으로 읽은 '오루쨩おるちゃん'은 한국의 뷰티 스타일을 지칭하는 고유명사로 통용되며, 얼짱 화장법, 얼짱 패션 등의 고유한 카테고리를 만들었다. 수많은 화장품 및 패션 브랜드는 해외로

직접 진출하거나 해외 배송 시스템을 구축하며 확장해갔다. K뷰티는 얼짱 문화의 급물살을 타고 성장했다.

5. 인스타그래머블한 인생샷을 찾아서

영원한 것은 없다. 2010년대에 들어서며 페이스북이 싸이월드를 '흑역사'로 밀어내고 새로운 주인공으로 등장한 것이다. 페이스북은 잠시 인생샷 열풍을 이끌었고, 페이스북의 파생 플랫폼이자 이미지 중심 플랫폼인 인스타그램이 등장하며 그 기세를 이어갔다.

　페이스북과 인스타그램의 가장 큰 특징은 PC가 아닌 모바일을 기반으로 삼는다는 것이다. 이것은 촬영(폰카 혹은 디카)과 보정 및 업로드(PC)로 이원화되어 있던 셀카 놀이가 일원화되었음을 뜻한다. 싸이월드 초창기에는 사진 한 장을 올리기 위해 번거로운 과정을 거쳐야 했다. 일단 집에 들어가야 했고, 엄마와 지난한 투쟁과 협상을 거쳐 컴퓨터 비밀번호를 알아내야 했으며, 온라인 창에 'www.쵸재깅.com'을 타이핑해 접속해야 했다. 다시 디카나 휴대폰을 USB로 연결해 사진을 컴퓨터에 옮기고, 포토샵 프로그램을 켜 보정해야 했다. 그런데 이제 사람들은 거리와 화장실, 심지어 하늘 위나 땅 아래에서도 사진을 보정해 업로드할 수 있다. 카메라는 너무 선명해져서 일부러 전면 카메라를 조금 흐릿하게 조정하는 기술을 적용해야 할 정도고, PC로 보정을 하기보다는 애초에 포토샵이 적용된 카메라를 이용해 사진을 찍는다. 보정 어플리케이션의 기능도 무척이나 정교해져 이제 원하는 거의 모든 것을 사진에 구현할 수 있다. 이전까지 사람들이 사진 이곳저곳을 한껏 흐릿하고 휘어지게 하면서 보정의 지문을 남겼다면, 이제는 약간의 성의만 있으면 누구나 완벽한 사진을 제작할 수 있다.

셀카 유행 초기에 얼굴이, 그다음으로 패션이 중요했다면 이제 또 하나 차별점이 추가된다. 바로 배경이다. 카메라의 화각은 점점 넓어져 이제 몸이 놓인 공간까지 셀카의 범주로 들어오기 시작한 것이다. 아름다운 얼굴, 날씬한 몸, 트렌디한 패션, 그리고 '힙한' 장소까지 합쳐지면? 바로 인생샷이된다.

얼짱카페와 싸이월드를 거치며 숙성된 한국의 셀카 문화는 인스타그램이라는 이미지 중심의 글로벌 SNS 플랫폼을 만나 절정기를 누리는 중이다. 반윤희와 한아름송이가 '한국적인' 얼짱이었다면, 인스타그램으로 유명해진 셀럽은 '글로벌한' 존재로 인기를 누린다. 인스타 셀럽들은 더 이상 연예인이 되기를 갈망하지 않는다. 텔레비전과 유튜브의 위상이 역전된 시대이기에 오히려 대중에게 잊힌 연예인들이 SNS를 통해 재기하고자 노력하는 상황이기 때문이다. 10대 때부터 얼짱을 모방하며 자란 청소년 상당수는 장래희망으로 SNS/유튜브 셀럽을 꼽는다. SNS 셀럽은 이제 얼짱 대신 '여신'으로 불리며 엄청난 사회적·경제적 이익을 얻는다. 이들 옆에 붙어 있는 남성 사업가들도 천문학적인 돈을 벌어들인다.[22]

그간 오프라인과 온라인의 위상도 바뀌었다. 한 마케팅 회사가 2013년에 스마트폰 이용자들을 대상으로 실시한 조사에 따르면, 조사 대상자 세 명 중 두 명이 이동 중에 스마트폰을 상의 주머니에 넣거나 손에 들고 다니는 것으로 나타났다.[23] 이는 피처폰 이용자를 대상으로 실시한 2008년의 조사와 비교해보면 차이가 확실하다. 5년 사이, 사람들은 가방과 하의 앞주머니보다 손과 상의 주머니에 스마트폰을 더 많이 넣고 다니는 쪽으로 바뀌었다. 마지막 조사로부터 약 10년이 지난 지금, 이제는 길거리에서 스마트폰을 손에 든 채 걷고 있는 사람들의 모습을 쉽게 확인할 수 있다. 몇 해 전에는 스마트폰을 몸에서 잠시도 떼지 않고 가방처럼 메고 다닐 수 있도록 만들어진 스트랩 케이스가 유행하기도 했다.

스마트폰은 이제 우리 몸 밖에 있는 장기라고 해도 과언이 아니다. 사람들은 하루 중 상당 시간을 인스타그램과 트위터, 네이버와 구글을 오가며 보낸다. 소설보다는 넷플릭스를, 에세이보다는 일상 브이로그$^{\text{v-log}}$를 본다. 온라인은 '현실'의 반대항으로서의 '가상 공간'이 아닌, 하루 중 가장 많은 시간을 보내는 "거주지"다.[24] 사진을 찍는 목적은 더 이상 오프라인의 모습을 담아내는 데 있지 않다. 인기를 끌고 싶으면 사진으로 잘 나와야 한다는 공식은 '꿀팁'이 아닌 '국룰'로 자리 잡았다. 설탕 범벅의 레터링 케이크는 사진을 찍고 나면 상당 부분이 버려지지만 한 달 전에 예약해야 구입이 가능하다. 카페 테이블은 음식 사진을 찍기 좋게 무릎까지 겸손히 낮아진 상황이다. 지방 소멸 시대에 자치 정부는 '여행에 미치다'와 같은 여행 전문 SNS 채널에 올라갈 만한 포토존을 제작하는 데 총력을 기울인다. 파티룸과 에어비앤비 같은 공간 대여 플랫폼이 성행하는 것은 물론, 가장 사적인 공간인 집조차 인스타그램에 업로드할 만한 공간으로 '포토존화'되고 있다. 3D 세상이 2D 액정 안에서 인기를 얻기 위해 스스로 납작해지는 일이 지금 이곳에서 셀카 문화와 함께 일어나는 중이다.

하두리캠부터 스마트폰까지, 그리고 얼짱카페부터 인

스타그램까지, 한국의 청년 여성들은 셀카와 함께 성장해왔다. 셀카는 장르적으로, 또 기술적으로 변화하며 동시대 한국인의 삶을 구체적으로 반영하고 변화시켜왔다. 그러나 셀카 문화에 대한 이해는 여전히 편협한 몇 가지 클리셰에 머물러 있다.

셀카가 'X세대'부터 'Z세대'까지 포괄하는 '요즘 애들'의 놀이 문화라는 사실은 이를 제대로 들여다보기도 전에 벌써 특정 인상을 형성한다. 과거 셀카 문화를 설명하는 주된 내러티브가 '자아도취'나 '나르시시즘'이었다면, 최근에는 '관종'(관심종자)으로 바뀌었다. 타인의 관심을 얻기 위해 절벽에서 셀카를 찍다가 떨어져 사망하거나, 셀카에 '좋아요'가 적게 달려 목숨을 끊은 희소한 사례가 반복 보도되는 일은 셀카 문화를 과장되고 기이한 것으로 여겨지게 하는 데 기여하고 있다. 이런 설명들은 설령 인정을 갈구하는 불안한 현대인에 대한 우려와 애정에서 기인한 것일지언정, 셀카 찍는 이에 대한 편견 어린 시선을 바꿔 놓지 못한다. 무엇보다 셀카가 여성들의 또래 문화라는 사실을 체계적으로 탈각시킨다. 셀카를 설명하는 기존 서사에는 찍는 이도 보는 이도 성별이 없다. 하지만 보는 자는 비난받지 않지만 찍는 자는 비난받는 방식으로, 젠더가 이미 반영되어 있다.

한편에 셀카 찍는 여성을 한심한 눈으로 바라보는 이들이 있다면, 다른 한편에는 '기회의 장'으로 바라보는 이들이 있다. 아름다운 셀카 옆에는 항상 그것을 이용해 돈을 벌고 싶어 하는 사람들이 따라다녔다. 한국의 뷰티 및 엔터테인먼트 산업은 한류를 전파하는 자랑스러운 'K'의 현현이자 엄청난 수익화의 가능성을 지닌 신산업으로 여겨지지만, 정작 셀럽을 모방하고 공동구매에 참여하며 셀카 문화를 일상적으로 향유하는 이들을 한심하게 바라본다.

셀카를 타자화해 바라보는 기존의 지배적인 관점과 달리, 이 책에서는 여성들이 실제로 맺고 있는 '관계'를 중심으로 셀카를 이해해보려고 한다. 셀카가 언제나 '사회' '관계망' 서비스에 업로드되어왔다는 점을 고려하면, 셀카는 여성들이 맺고 있는 관계와 연관된다. 따라서 이 책은 셀카 찍는 여성의 '옆'에 있는 이들에게 렌즈의 방향을 돌린다. 누구와 관계를 맺으며 아름다움을 추구하게 되었는지, 또한 그 사진을 지금까지 누가 보고 평가해왔는지 묻는다.

얼짱카페부터 인스타그램까지 숨 가쁘게 시간을 달려 현재에 도착했다. 이제 본격적으로 지금 여기의 여성들이 골몰하고 있는 인생샷을 자세히 들여다보려고 한다.

1   이 책은 혼자 자기 사진을 찍고 간직하는 것을 넘어, 또래 집단 내부에서
     공유되는 특정한 행동 양식을 습득하고 놀이 도구이자 의사소통 수단으로
     자기 이미지를 활용하는 것을 '셀카 문화'라고 정의한다. 프롤로그에서
     서술한 셀카의 역사는 셀카가 청소년들의 또래 문화로서 등장하기 시작한
     시기를 기점으로 삼았다.

2   디지털 기기와 커뮤니티 등은 출시 시점과 유행 시기가 다르고,
     지역·성별·나이·또래 문화 등에 따라 편차가 커 일반화하기 어렵다. 이
     책에서는 당시 나온 신문기사나 관련 논문 등을 참고해 대략적으로 선후
     관계를 서술했다. 저마다 구체적인 경험이 조금씩 다를 수 있음을 밝힌다.

3   "Stop Them Before They Shoot Again", *The New York Times*, May 5,
     2005.

4   〈국산 사진스티거 자판기 출시붐〉,《연합뉴스》, 1998. 4. 14.;〈'사진스티커'로
     '스타 기분' 내봐?〉,《동아일보》, 1998. 7. 13.;〈[젊은 층 겨냥 '포켓사진' 뜬다]
     "멋진 내 사진에 나도 반했어요."〉,《동아일보》, 2000. 11. 20.

5   "Selfie Is Oxford Dictionaries' Word of the Year", *The guardian*,
     November 19, 2013.

6   "The 25 Best Inventions of 2014", *Time*, November 20, 2014.

7   〈'패블릿·셀카봉의 원조' 아시아가 만든 SW가 세계 리드할 것〉,《매일경제》,
     2014. 11. 4.

8   〈올해 히트상품은 '디지털포토'〉,《한겨레》, 2003. 12. 17.

9   한국정보화진흥원,《한국 인터넷 백서》, 2019.

10   안정배 외,《한국 인터넷의 역사》, 블로터앤미디어, 2014.

11   한국정보법학회,《인터넷, 그 길을 묻다》, 중앙북스, 2012.

12   안정배 외,《한국 인터넷의 역사》.

13   〈'얼짱카페' 팔라는 제의도 많았죠: 넷심 잡아 인하대 특별전형 합격한
이경미양〉,《조선일보》, 2004. 8. 23.

14   〈얼짱 딸녀 플래시몹… 2003년 인터넷 유행어〉,《아이뉴스24》, 2003. 12. 7.

15   〈카메라폰 선점 경쟁 뜨겁다〉,《전자신문》, 2002. 11. 7.

16   〈"불펌ㅎㅈㅁ ㅏㅕ"… 그때 그 커뮤니티, 왜 폐허가 됐나〉,《쿠키뉴스》,
2020. 5. 13.

17   한국의 온라인 커뮤니티는 성별 정체성을 구성하고 젠더 규범을 재생산하는
공간으로 기능해왔다. 성별화된 담론이 재/생산되는 주요 거점인 '쭉빵'
카페와 '디시'('디지털카메라 인사이드', 이후 '디시인사이드')가 모두 디지털사진을
공유하거나 검열하며 시작되었다는 사실은, 디지털사진이 온라인 커뮤니티
담론 지형을 형성하는 데 중요한 역할을 했을 것이라는 점을 시사한다. 인류학
연구자 황의진은 디시인사이드가 디카 정보 공유 사이트로 출발했지만, 후에
애인이나 아내 등의 '누드'사진이 상당히 흔히 게시되는 공간으로 변화했다는
점에 주목한다. 온라인 공간 한편에서 여성들이 셀카를 올려왔다면, 다른
한편에서는 다양한 종류의 성착취 이미지가 폭발적으로 만들어지고
소비되어온 것이다. 여기서 디지털 이미지는 온라인 커뮤니티가 성별화되는
과정에 중요하게 개입했던 것으로 보인다. 황의진,〈한국사회에서 여성과
사진의 관계변화: '피사체'를 넘어 '자기 사진'의 생산자로〉, 한국학중앙연구원
한국학대학원 인류학 전공 석사학위논문, 2021.

18   〈[얼짱과 팬픽] 대중문화여 한번 놀아보자〉,《한겨레21》 487, 2003.

19   같은 글.

20   〈'업계 1위 프리챌' 단숨에 무너뜨렸던 싸이월드, '그때의 교훈'〉,
《머니투데이》, 2020. 6. 26.

21 싸이월드는 2000년대 한국 인터넷 문화를 대표하는 아이콘으로, 최근까지도
    이를 패러디하는 수많은 콘텐츠가 양산되고 있다. 유튜브 채널 '피식대학'
    의 〈05학번 이즈백〉이나, '사내뷰공업'의 〈다큐 황은정〉 등은 이 시기 얼짱
    문화를 패러디한 대표적인 콘텐츠로 큰 인기를 끌고 있다.

22 실제로 소녀 인플루언서 산업은 외견상 보여지는 이미지와 달리 매우 남성
    중심적으로 형성되어 있으며, 남성 사업가들이 주 수익을 벌어들이는 구조다.
    여성학 연구자 김애라는 여성 인플루언서를 '고용'하는 마케팅 기업, 상품
    판매 기업, 페이스북 페이지의 운영자 및 관리자 등 소셜 마케팅 시장의
    행위자 대부분이 남성으로 구성되어 있다는 점을 지적한다. 구체적인 내용은
    다음의 논문을 참고하라. 김애라, 〈십대여성의 디지털 노동과 '소녀성 산업'에
    관한 연구〉, 이화여자대학교 대학원 여성학과 박사학위논문, 2016.

23 〈휴대폰, 스마트하고 커질수록 '손'으로〉, 《컨슈머 인사이트》, 2013. 8. 20.

24 윤보라, 〈디지털 거주지digital dwelling와 성폭력〉, 《페미니즘 연구》 20(1),
    2020.

CHAPTER 1

인생샷:
몸과 사진 사이

1. 콘셉트 선정: 랜선 '분위기' 만들기

우리는 인생샷은 알지만 인생샷을 찍는 여성들은 모른다. 인생샷 찍는 여성들의 이야기를 들어보자.

'카톡' 소리가 울리면 스마트폰 액정을 흘끗 보고 덮어 뒀다가 삼십 분쯤 후에 답장해본 경험이 있을 것이다. 그 시간 동안 우리는 상대가 메시지를 보낸 의도를 추측하고 답변을 고민한다. 친구들에게 답장 내용에 대해 조언을 구하기도 한다. 스마트폰의 비행기 모드를 켜고 카톡을 확인하면 '1'이 사라지지 않는다는 사실은 많은 사람이 공유하는 공공연한 비밀이다.

온라인과 오프라인 커뮤니케이션의 가장 큰 차이가 바로 이 '시차'에 있다. 대면 관계에서는 말실수를 조심하고 속마음이 드러나지 않도록 표정을 관리하는 일이 중요하다. 반면 온라인에서는 자신이 보이고자 하는 모습을 심사숙고하여 결정하고 드러낼 수 있는 준비 시간이 주어진다.

그중에서도 인스타그램은 이미지를 중심으로 커뮤니케이션을 하는 SNS 플랫폼이다. 카메라와 소셜미디어를 결합한 인스타그램은 "소셜미디어의 중심축이 문자에서 이미지로 넘어가는 기점"이 되었다.[1] 인스타그램에 이미지만 업로드하는 것은 가능하지만 글만 올리는 건 불가능하다. 이용자들이 이미지를 통해 자신을 표현하기 위해 노력하면서, 인스타그램만의 독특한 이미지 양식이 형성됐다. 시각문화 연구자 레프 마노비치Lev Manovich는 인스타그램에서 공유되는 이미지 스타일을 "인스타그래미즘instagramism"으로 명명하며, 이것이 2000년대 미학 스타일에 큰 영향을 주었다고 분석했다.[2] 인스타그래미즘을 한국식으로 번역하면 '인스타 갬성(감성)'이라고 할 수 있다.

연구 참여자들은 인스타 갬성의 핵심이 '피드'를 통일감 있게 관리하는 데 있다고 했다. 피드는 인스타그램에 게시된 이미지를 한 화면에서 모아 볼 수 있는 페이지다. 인스타그램에는 '다이어리'나 '사진첩'과 같은 별도의 카테고리가 없기에 게시물을 분류하거나 게시물 사이에 위계를 설정하는 게 불가능하다. 이곳에 게시되는 이미지는 모두 '평등하게' 바둑

판 모양으로 배치된다.[3] 그리고 이렇게 정렬된 이미지의 일관성은 계정 주인에 대한 첫인상을 형성한다. 계정에 방문한 사람이 그곳을 팔로잉할 것인지 말 것인지는 30초 안에 결정된다. 따라서 이용자들은 짧은 순간에 팔로워가 계정의 콘셉트를 '한눈에' 파악할 수 있도록, 이미지의 일관성을 확보하는 데 노력을 많이 들인다.

윤희 피드 색감을 정해야 한다고 하더라고요. A(친구)가 화이트블루색이었고, B가 갈색과 초록색이었는데요. 제 피드를 보더니 A랑 B가 '너는 화이트레드색이네' 이러는 거예요. 그때부터 화이트레드 위주로 사진을 찍었던 것 같아요. 별로 찍고 싶은 게 아니어도 화이트레드면 괜히 찍어야 할 것 같고 그랬어요. 제 피드에서 이것도 그냥 화이트레드라서 그냥 찍은 거예요.

회지 피드에 올린 사진들의 수평선도 맞췄어요. 바다는 선이 생명이거든요. 보시면 이것까지 사진 세 장의 수평을 다 맞춘 거예요. 인스타그램이랑 비슷한 사이즈의 격자로 배열을 미리 맞춰보는 어플 같은 게 있어요. 사진 사이즈가 1대 1이니까, 정사각형에 맞춰서 사진을 미리 배치해보면서 올릴 순서를 정해요. 예를 들어 이 사진은 여기서부터 하나 둘 셋, 다시 하나 둘 셋으로요. 이거 이거 이거는 모두 같은 날 찍은 건데요. 이게 먼저 여기 갈 수도 있고 이게 여기 갈 수도 있는데, 가장 이상적인 순서로 배열을 해놓은 거예요.

피드를 관리하면 무엇이 좋을까? 윤희는 피드를 꾸며놓으면 자기만의 "분위기"와 "아우라"가 생기는 것 같다고 말했다.

윤희　친구도 예전에 비슷한 얘기를 했었는데, 피드를 꾸며놓으면 그 사람의 분위기가 생기고 실제로 만났을 때도 그 사람의 분위기와 아우라가 생기는 것 같다고 하더라고요. 그때부터 저도 피드를 신경 쓰기 시작했어요. 인스타그램이 제가 꾸미는 제2의 집이라는 생각이 들었어요. …… 결국엔 피드 분위기로 제 외모 가치를 높이려고 하든 예쁜 사진으로 높이려고 하든 어쨌든 외모 가치를 높일 수 있는 방법을 찾는 것 같아요. 단순히 이목구비가 예쁜 것도 중요하지만 인스타에서는 분위기를 만들기 위해 노력을 많이 하는 것 같다는 생각이 들었어요.

사람들은 타인 앞에서 자신에 관한 정보를 면밀하게 통제하며 이미지를 관리한다. 이 과정에는 "명시표현"과 "암시표현"이 사용된다.[4] 명시표현은 당사자가 직접 표현하는 정보를 의미한다. 예를 들면 말이나 글, 셀카가 여기에 해당한다. 반면 암시표현은 언어를 통해 직접적으로 표현하기보다 맥락을 통해 간접적으로 드러나는, 쉽게 말해 한 사람의 분위기나 스타일 같은 정보를 뜻한다. 오프라인에서 사람들은 자기만의 분위기를 만들기 위해 퍼스널컬러 컨설팅을 받고 향수를 고른다. 말투와 화법을 점검한다. 그렇다면 온라인에서는 어떻게 분위기를 만들까? 싸이월드에서 BGM과 미니홈피 스킨 선정에 공을 들였다면, 인스타그램에서는 피드를 관리한다.

온라인에서는 비대면 의사소통이 이뤄지기 때문에 암시표현이 더 중요하다. 윤희는 자신만의 온라인 분위기를 만들기 위해 노력을 기울였다. 피드에서 셀카가 연달아 나오면 미관상 보기 좋지 않아 중간중간 아름다운 카페 사진 등을 올렸다. 그는 자신이 업로드한 소품·카페 등의 사진을 보여주며, 이것들을 올리고 싶지 않았지만 "얼굴을 올리기 위해 몇 개를 깔아놓"은 것이라고 설명했다. 심지어 그는 협찬 제안을 받을 때도 많았지만 피드가 흐트러질 것을 우려해 거의 다 거절

했다.

세련된 이미지를 추구하는 윤희와 회지가 통제된 방식으로 인스타그램을 운영했다면, 송이는 자신이 "인형같이 예쁜 걸로는 승부할 수 없"다는 것을 아는 경우였다. 그는 신랄한 자기 객관화를 기반 삼아 "엉뚱함"과 "귀여움"의 "톤앤매너"로 승부를 보는 틈새시장을 노렸다.

송이 저는 자연스러우면서 사랑스러운, 작위적이지 않은 것을 생각하는 것 같아요. 저는 진짜 인형같이 예쁜 걸로는 승부할 수 없다는 걸 아니까 저만의 사랑스러운 이미지로! 제 인스타그램을 보면 다 그렇거든요. 활짝 웃는 분위기를 지향합니다. 귀여워 보이는. 그런 게 글 쓰는 데도 나타나요. 은근히 조금 장난스럽고 진지하지 않게 쓰기가 저의 톤앤매너인 거예요. 진지하게 쓰는 건 저랑 안 어울리죠. 그래서 항상 보면 엉뚱하게 쓰기, 웃기게 쓰기가 제 콘셉트예요. 주절주절 쓰기 이런 거요. 그게 귀여워 보이거든요. 글 못 쓰는 척하기. 못 쓰기도 하지만…… 진짜 초딩이 일기 쓰듯이 오늘은 여기 갔다 저기 가서 뭐 먹었다고 쓰는 거예요. 쿨하게 댓글창을 닫아버리는 건 저랑은 안 어울려서요.

상대에게 귀여운 모습을 보여주고 싶더라도 대면관계에서는 그 목적을 달성하기가 쉽지 않다. 하루 종일 긴장을 놓지 않고 엉뚱함을 연기해도, 순간적으로 욕을 내뱉거나 걸걸한 목소리로 말하는 등 '깨는' 모습을 보일 수 있기 때문이다. 오프라인에서는 우연성과 즉흥성을 완벽하게 통제하기 어렵다. 그러나 인스타그램에서는 가능하다. 송이는 "주절주절" "글 못 쓰는 척하기" 콘셉트를 통해 분위기를 만들었다.

윤희, 회지, 송이가 인스타그램에서 일관적인 콘셉트를 유지하고자 노력했다면, 20대 후반인 주연과 재아는 인스타그램에 너무 많은 시간을 들이는 데 거부감이 있었다. 이들은 인스타그램에서 자신을 "포장하고 선별하고 검열"하기 싫다며 "있는 그대로의 나"를 보여주고 싶다고 했다. 그런데 흥미로운 점은 이들도 꾸준히 게시글의 공개 상태를 바꾸며 피드를 정리했다는 것이다.

주연 여행 가면 되게 애매한 게, 올리고 싶은 사진을 하루에 다 못 올리거든요. 왠지 하루에 글을 여러 개 올리면 피드를 도배하는 것 같아서요. 그래서 추리고 추려서…… 이제는 10장까지 올릴 수 있으니까 비슷한 걸 모아서 올리긴 하는데,

그래도 뭔가 여행 사진이 너무 많아 보이면 몇 개는 비공개로 돌려놓고 그랬어요. 피드 게시물이 너무 많아지지 않게요.

지효　그러면 피드 게시물 수의 적정 기준은 어떻게 정했어요?

주연　그때는 저를 팔로우한 사람 수에 비해 게시물 수가 너무 많으면 뭔가 이상해 보이는 것 같았어요. 왜 그랬는지 모르겠지만 그래서 그냥 그 수준(팔로워 수와 게시글 수가 비슷한 수준)으로 맞췄던 것 같아요.

재아　저는 술을 좀 자주 마시는 편인데, 쓸데없는 술 마시는 사진들은 나중에 비공개 보관함에 넣어둬요. 나중에 다시 보면 '이런 거 왜 올렸지?' 싶은 별로 안 예쁜 사진이 있잖아요. 그때는 예쁘다고 생각했지만 지금 보면 별로인 것들은 비공개 보관함에 넣어요.

주연과 재아는 피드의 통일성을 강박적으로 맞추거나 본격적으로 "관리"하지는 않지만, 자신의 게시물을 반복해 확인하며 타인에게 보여주고 싶은 정보와 보여주고 싶지 않은 정보, '과한' 게시글과 '괜찮은' 게시글, '예쁜' 사진과 '별로 안 예쁜' 사진을 구분해 "정리"했다. 몸에서 자신 있는 부위만 강조한 사진을 올리거나, 여행을 갈 때 미리 정한 콘셉트에 맞춰 의상과 소품을 준비하기도 했다.

이들이 말하는 "있는 그대로의 모습"은 선별되지 않은 모습을 무작위로 노출한다기보다, 최대한 자연스러워 보이는 '꾸안꾸'(꾸몄지만 안 꾸민 것 같이 자연스러운) 모습을 전시하는 것에 가까웠다. 주연과 재아는 인터뷰 내내 '자연스럽게'를 강조했다.

한 사람이 디지털 자아를 구성하는 과정에는 성별·나이·지역·학력·소득·직업·소속집단의 특징 등이 개입한다. 나이가 어린 여성은 아직 사회적 자본이 덜 갖춰진 상태이기에 외모로 평가받는 경향이 강하다. 반면 나이가 들수록 다른 사회적 자본을 습득하면서 외모의 중요성이 분산된다. 특히 외모 관리는 내면의 '성숙함'과 상반되는 가치로 여겨지는 경향이 있어, 어리지 않거나 사회적 지위가 높은 여성이 셀카나 인스타그램에 과도하게 공 들이면 오히려 평판을 저해하는 일이 되기도 한다. 따라서 이들에게 중요한 점은 자아를 선별하여 전시하되, 선별한 것이 드러나지 않도록 '자연스럽게' 하는 데 있었다. 이들에게는 '콘셉트를 정하지 않은 것처럼 보이는 것'이 콘셉트였던 것이다.

　　자아의 '콘셉트'를 정하는 일이 '관종'과 같은 일부 여성의 유치한 행동처럼 느껴질 수 있지만 사실 우리 모두는 콘셉트를 추구하며 살아간다. 자신이 되고 싶고, 닮고 싶고, 추구하는 이미지가 바로 그것이다. SNS를 하는 것뿐 아니라, 하지 않는 것 또한 진지한 이미지를 추구하는 콘셉트의 일환이 될 수 있다. 사람들은 자신이 원하는 이미지를 구현하기 위해 주기적으로 털을 정리하고 안경테를 신중하게 고르며, 미용실에 들고 갈 연예인의 사진을 고른다. 다만 오프라인에서는 자신이 되고자 하는 모습이 그에 도달하지 못하는 모습이나 상반되는 모습 등과 중첩되며 입체적인 자아를 형성한다면, 온라인에서는 완벽하게 통제된 결과물만을 드러낼 수 있다는 점에서 차이가 있다. 충분한 사전 준비를 거쳐 내가 원하는 모습만 내보일 수 있으며, 이를 통해 나에 대한 상대의 인상을 통제할 수 있다는 환상은 사람들이 SNS에 매력을 느끼는 구심점이 된다.

사진에 관한 최근의 연구들은 사진 촬영이 촬영자조차 의식하기 어려운 습관적 행위로 변화했다는 점을 지적한다. 사람들은 유리컵을 떨어뜨려 파편이 이리저리 튄 순간에도, 시멘트 바닥에 철퍼덕 넘어져 무릎에서 피가 철철 흐르는 순간에도, 심지어 링거를 맞으며 절대 휴식을 취해야 하는 상황에도 스마트폰을 꺼내 사진을 찍는다. 각종 채팅방과 SNS에 자신에 대한 속보를 전달하고 공감을 얻는 것이다.

그러나 인생샷만큼은 마치 20년 전에 날을 잡아 가족사진을 찍으러 가듯 철저히 사전에 기획하거나 비일상적인 방식으로 완성된다. 재아에 따르면 "월화수목금에 안 찍고, 토일에 찍는 그런" 느낌이다. 과거에는 특별한 날을 기념하기 위해 사진을 찍었다면, 이제는 사진을 찍기 위해 기념할 날을 정한다는 점이 다를 뿐이다. 송이와 친구들은 서로의 "파티플래너"로 고용되어 사진을 찍기 위한 이벤트를 상시적으로 연출하고 있었다.

송이 친구들 대부분은 부업으로 파티플래너를 하거든요. 인스타그램을 너무 잘하니까요. "니 브라이덜샤워(예비 신부가 결혼하기 전에 친구들과 하는 파티)는 끝장나게 한다. 딱 기대해라. 엄청나게 한다" 이래요. 브라이덜샤워에 가면 아마 셀카를 몇만 장 찍고 올 것 같긴 해요.

인생샷을 남기기 위한 목적으로 기획된 "인공 추억"[5]에서 핵심은 '장소'와 '외모'다. 가장 먼저 할 일은 사진이 잘 나올 만한 장소를 찾는 것이다. 가장 가성비가 좋은 촬영 장소는 역시 카페. 공공 공간이 사라진 시대에 카페는 친구를 만나는 놀이터이자 공부를 하는 독서실이고 미팅을 하는 회의실이다. 그리고 스튜디오다.

윤희 대충 만나자는 날이 있고, 사진 찍는 날이 있어요. 사진 찍는 날은 일단 예쁘게 하고 가야 하고, 인스타그램용 카페에 가야 해요. 친구와 서로 피드 콘셉트가 다르니까 둘 다 피드에 올리려면 공통분모인 카페에 가야 하는 거죠. 공통분모인 카페에 가서 서로 사진을 핵 많이 찍어주고 카페도 한 바퀴 돌아요. 그다음에 음식을 시키는데, 예쁜 카페에서는 사진이 잘 나올 음료랑 디저트를 시키거든요. 사진 찍는 날에는 맛있는 걸 시키는 게 아닌 거예요. 음식 시키고 사진 열심히 찍고. 먹기 전 상태에서 서로 사진 많이 찍어주고 그다음에 이제 우리 얘기하자고 해요. 그러니까 사진을 거의 한두 시간 찍는 것 같아요.

"사진 찍는 날"에는 카페에 가는 목적이 촬영이므로 "인스타그램용 카페"에 간다. 윤희는 사진을 찍지 않을 때는 프랜차이즈 카페에, 사진을 찍을 때는 '감성 카페'에 간다고 했다. 프랜차이즈 카페에 가서 찍은 사진은 피드의 일관성을 해칠 수 있기에 스토리[6]에만 올린다. 인스타그램용 카페는 설계 과정부터 포토존을 의식하고 만들어졌으므로 인테리어가 깔끔하다. 음식과 식기가 예쁘고 테이블 높이가 낮다. 창이 크고 전신거울이 있다. 인스타그램용 카페는 역시 인스타그램을 통해 찾는다. 인터뷰이들은 인스타그램에 수시로 #분좋카(분위기 좋은 카페), #카페스타그램, #감성카페, #카페가오픈 등을 검색했다. 그러면 '좋아요'를 많이 받은 인기 게시물이 상단에 뜨는데, 이 게시글이 인생샷의 모범 답안 같은 역할을 했다. 회지와 윤희는 인기 게시물을 보며 카페 내부를 확인하고 온라인 현장 답사를 했다. 드라마 작가가 작품 콘티를 짜듯, 어떤 장소에서 어떤 포즈로 사진을 찍어야 예쁠지 머릿속으로 구상했다. "그 스팟에 가서 여기 여기 딱 잡아보고" "아 여기인 것 같다!" "아 저기다!" 하는 "촉"이 오면, 글에 친구나 애인을 태그하며 약속을 잡았다. 메인 장소인 카페를 먼저 결정하면 후에 주변에 있는 밥집이나 소품샵 등을 찾으며 하루의 일정을 정했다.

카페가 '소확행'의 이미지를 준다면, 보다 특별한 모습을 보여주고 싶을 때는 여행을 간다. 회지는 "남들이 다 가는 카페는 시시"하다며, "남들이 우와! 할 법한" "누구나 보기 힘든 풍경·배경·장소"에 가는 것이 중요하다고 했다. 여행 장소도 역시 #여행에미치다, #감성여행 등을 인스타그램에 검색하며 찾았다. 여행은 신선하고 아름다운 배경을 제공할 뿐 아니라 도전적이고 독립적이며 자아성장을 추구하는 청년의 이미지까지 보여줄 수 있다. 실상은 하루 종일 사진만 찍다가 오더라도 말이다.

이렇게 장소가 준비되면 다음으로 외모를 준비한다. 일반적으로 여성들이 외모를 꾸밀 때 메이크업에 가장 많은 공을 들이는 것에 반해, 인생샷에서는 예상과 달리 메이크업의 비중이 크지 않다. "요즘은 워낙 보정 어플이랑 화장 어플이 잘 되어 있"기 때문이다. 윤희는 "제가 화장하는 것"보다 어플이 더 예쁘게 해"주기 때문에 화장에 크게 신경을 쓰지 않는다고 했다. 여성들은 인생샷을 준비하는 현재와 인생샷이 완성될 미래의 시점을 끊임없이 오갔다. 자연스럽게 여성들은 미래에 포토샵으로 바꾸기 어려운 부분에 더 공을 들였는데, 그것이 바로 의상이다.

재아 확실히 이제 옷을 엄청 신경 쓰는 것 같아요. 옷 색깔이 쨍해야 사진이 진짜 잘 나오거든요. 옛날에는 건물 색깔에도 신경을 되게 많이 썼어요. 그 건물이 어떤 곳인지는 미리 알 수 있잖아요. 검색이 잘 돼 있으니까요. 찾아보고 그 건물의 색상이나 분위기에 맞춰서 옷을 골라 갔어요.

송이 저는 일단 여행지나 무드에 맞는 옷을 마련하는 게 가장 중요한 것 같아요. 사진은 계속 남으니까 맨날 똑같은 옷을 입고 찍을 수는 없잖아요. 저는 옷을 사는 기점이 그런 이벤트가 있을 때예요. 여행 갈 때 한 번씩 사고요. 이번에도 오빠랑 여행을 가는데 너무 옷을 사고 싶은 거예요. 근데 시간이 없어서 여행 숙박업소로 옷을 주문시키는 식으로 준비했어요. 그게 너무 괴롭고 고역이거든요. 옷을 고르고 언제까지 배송이 돼야 하고 또 당일배송이 되는 건 어디인지 찾아보는 거요. 그런데도 여행지에서 예쁜 옷 입은 사진 하나 딱 건지면 되니까 그걸 다 감수하면서 그렇게 했던 것 같아요. 여행지를 미리 찾아보고 거기에 맞는 옷을 고르는 거죠. 이번에는 갈대밭에 가니까 거기에 어울리는 옷을 고르는 식인 거예요.

이미 인스타그램을 통해 촬영지 선정을 마친 상태이기 때문에 여성들은 공간에 어울릴 만한 옷을 골랐다. 그날 고른 옷이 사진으로 나오는 게 아니라, 최종적으로 피드에 게시될 이미지를 상상했을 때 괜찮을 옷을 선택하는 방식이다. 여기서는 의상이 촬영 장소와 어울리는 것만으로는 부족하다. 피드의 다른 사진과 잘 어울리는지까지 고려해야 한다. 피드에 똑같은 옷을 입은 사진을 여러 번 올리지 않는 것은 인스타그램을 관리 좀 한다는 여성들 사이에 암묵적인 규칙이다.

여성들이 인공 추억을 기획하고 온라인으로 사전 답사를 하며 옷과 소품을 준비하는 모습은 연예인이 화보 촬영을 준비하는 과정과 매우 흡사한데, 이는 필연적으로 소비를 경유한다. 매번 새로운 장소를 찾아 매번 새로운 옷을 입고 매번 새로운 소품과 함께 찍어야 하기 때문이다. 하지만 '힙한 인생샷'의 기준은 계속 갱신되기에, 실상은 끝없이 노력해도 완벽한 인생샷에 가닿기 어렵다. 모두가 힙해지는 순간 그것은 더 이상 '힙한 것'이 아니게 된다. 이제 여성들은 트렌드에 앞서 나가기 위해 아직 간판조차 달리지 않은 #가오픈카페를 찾고자 애쓴다. 장소만 유행을 타는 게 아니다. 지금은 일자

눈썹이나 직선 코, 도톰한 입술과 올라간 입꼬리 등 얼굴 부위까지 유행하는 세상이다. 여성들은 계속 트렌드를 검색하고 이에 맞게 소비하며 힙함과 특별함의 대열에 합류하고자 애쓴다.

그런데 트렌드를 너무 늦게 따라가는 것뿐 아니라 너무 앞서 가는 것도 '힙'함과 거리가 멀다. 힙함은 사람들이 '힙한 것'으로 알아볼 때만 '힙한 것'이기 때문이다. 결국 여성들은 사람들이 너무 잘 알지도, 너무 모르지도 않는 '딱 적당한 힙함'을 찾아 헤맨다. 다시 말해 인생샷의 문법은 안전하고 익숙한 특별함에 있다.

다들 비슷한 것을 지향하기 때문에 결국 모두 비슷한 옷과 비슷한 장소, 비슷한 포즈로 사진을 찍게 된다. 송이는 핑크 뮬리 여행지에 사진을 찍으러 갔을 때 "이 커플 저 커플을 섞어놔도 괜찮을 정도로 모두 비슷한 옷을 입은 채 삼각대를 딱 세워놓고 마주 본 자세로 뽀뽀하며 끊임없이 사진을 찍는" 사람들을 보고 "현타"를 느꼈다. 자신도 비슷한 콘셉트를 기획해 사진을 찍으러 왔지만 관찰자의 입장에서 보니 너무 낯설었다는 것이다. 자신을 차별화하고자 했던 여성들은 결국 여성에 대한 가장 전형적인 이미지로 자신을 표현하게 된다.

3. 사진 촬영: 100장 찍어서 한 장 건지기

놀이와 과업 사이

기나긴 사전 준비를 마치면 드디어 촬영을 갈 차례다. '100장 찍어 한 장 건진다'는 말은 이미 유명한 경구가 된 지 오래다. 인생샷은 몇백 장에 한 장 탄생할까 말까 할 정도로 희귀한 사진이기에 여성들은 사진을 한 번 찍을 때 "최소 백 장씩" 찍었다.

사진 촬영 전까지 인공 추억을 기획하고, 아름다운 장소를 찾고, 인스타스타의 이미지를 보며 예습하고, 또 옷과 각종 소품을 준비하느라 많은 노력을 쏟았으므로 여성들은 사진을 촬영하는 과정에서 '반드시 건져야 한다'는 절박하고 필사적인 '프로 정신'을 가지게 된다. 카페와 여행지에서 주위 사람들의 따가운 시선을 감내하면서까지 이들이 사진 찍기에 전념하는 이유가 바로 여기에 있다.

> **회지** 나오게 해야 해요. 오늘 온 게 아까워서라도요. [마음에 드는 사진을 못 건지면] 다른 데를 한 군데 더 가요. 저 같은 경우에는 피드 콘셉트가 주로 낮이에요. 밤 사진이 없거든요. 그러니 밤이 되기 전에 빨랑빨랑 돌아다녀야 하는 거예요. 그래야

낮 사진에 걸맞은 사진을 찍고 밤에 좀 편하게 술 마시면서 놀 수 있으니까요. 어쩌다 보니 이런 강박관념이 생겼어요. …… [마음에 드는 사진을 찍으면] 짱이에요! 건졌다! 하는 거죠. 그날 하루는 그냥 막 신나요. 팔로워 수도 생각나고 막 좋아요. 다 찍고 나잖아요? "이제 술 마시러 가자!" 그래요. 이제 편안히 술 마시고 밥 먹는 거죠. "재밌었다, 오빠. 오늘 사진 너무 잘 찍어줘서 고마워." (웃음) 약간 이런 느낌? 화기애애해져요. 오늘 할 일 다했다 싶고요.

송이 모든 여행의 초점이 사진이에요. 옷도 준비해야 하고 예쁜 스팟도 찾아야 하고요. 그러다 보니 여행을 가면 진짜 온전히 그 순간을 즐기고 풍경을 보면서 생각에 잠기는 게 아니라 오히려 쫓기는 듯한 마음이 들어요. 여기서 인생샷을 건져야 한다는 생각 때문에 계속 사진을 찍고요. '진짜 여행이 뭐지?' 하면서 현타가 올 때도 있었어요. 이번 크리스마스 때 진짜 전날부터 소품을 밤 새서 준비했거든요. 나뭇가지를 주워 와서 갈런드처럼 만들고, 고깔도 만들고요. 그랬는데 다음 날 설치하고 나니까 먹을 게 있어야 한다 해서 핑거 푸드를 굳이 나가서 사왔어요. 구색 맞추느라요. 이후 사진 찍기를 시작했죠, 본격적으로.

근데 그날이 그런 날이었어요. 제가 유난히 안 예쁘고 부하게 나오는 날이요. 오빠는 진짜 추억으로 몇 장 남기고 싶은데 저는 너무 속상했죠. 다 예쁘게 세팅됐고 저만 예쁘게 나오면 되는 상황이었는데…… 기분이 안 좋아서 계속 찍고, 오빠는 너무 힘들어했어요. 오빠는 송년회 분위기로 대화하는 자리인 줄 알았는데 사진을 다 찍고 나니 새벽 두 시인가 세 시였거든요. 저도 되게 허망한 거예요. 현타도 오고요. 이게 뭐라고…… 사진 예쁘게 나오는 게 뭐라고 이렇게 했나 싶고. 결국 오빠랑 기분 별로 안 좋게 크리스마스를 보냈어요.

촬영장에서 사진이 잘 안 나온다고 화보 촬영을 포기하는 연예인은 없다. 여성들은 촬영이 잘 되지 않으면 그간의 준비 과정이 모두 물거품이 되어 버리기에 "아까워서라도" 어떻게든 "나오게 해야" 한다고 생각했다. 이들은 사진을 건져야 한다는 강박에 불안을 느끼기까지 했다. 반면 사진을 건지고 나면 그날 하루는 업무 목표량을 달성한 노동자처럼 신나게 놀았다. 인생샷을 건진 날은 '성공한' 하루가, 사진을 건지지 못한 날은 '실패한' 하루가 되는 것이다.

'친구'와 '인간 셀카봉' 사이

혼자 찍는 사진이라는 셀카의 통념과 달리, 인생샷은 친구와의 협업 속에서 만들어진다. 촬영과 업로드 두 단계로 이뤄지는 전통적인 의미의 셀카는 혼자서도 충분히 제작할 수 있지만, 인생샷은 그렇지 않다. 제작 과정이 콘셉트 기획, 장소 및 의상 선정, 촬영, 보정, 업로드 등으로 세분화되어 있어 중간중간 친구들의 도움이 필요하다.

무엇보다 배경과 인물이 조화를 이루는 측면에서 피사체와 카메라의 거리가 상당히 멀어지는 것이 인생샷의 문법이다. 피사체는 인생샷 제작 과정을 총괄하는 책임자이지만, 촬영 과정에서만큼은 멀리까지 걸어가 셔터를 눌러줄 동료가 있어야 한다. 이는 많은 노력이 소요되는 과정으로 아무에게나 쉽게 부탁할 수 없다. 즉 인스타그램에서 인기 있는 인생샷의 문법을 잘 알고 있으며, 서로 수백 장의 사진을 찍어줘도 부담스럽지 않을 정도로 친밀성이 전제된 사람이어야 한다. 그런데 서로가 사진에 '진심인 정도'를 맞추는 게 여간 어려운 일이 아니다. 사진을 너무 조금 찍어주는 친구에게는 아쉽고, 너무 많이 찍는 친구는 자신이 친구인지 인간 셀카봉인지 헷갈리며 우정을 의심하게 되기 때문이다.

송이 그 인스타그램 스타 같다는 친구 있잖아요. 얘(A)는 마켓을 하거든요. 그래서인지 정말 절대 같은 옷을 안 입어요. 피드에서 중복되지 않도록요. 절대! 그게 꼭 사수해야 하는 원칙인 거예요. (사진을 보여주며) 이 친구(B)가 A랑 같이 마켓을 하는 친구예요. A가 B랑 여행을 가면 식당도 안 가고 하루 일과가 예쁜 카페에 대여섯 군데 가는 것인데, 갈 때마다 옷을 바꿔 입는대요. 근데 마켓하기 전에도 그랬대요. 밥도 안 먹고 예쁜 디저트가 나오는 예쁜 공간에 가는 거예요. 그때마다 옷을 갈아 입고 가고요. 제 기준에는 A도 되게 유난스럽지만, A가 봤을 때 B는 너무 힘들 정도로 한 스팟에서 천 장씩 계속 셔터를 눌러주면서 몇 장 건지는 식이래요. 자기도 기가 빨릴 정도로 진짜 그게 전부래요. 그게 자기들한테는 즐거움이고 놀이니까요. 제 기준에서는 A랑 여행을 가면 힘들죠. 서로 대화를 나눈다기보다는 그 공간에서 사진 찍어주는 역할을 하는 거니까요. 저는 그 텐션이 힘들더라고요. 제가 그걸 즐기지 않는 건 아니지만 제 기준에서는 그게 너무 심해서요……

송이는 친구 A를 보며 정말 "유난스럽"다고 느꼈다. 사진을 위해 장소를 정하고 같은 옷을 두 번 입지 않는 것을 원칙으로 사수하기 때문이다. 그래서 A와 여행을 갈 때면 자신이 사진을 찍어주는 역할로 동원되었다고 느끼며 힘들어했다. 그런데 송이에 따르면 A 또한 자신의 친구 B를 만날 때 힘들어했다. B를 만나면 밥도 먹지 못한 채 하루에 카페를 "대여섯 군데"나 도는데, 카페에 "갈 때마다 옷을 바꿔 입"고 사진을 찍어야 하기 때문이다.

타인이 찍어주는 셀카인 인생샷이 지닌 어려움이 여기서 드러난다. 피사체는 자신의 인생샷을 책임지고 만들어야 하는 감독이지만, 촬영 과정에서만큼은 주도권이 친구에게 넘어간다. 친구가 자신의 '확장된 팔'로서의 역할을 충실하게 해줘야만 성공적인 인생샷을 건질 수 있다. 친구가 지치거나 자신이 '인간 셀카봉'으로 소환된 것 같다는 서운함을 느낄 경우 모든 노력이 수포로 돌아갈 수 있다. 그래서 여성들은 촬영 과정 내내 친구의 감정을 매우 세심하게 살피고 돌보고 달랬다. 그리고 상대가 지쳐 떨어져 나가기 딱 직전까지만 "한 장만 더 찍어줘"를 외쳤다.

수년간 인생샷을 제작하며 놀이와 과업, 친구와 인간 셀카봉 사이의 균형을 잡는 법을 터득해온 송이는 한국 여성들에 대해 강한 신뢰를 보이기도 했다. 그는 "우리 또래는 워낙 사진을 많이 찍다 보니 무릎을 꿇고 경건하게 찍어주는 게 다 학습이 되어 있"다며, 모르는 여성들에게 사진 촬영을 부탁

해도 거의 다 잘 나온다고 했다. 해외에 여행을 갈 때는 "무조건" 한국 여성에게 사진을 찍어 달라고 부탁한다고도 했다.

반면 촬영 과정에 수반되는 감정노동이 부담스러워 아예 자신이 원하는 바를 마음껏 요구할 수 있는 가족이나 남자친구와만 사진을 찍는 여성도 있었다.

> **주연** 사진이 자연스럽게 나와야 하니까 남이 찍어주는 게 좋아요. 근데 다른 사람한테 부탁하기가 좀 민망해서…… 제가 먼저 "하나 찍어줘" 이렇게 말한 적은 없었던 것 같아요. 진짜 동생 같이 막 가까운 사람 아니고는. 추석 때 동생이 하루 이틀 정도 저희 집에 같이 묵고 주말에 서울 놀러 다니면서 사진 찍어줬는데, 마음에 안 든 거죠. 그래서 "수평을 맞춰라. 얼굴은 이 정도 나오게 찍어라. 비율이 잘 나오게 찍어라"라고 했어요. 동생은 가깝고 제가 편하게 막 평가할 수 있으니까 그렇게 하지만, 친구한테까지는 약간 그게 어려워요. 제 성격상.

주연은 "자연스럽게 나와야 하니까" 남이 찍어준 사진을 좋아한다고 했다. 그렇지만 가깝지 않은 사람들에게 이렇게 저렇게 찍어달라고 부탁하지 못하는 성격이라 엄마나 동생에게 사진을 찍어달라고 해야 했다. 회지 또한 남자친구와 동생이 항상 자신에게 "시달리고" 있다고 털어놓았다. 그는 친구들과 함께 여행을 갈 때는 의외로 사진을 많이 찍지 않는다. 이미 다른 친구들이 수백 장씩 "와장창" 찍고 있기에 자신까지 "달려들어서 찍으면 막 피곤해지기" 때문이다. 물론 동생도 "역겨우니 제발 그만 좀 하고 치우라"며 닦달하기도 하지만, 아름다운 사진을 위해서라면 그 정도는 감수할 만하다. 그는 남자친구의 사진 실력이 나날이 늘고 있다며 뿌듯해하는 모습을 보였다.[7]

누구와 사진을 찍는가는 생각보다 매우 중요한 문제다. 이들은 완벽한 인생샷의 '뒷모습'을 공유한 관계이기 때문이다. 2부에서 자세히 살펴보겠지만, 인생샷을 위한 협업은 촬영 단계에서 끝나지 않고 인스타그램에 사진을 업로드한 이후까지 이어진다. 이들은 서로의 실물에 대한 비밀을 지켜주고 온라인에서 '평판 바람잡이' 역할을 하며 협력하는 일종의 공범이다.

A컷은 피드로, B컷은 스토리로

촬영을 성공적으로 마치면 스마트폰에는 하루치 고생의 대가인 사진 수백 장이 남는다. 촬영을 마친 스마트폰에는 친구 사진도 있기에 최대한 빨리 사진을 주고받는 것이 중요하다. 집에 돌아가는 길에 오늘 찍은 사진을 보내달라는 메시지를 보낸다. 에어드롭, 블루투스, 와이파이, 데이터를 통해 수백 장의 사진이 오간다. 온라인으로 준비하고 오프라인에서 찍은 것이 다시 0과 1의 세계로 들어왔다. 집에 가는 길에 보정할 만한 사진을 선별한다. 모든 사진이 다 포토샵으로 넘어가는 영광을 누릴 수 있는 건 아니다. 원본보다 보정했을 때 예쁠 것 같은 사진이 선별 대상이다. 인터뷰이들은 "보정해도 손 못 보겠다"는 사진과 "쪼금만 하면 살릴 수도 있는", "즉 눈 키우고 턱 줄이면 되겠"는 사진을 구분했다. 마치 K팝 스타 오디션장에서 지금 실력이 뛰어난 지원자보다 성장 가능성이 큰 사람을 뽑듯, 여성들은 보정을 통해 예뻐질 가능성이 더 높은 사진을 예리한 눈으로 선별했다.

수백 장의 사진 중 괜찮은 몇 장을 선별하는 것은 여간 어려운 일이 아니다. 미묘한 차이를 세심하게 포착하는 일에는 상당히 많은 시간과 공력이 들어간다. 이때 사진 선별을 도와주는 것이 바로 스마트폰 앨범의 '즐겨찾기' 기능이다. 사진 밑에 있는 하트를 누르면 그 사진들만 모은 폴더가 자동으로 생성된다. 스마트폰은 장소 검색부터 친구들과의 약속 조정, 사진 촬영, 선별 및 보정, 인스타그램 업로드까지 인생샷의 처음과 끝을 모두 함께하는 협력자였다. 연구 참여자들은 모바일 기술과 적극적으로 상호작용 하며 사진을 선별했다.

흥미로운 점은 지난한 과정을 거쳐 여기까지 왔음에도 마음에 드는 사진이 없으면 업로드를 포기한다는 것이다. 피드에는 완벽한 사진만 올라가야 하기 때문이다. 영기는 "인스타그램에 사진 세 장을 올렸는데 그중 한 장이 별로면 예쁘게 나온 사진 딱 한 장을 올리는 것보다 안 좋"기에, 피드에 사진이 많은 것보다 적은 게 더 나을 수도 있다고 말했다. 윤희와 회지 또한 인스타그램 피드는 "나만의 화보"이므로 화보집에서 "메인 컷 한 장"만 올리듯 "A컷"만 올리고 조금이라도 아쉬운 사진은 피드에 게시하지 않는다고 했다. 여성들은 '자아의 프로'로서, 자신의 모습 중 타인에게 보일 만한 부분을 엄격하게 분류하고 선별했다. 이들에게 인스타그램은 자신을 자연스럽게 드러내고 소통하는 공간이라기보다는,

자신을 한눈에 정리해 보여주는 온라인 포트폴리오였다.

이렇게 선별까지 마치면 이제 가장 중요한 단계가 남는다. 바로 보정이다.

5분 완성 성형

지금 이 글을 읽고 있는 사람 중에 스마트폰에 스노우카메라, B612, 유라이크, 소다, 카메라360, 포토원더, EPIK 중 한두 개쯤 깔려 있지 않은 사람이 얼마나 될까? 셀카 촬영 및 보정 어플리케이션은 어플 판매 순위 상위권 상당수를 차지하고 있으며 지금까지 출시된 사진 관련 어플만 1,000개가 넘는다. 스노우카메라의 경우, 출시 약 1년 반 만에 가입자 수 1억 명을 넘겼을 정도로 선풍적인 인기를 끌었다.[8]

보정 어플이 제공하는 기능은 상상을 초월한다. 수술이나 시술로 바꾸기 어려운 인중, 콧 볼의 길이·크기·높이·각도는 물론이고, 다리의 굵기 및 길이, 가슴 크기, 쇄골 등 신체의 모든 부분이 변형 가능하다. 모든 영역에서 mm 단위로 양악 수술을 할 수 있는 것이다.

아름다움에 대한 정의는 시대에 따라 달라진다. 과거와 달리 '예쁜 여자'는 태어나는 것이 아니라, 적극적인 관리를 통해 만들어진다. '못생긴 여자는 없다. 노력하지 않는 여자만 있을 뿐'이라는 언설은 디지털 이미지에 가장 확실하게 적용된다. 이제 몇 번의 터치만으로 아바타를 꾸미듯 자신의 이목구비를 조정할 수 있다. 여성들은 눈·코·입·턱·가슴·다리·허리 등을 손가락으로 밀고 당기고 비비고 문지르며 고통과 비용 없는 디지털 성형을 감행한다. 그리고 이렇게 완성된 이미지는 성형 '애프터'의 모습을 '미리보기' 시켜주는 효과를 낳는다. 보정된 사진은 자신의 잠재적 미래가 현재화되어 제시된 것이기에 모델의 성형 전후 모습을 전시하는 그 어떤 뷰티 광고보다 강력한 효과를 발휘한다.

셀카는 추상적인 가능성의 영역에만 머무르지 않고, 물리적인 몸의 변화로 이어지기도 한다. 영국 성형외과 의사인 티지언 에쇼Tijion Esho는 최근 셀카처럼 성형하고 싶어 하는 사람들이 부쩍 늘어났음을 지적하면서, "스냅챗 이형증 Snapchat dysmorphia"이라는 개념을 제시했다.[9] 과거에는 사람들이 연예인처럼 성형수술을 해달라고 했다면, 최근에는 자신의 셀카처럼 수술해달라고 요구한다는 것이다. 2019년에 미국 안면성형재건학회American Academy of Facial Plastic and Reconstructive Surgery가 진행한 조사에 따르면, 당해 학회 소속 의사의 72%가 더 나은 셀카를 위해 성형을 선택한 환자를

얼굴 보정	눈썹	눈	코	입	피부 보정	메이크업	체형 보정
얼굴 작게	눈썹 두께	눈 크기	코 크기	입 크기	잡티 제거	파운데이션	원터치
슬림하게	눈썹 위치	눈 위치	코 좁게	인중	매끈하게	립스틱	머리 크기
얼굴 짧게	미간	눈 높이	콧볼	입 너비	모공	아이래시	전신
브이라인	눈썹 각도	눈 너비	코 길이	윗입술	컨실러	블러셔	다리 길이
광대뼈	눈썹 모양	눈 간격	콧등	아랫입술	디테일	아이라이너	다리 굵기
관자놀이	눈썹 머리	눈 각도	콧부리	M자형 입술	피부톤	아이브로	엉덩이
턱뼈	눈썹 꼬리	눈동자	코끝	입꼬리	고화질	컬러렌즈	허리
턱 길이		앞트임			팔자주름	아이섀도	어깨
뾰족한 턱		뒤트임			애교살	애교살	
이마 넓이		밑트임			활기	매력점	
		눈꼬리			글로우	쌍꺼풀	
		눈 선명하게			더 매끈하게	컨투어	
		눈 미백			유분기 제거	피부톤	
		눈 디테일			피부결	틴트	
		다크서클			치아 미백	글리터	
						헤어 컬러	

〈표 2〉 사진 편집 어플 'EPIK'의 보정 기능 목록

만났다고 답했다.[10] 셀카에 더 예쁘게 나오고 싶어 성형하는 사람들이 있다면 반대로 셀카만큼 아름다워지고 싶어 성형을 선택하는 사람들도 있는 것이다.[11]

셀카처럼 되고 싶든, 셀카를 위해 예뻐지고 싶든 셀카는 현재 여성들이 몸을 변화시키고 싶어 하는 동기 중 큰 부분을 차지한다. 이미 해외에서는 셀카가 몸의 변화로 이어진다는 점에 주목해, 수년 전부터 셀카를 몸 다양성과 같은 재현의 차원뿐 아니라 보건과 건강권의 관점에서 논의하려고 시도 중이다.[12] 2011년 미국 의사협회는 포토샵을 통해 몸을 보정하려는 시도가 여러 신체적·정신적 질병을 야기할 수 있다는 점을 짚으며, 관련 광고 지침을 만들어야 한다는 성명서를 발표했다.[13] 이스라엘에서는 2013년부터 포토샵 리터칭을 거친 광고 이미지가 해당 사실을 표기하도록 하는 이른바 포토샵 법Photoshop law을 시행했고, 2022년 규제 내용을 강화했다.[14] 프랑스도 2017년부터 모델 사진에 보정 여부를 표기해야 하는 법을 시행했는데, 위반 시 징역을 살거나 상당한 액수의 벌금을 물 수 있다.[15]

셀카가 몸의 변화로 이어지는 현상은 셀카가 단순히 자기만족을 목적으로 삼는 가상 세계의 허구적 이미지가 아닌, 오프라인의 물질적 세계와 긴밀히 연결된 매개라는 점을 보여준다. 여성들은 셀카만큼, 셀카보다, 셀카를 위해 아름다워지길 원한다.

지금까지 1부에서는 여성들이 몸을 디지털 이미지로 변환하는 과정을 살펴보았다. 2부에서는 그렇게 만들어진 이미지가 온오프라인 관계에서 의미를 획득하는 과정을 살펴보려고 한다. 셀카 문화를 설명할 때면 호수에 비친 자신의 모습에 중독되어 하루 종일 들여다보다가 익사한 나르키소스 신화가 자주 인용된다. 그런데 현실에서 여성들은 자신의 모습을 비추는 거울이 아닌 사람들의 반응을 확인할 수 있는 인스타그램을 반복해서 들여다본다. 슬롯머신을 당기듯 피드를 당겨 새로 고침하고, '좋아요'와 댓글이 달리는 과정을 실시간으로 지켜본다. 지금까지 스마트폰 앨범에 고정되어 있는 사진에 대해 이야기했다면, 이제 그것이 업로드되어 사람들의 피드 위를 떠다니는 인스타그램 속으로 들어가보려 한다. 그곳에서는 어떤 일이 일어나고 있을까?

1   강보라, 〈픽토리얼 푸드: 먹스타그램 현상과 음식 이미지의 역사〉,《디지털
     미디어와 페미니즘》, 이화여자대학교출판문화원, 2018.

2   Lev Manovich, "Instagrammism and Contemporary Cultural Identity",
     Instagram and Contemporary Image, http://manovich.net/index.
     php/projects/tag:Article, 2017.

3   최근 인스타그램은 이미지를 최대 세 장까지 피드의 상단에 고정할 수 있는
     기능을 추가했다. 이 세 장을 제외하면 이미지 순서를 바꾸거나 위계를
     설정하는 것은 어렵다.

4   어빙 고프먼,《자아 연출의 사회학》, 진수미 옮김, 현암사, 2016, 13쪽.

5   양정혜,《디지털 신자유주의를 살다》, 리북, 2012, 263쪽.

6   인스타그램은 2016년에 '스토리'라는 기능을 도입했다. 스토리는 24시간
     동안 공개된 후 자동 삭제되는 휘발성이 높은 게시물이다. 계정주는 누가
     자신의 스토리를 봤는지 확인할 수 있고, 피드의 게시글과 달리 공개 범위를
     설정할 수 있다. 팔로워는 스토리를 본 후 계정주에게 다이렉트 메시지를
     보낼 수 있는데, 이 메시지는 댓글과 달리 모두에게 공개되지 않는다.

7   해외에서는 인스타그램 남편instagram husband이라는 신조어가 등장했다.
     인스타그램 남편은 언제나 카메라를 갖고 다니며 파트너가 인스타그램에
     올릴 사진을 찍어주는 사람을 의미한다.

8   스노우카메라 홈페이지(https://snowcorp.com/ko_KR/).

9   "Faking It: How Selfie Dysmorphia Is Driving People to Seek Surgery",
     The Guardian, January 23, 2019.

10   "AAFPRS Survey Says the Selfie Endures and Is Stronger Than Ever",
     The American Academy of Facial Plastic and Reconstructive Surgery,
     2020.

11   일부 여성이 성형 후 자신의 모습에 대한 기대를 투영한 결과물로서 셀카를 이용한다면, 반대로 일부 성형외과 의사는 여성들의 현재 상태를 '객관적'으로 진단하기 위한 목적으로 사진을 이용한다. 관련 논의로 다음의 글을 참고하라. 임소연, 〈성형수술 실행의 사물, 육체, 그리고 지식의 네트워크〉, 서울대학교 대학원 과학사 및 과학철학 협동과정 박사학위논문, 2012;《나는 어떻게 성형미인이 되었나》, 돌베개, 2022.

12   "Diagnosing a Public Health Problem: Photoshop", *The hiladelphia Inquirer*, May 10, 2022.

13   "Is Photoshop Destroying America's Body Image?", *Huffpost*, September 6, 2011.

14   "Israeli Law Bans Skinny, BMI-Challenged Models", *abcNews*, January 3, 2013.

15   "Photoshop Law Requires Retouching Disclosure", *American Graphics Institute*, March 17, 2022.

CHAPTER 2

인스타그램:
피드와 '현생' 사이

1. 셀카의 관객들

인스타그램에는 유독 독특한 화법이 자주 눈에 띈다. 이곳에서 사람들은 처음 보는 이에게 자신을 소개하듯 일기를 쓰고, 유용한 정보를 공유하듯 스스로를 자랑한다. 각자 자기가 하고 싶은 말을 주야장천 떠드는 인스타그램의 풍경은 이곳이 사람들이 만나는 플랫폼이기보다, 각자 자신을 뽐내는 연극 무대처럼 보이게 한다. 그러나 인스타그램을 오래 들여다보면 이곳에 올라오는 게시물들이 사실 관객을 향한 말 걸기라는 것을 발견할 수 있다. 관객과 메시지를 주고받는 과정이 좀 더 유연한 방식으로 이뤄질 뿐이다.

인스타그램은 기존의 소통 방식과 차별화된 그만의 소통 방식이 있다. 대면 대화나 간접 대면 대화인 전화는 실시간으로 이뤄진다. 이것은 사람들이 직접적으로 연결될 수 있도록 도와주지만, 반대로 즉흥적인 상황에 대처해야 하는 부담을 지우기도 한다. 적절한 상황을 연출하기 위해서는 공손한 목소리 연출, 음성의 높낮이 조절 등을 통해 긴장을 숨기는 기술이 요구된다. 실시간 커뮤니케이션은 현장감이 큰 만큼 참여자가 대화에 답을 하고 맺는 상황을 스스로 조절하기 어렵다.[1]

반대로 인스타그램에서는 커뮤니케이션이 동시에 이뤄지지 않고 각자가 하고 싶은 말을 피드에 남기는 방식으로 이뤄진다. 이것은 자기중심적인 소통 방식으로 보일 수 있지만, 오히려 소통 과정에 수반되는 부담을 줄이고 편의성을 도모한 디지털 소통 방식으로도 볼 수 있다. 인스타그램은 불특정 다수에게 일방적으로 말을 거는 방식으로 설계되어 있어 대상을 특정할 필요가 없고 설령 댓글이 달려도 즉시 답해야 한다는 것에 대한 부담이 적다. 메시지를 수신하는 팔로워들 입장에서도 편한 시간에 타인이 올린 글을 볼 수 있을 뿐 아니라 그것이 자신에게만 한 말이 아니기에 굳이 답장을 해야 할 필요가 없어 부담이 적다. '하트'만 눌러도 마음이 표시되니 편리하다. 비교적 유연하고 간접적인 방식으로 소통하는 커뮤니케이션 공간이라고 할 수 있다.

따라서 인스타그램 게시글의 의미를 파악하기 위해서는

각 게시물 자체를 분석하기보다 그것이 시간을 두고 상호작용적 맥락 안에 놓이는 과정에 주목해야 한다. 셀카도 마찬가지다. 아무리 자아도취적으로 보이는 이미지라 할지라도 그것은 관객을 향해 공유되는 하나의 '메시지'다. 그렇다면 인생샷의 관객은 누구일까? 인생샷은 누구를 향해 어떤 이야기를 하고 있을까?

한별의 이야기부터 들어보자. 한별은 지역에서 대학을 다니며 학교 기숙사에 살았던 여성이다. 그의 팔로워 대부분은 매일 함께 놀고 공부하고 밥 먹고 잠자는 학교 사람들이었다. 한별은 흥미로운 이야기를 꺼냈다.

지효 SNS 친구들과는 주로 어떤 관계예요?

한별 다 지인이에요. 학교 사람들.

지효 그중 누가 SNS에 댓글을 달아주거나 '좋아요'를 눌러줬으면 했어요?

한별 음…… 저보다 두 살 정도 많거나 적은 남성 지인인 것 같아요. 페이스북 페이지 중에 저희 학교 벼룩시장이 있거든요. 학교에서 인싸의 척도가 누가 자기 물건을 판매한다는 글을 올렸을 때, 사람들이 와서 괜히 장난으로 '이거 얼마인가요?'라고 댓글을 다는 데 있어요. 그 댓글이 얼마나 달리는지가 인싸의 척도인 거죠. (웃음) 댓글에는 사람들이 글쓴이를 어떻게 보는지 보이는데, 예를 들어서 '털털한 누나' 이미지인 사람한테는 "오 누나~" 이런 댓글도 달지만 괜히 쿠사리 한번 주면서 장난을 쳐요. 근데 '여신' 이미지인 애한테는 애들이 "오 역시 ○○여신~!" 이런 칭찬을 달아요. 여자들도 댓글로 "진짜 너무너무 예쁘다"라고 달았던 것 같아요. 그냥 그때 저한테는 학교 여론=SNS 타임라인이었어요.

한별은 자신의 SNS뿐 아니라 친구들의 게시글 밑에 달린 '좋아요'나 댓글까지 면밀히 관찰하고 있었다. 특히 그가 주의 깊게 보았던 것은 남학생들의 반응이다. 그는 자신보다 "두 살 정도 많거나 적은 남성 지인"이 누구에게 댓글을 남기는지 관찰하며 어떤 여성이 인기가 있는지 확인했다. 영기도 비슷한 이야기를 꺼냈다.

영기 셀카를 올리면 누가 '좋아요'를 많이 받는지 다들 알고 있어요. 인기 많은 애들이 많이 받아요. 친구 많고 예쁘고. 남자들이 누구에게 '좋아요'를 많이 누르는지도 보는데요. 저는 남자보다 여자한테 댓글을 더 많이 받는 사람이었어요.

지효 그럼 어떤 애들이 남자한테 '좋아요'를 많이 받았어요?

영기 몸매가 좋고 예쁜 애들. 남녀노소 상관없이 되게 인기 많은 애들도요. 재간둥이 스타일도 많이 받고요. 저는 발도 넓고 활발해서 뭔가 이성적인 관심을 많이 받기보다 친구가 많은 느낌이었어요. 로맨틱하거나 섹슈얼하기보다는 프렌들리한. (웃음) 아 그래서 너무 짜증났어요. 제 '좋아요'와 댓글 보면 거의 다 여자애들이고⋯⋯

영기도 한별처럼 같은 학교 친구들을 중심으로 SNS를 이용했던 여성이다. 영기는 친구들 중 여자에게 '좋아요'를 많이 받는 이는 누구이며, 남자에게 많이 받는 이는 누구인지 잘 알고 있었다. 이 말은 그가 친구들이 받은 '좋아요'의 목록을 주기적으로 눌러보고 댓글창을 살펴보며 성별 현황을 파악하고 있었다는 뜻이다. 이들은 왜 남성 지인의 반응을 관찰했던 걸까?

한별 꼭 다음 연애 상대가 된다 아니다 차원을 떠나서 제 매력을 측정할 수 있는 기준이 됐기 때문인 것 같아요. 저의 인기 포텐셜이라고 해야 할까요? 사실 여성도 다른 여성을 평가할 때 얼마나 남성에게 인기가 많은지를 중심으로 보는 것 같거든요. 남자의 시선을 장착한 것처럼요. 걸그룹을 볼 때도 예전에는 좀 더 그런 시선으로 봤던 것 같아요. '얘가 남자한테 어필하는 매력을 갖고 있나 아닌가'가 여자들한테도 다른 여자들을 평가하는 기준이었던 것 같은 이유가…… 예를 들어 어떤 여자가 되게 예쁘고 다른 남자들이 좋아하고 춤도 잘 추고 귀여우면 걔가 하는 짓이 여시짓 취급을 받으면서도 좀 따라 하고 싶은 심리가 생기기 때문이에요. 걔가 매력 있는 이유가 되는 거예요. '좋아요'에 신경 쓰면서 '좋아요'를 많이 받은 사진은 "그 이유가 뭘까?" 한번 더 보는 느낌? 제 생각에 저는 준거집단이 확실하고 좁아서 더 그랬던 것 같아요.

한별과 영기는 여학생들의 평판이 학교에서 인기 많은 남학생의 선택에 따라 결정되는 경향이 있었다고 이야기했다. 여성이 남성의 시선을 의식하고 그것을 기준으로 스스로의 가치를 평가하는 것은 사실 오랫동안 이뤄져온 일이다. 이성애 중심 사회에서 여성의 가치는 남성과의 사적 관계에 따라 결정된다. 우월한 조건을 갖춘 남성에게 선택받은 여성은 경제적으로 안정된 미래를 꿈꿀 수 있을 뿐 아니라, 주위의 부러움을 받고 지위를 상승시킬 수 있다. 따라서 많은 여성이 남성의 시선을 관찰하며 그들이 어떤 여성상을 선호하는지 학습하고 모방해왔다.

커뮤니케이션의 장이 온라인으로 이동한 지금, 남성의 시선을 의식하는 일은 이제 온라인, 특히 인스타그램으로 이어진다. 인스타그램이 유용한 이유는 남성들의 선호를 실시간으로 선명히 보여주기 때문이다. 오프라인에서는 사람들 사이에 오가는 미묘한 감정의 결을 알아채기 어렵다. 누가 누구를 좋아하는지, 누가 누구와 싸웠는지 정확하게 파악하기가 쉽지 않다.

반면 인스타그램은 관계의 변동 상황을 실시간으로 업데이트해 보여준다. 친구들의 관계가 틀어졌다고 느낄 때는 그들의 팔로워 목록에 서로의 아이디가 남아 있는지 살펴보면 된다. 마찬가지로 남성의 호감 여부를 살펴보고 싶을 때는 그가 누구에게 자주 '좋아요'를 누르거나 댓글을 다는지 확인하면 된다. 또래 집단에서 인기가 많은 남학생의 '좋아요'나 댓글을 자주 받은 여성은 사랑받을 만하다는 점을 증명해 보인 것으로 여겨지며 다른 여성들의 부러움을 샀다. 특히 한별과 영기는 팔로워 대부분이 같은 학교 학생들이었기 때문에, 남학생의 댓글을 통해 관계의 구체적인 내용이 드러나길 기대했다.[2]

한별과 영기가 뚜렷한 준거집단을 가진 경우였다면, 반대로 준거집단이 분산되어 있는 여성들도 있었다. 윤희와 회지는 수도권에서 대학을 다니며 다양한 사람들과 폭넓게 관계를 맺고 있었다. 수도권에서는 미팅, 과팅, 조인 엠티, 축제 등 대학생 간 교류가 활발하게 일어나고 대외 활동 기회가 많다. 앞서 살펴본 여성들의 팔로워 대부분이 매일 부대끼며 지내는 학교 사람들이었다면, 이들의 팔로워 상당수는 한두 번 만나봤거나 실제로 만난 적 없는 사람들이었다. 따라서 윤희와 회지에게 중요한 것은 '숫자'였다. 팔로워들끼리 서로 잘 모르는 상황에서 대단히 유명한 사람이 아니라면 특정인과의 친분을 드러내는 게 별 의미가 없기 때문이다.

윤희 아무리 주변에서 예쁘다는 말을 들어도 팔로워가 늘어나지 않으면 객관적으로 예쁜 얼굴은 아니라는 생각이 들어요. 친한 남사친이 비슷한 말을 했어요. 제가 그때 팔로워가 500명밖에 없을 때였거든요? 몇 년 전에요. 그때 남사친이 너 이 사진은 팔로워 5만 명, 10만 명인 사람들보다 예쁘다고 하더라고요. 20만 명은 되는 사진이라는 식으로요. 그때부터 무의식적으로 그게 지표가 된다고 여긴 것 같아요. 팔로워 100만짜리 얼굴. 20만짜리 얼굴. 10만짜리 얼굴 같은 게 뭔가 정해져 있는 느낌? …… 저는 인스타그램 아이디를 알려줄 때도 비슷한 생각을 해요. 제 인스타그램을 확인해보면, 어쨌든 별로인 인스타그램이 아니고 팔로워도 어느 정도 있고, 사진도 어느 정도 정제된 것만 올려놨고, 인스타 자체에 좀 자신이 있으니까요. 아이디를 알려줄 때 이걸 말하면 내 가치가 올라갈 거라는 걸 알거든요. 제 인스타그램을 보면 사람들이 어쨌든 저에 대한 평가가 낮지 않으리라는 걸 알고 있어요. 올라가면 올라갔죠. 인스타그램이 뭔가 제 하나의 스펙 같아요. 인스타그램이나 인기 척도 자체가요.

윤희는 "숫자"가 중요하다고 했다. 오프라인에서 이미 알고 있던 사람이더라도 온라인에서 팔로워 숫자가 많으면 "진짜 예쁜 얼굴"이라는 "객관적 지표"가 생기는 느낌이 들기 때문이다. 앞서 본 여성들에게 아름다움이 인기 많은 남자애의 댓글로 증명할 수 있는 것이었다면, 윤희에게 아름다움은 '좋아요'와 팔로워 수로 증명되는 것이었다.

숫자가 아름다움을 드러내는 지표로 여겨지다 보니, 팔

로워를 늘리기 위해 '좋아요 노동'을 했다는 이도 있다. 회지는 자신이 팔로워를 늘리기 위해 했던 인스타 공부의 내용에 대해 구체적으로 알려주었다. 먼저 콘셉트를 하나 정해서 관련 해시태그로 글을 올린 사람들의 글에 하루에 서너 시간씩 '좋아요'와 팔로잉을 누른다. 이때 기준이 있는데, 이미 팔로워가 많은 사람은 팔로잉하지 않는 것이다. 자신이 팔로잉을 눌러도 그 사람 눈에 띄지 않아 팔로우를 돌려받을 확률이 적기 때문이다.

이렇게 매일매일 타인을 팔로잉하다 보면 자신의 팔로잉 목록에 타인이 수백 명 쌓인다. 팔로잉 수가 너무 많으면 "간지"가 안 나기 때문에 회지는 "팔로우했던 분들에게 정말 죄송"하지만, 주기적으로 예전에 팔로우했던 사람들부터 지워가며 언팔로우를 했다. 하지만 너무 많이 지우지는 않고 팔로워와 팔로잉의 비율을 10:6 정도로 맞췄다. 자신이 팔로잉하는 사람 수가 꽤 있어야 상대방도 팔로우를 돌려받을 것이라는 기대감으로 팔로잉해주기 때문이다. 회지는 팔로잉 수와 팔로워 수의 비율을 면밀하게 조정하며 잠재적 팔로워들과 보이지 않는 심리전을 벌였다.

| **회지** [팔로워 수는] 내 사진이 누군가에 의해 지지와 애정을

받고 있음을 뜻해요. 숫자는 '나는 누구한테서 팔로우 수로 인정받은 사람이다'라는 것을 다른 사람한테 보여줄 수 있는 지표인 것이죠. 숫자는 일종의 계급 같아요. 게임으로 치면 내가 골드인지 실버인지 같은 티어를 알려주는 느낌이랄까요. 다른 사람이 제 실력을 알 수 있는 그런 거요.

회지가 이토록 팔로워 수에 집착한 이유는 자신이 많은 사람에게 "지지"와 "애정"을 받는 사람임을, 즉 인기의 "실력"을 증명하고 싶었기 때문이다. 사회적 존재인 인간은 다른 사람과의 관계에서 자신의 가치를 인정받고 존재감을 느낀다. 이것이 온라인에서는 '좋아요'와 팔로잉, 댓글로 이뤄진다. 사람들은 '좋아요'를 받을 때마다 게시물을 올려도 괜찮다는 사회적 승인을 받는다. 승인의 내용은 매일 리셋이 된다. 어제는 나를 좋아하는 것 같아 보였지만 오늘은 나를 싫어할 수 있다. 이 때문에 이용자들은 반복적으로 게시글을 올리며 사람들의 반응을 확인하고 일시적인 안정감을 느낀다.

이 사회적 승인의 과정을 구조화하는 것은 다름 아닌 성별 문법이다. 회지는 인스타그램의 비즈니스 통계 기능을 이용해 자신에게 '좋아요'와 댓글을 단 사람 중에 남성이 많다는 사실을 확인하고 자랑스러워했다.

회지　어떤 사람들이 저를 팔로우하나 보니, 주로 남성이더라고요. 60%가 남성인 걸 보면 아무래도 외모적인 요소가 많이 반영되지 않았나 싶어요. (웃음) 여자들은 그냥 카페, 정보, 실질적인 요소를 참고해 팔로우를 많이 하잖아요. 그런데 남성은 대부분 팔로우하는 이유가 너무나도 단순하거든요. 좋아서, 예뻐서, 마음에 들어서 등등. 그러다 보니 외모를 좀 많이 보는 것 같아요.

지효　남자들이 팔로잉을 많이 해주면 기분이 좋아요?

회지　네. 저는 그런 것 같아요. 확실히 누구한테 지지받는다는 그 자체만으로도 기쁨이 있어요. '어? 나 진짜 괜찮은가봐' 이런 착각도 들면서 자신감도 생기고요. 뭔가 증명받은 것 같아서 기분이 좋아요.

심지어 회지는 한발 더 나아가 "게시물은 사실 의미가 없"으며 인생샷은 "페이크 용도"라고 말하기도 했다.

회지　사람들이 제 게시물을 보고 팔로우하는 게 아니라요. 제가 노력해서 '나 너한테 관심 있어!' 하는 것처럼 보여주면, '어 그렇구나! 나 팔로우해줬네? 그럼 나도 맞팔맞팔맞팔맞팔' 같은 식으로 팔로우 수를 늘리는 방식이라서 게시물은 사실 의미가 없어요. 남들이 제 계정에 들어왔을 때 '아 얘가 이래서 팔로우가 많았구나'라고 착각하게 하기 위한 페이크 용도로 사진을 올리는 거죠. 제 사진을 보고 애들이 팔로우할 거라고 생각하지 않아요. 제가 노력해서 찾아뵌 거죠, 그들을. 찾아뵈니까 그들이 팔로우해준 거고요. 아무리 해시태그를 다 달아도 진짜 제 글을 보고 팔로우하는 사람들은 10명도 안 돼요.

회지는 사람들이 "얘가 이래서 팔로우가 많았구나" 하며 착각하게 하기 위해 인생샷을 "페이크"로 올려놓았다고 했다. 사람들이 일반적으로 예쁜 사람은 팔로워가 많다고 생각하기에, 역으로 팔로우를 먼저 늘린 후 사진을 전시하는 식으로 인과관계를 뒤바꾼 것이다. 회지는 팔로워 대부분이 자신이 노력으로 찾아뵌 "가짜 팔로워"라고 했다. 그럼에도 많은 팔로워는 자신에게 큰 자신감을 주었는데, "팔로워는 가짜지만 사람들은 나를 그렇게 알아줄" 것이기 때문이다. 회지는 많은 팔로워 수를 자신이 아름답다는 사실을 뒷받침해주는 근거로 여겼다.

'사랑꾼' 남자친구와의 럽스타그램

최근 인생샷과 함께 이성 연애를 전시하는 '럽스타그램 lovestagram'이 인기를 끌고 있다. 언뜻 달라 보이는 셀카와 커플 사진은 긴밀히 연관되어 있을 뿐 아니라 실상 같은 원리를 공유한다. 럽스타그램 역시 인생샷처럼 여성의 이성적 매력을 드러내는 역할을 수행한다.

영기는 초등학교 4학년 때부터 연애가 하고 싶었다고 했다. 그는 학교에서 연애를 안 하면 "도태되는 사람"으로 취급받는 분위기가 있다고 했는데, 이 기준은 유독 여성에게 강하게 적용되었다. 남자들은 연애를 안 해도 그냥 여자에 별 관심이 없는 것으로 여겨지지만, 여자들은 "내가 못생겨서 남자친구가 없다"는 식으로 문제를 자신에게서 찾게 된다는 것이다. 자신이 못생기지도, 난폭하지도, 뚱뚱하지도 않음을 증명하려면 연애를 해야 했다. 그는 연애를 하면 "누군가가 나를 좋아하는 만큼 나는 그렇게 외적으로 딸리는 건 아니다"를 "증명"할 수 있다고 생각했다. 영기에게 연애는 단순히 사랑받는다는 정서적 안정감을 주는 것을 넘어, 여성으로서 긍정적 평판을 확보하게 해주는 사회적 인정의 차원이었다. 따라서 그에게 중요했던 것은 "피상적으로 보이는 그 연인의 모습"이다.

영기　이게 두 개로 나뉘는데요. 제가 봤을 때 남자친구가 있을 만해서 있는 애가 있고, '얘는 왜 있지?'라고 생각하게 되는 애가 있었어요. 후자인 애들은 안경을 썼다거나 볼품없이 말랐다거나 아니면 저 정도로 통통한 느낌이에요. 제가 봤을 때 예쁘다는 생각이 안 드는 거죠. 예쁘지도 않은데 남자친구가 있는 거예요. 근데 그런 애들은 그런 애들끼리 놀아요.

지효　그럼 영기님은 별로 예쁘지도 않고 인기도 없는데 남자친구가 있는 여자를 보면 어떤 생각이 들었어요? 안 예뻐도 좋아해주는 사람이 있다는 게 부럽지는 않았어요?

영기　부럽기도 한데, 음…… 걔네들이 연애하면서 나누는 정서까지는 생각해본 적이 없어요. 저는 연애를 원했으니 부러웠을 수도 있죠. 그런데 다시 생각해보면 둘이서 긴밀하게 나누는 감정도 중요하긴 하지만 저한테 더 중요했던 점은 피상적으로 보이는 그 연인의 모습이었던 것 같아요.

지효 아, 그러니까 남자친구가 있어도 좀 찌질하거나 별로면 안 부러운 건가요?

영기 맞아요 맞아요. 그래서 제가 틴더[소개팅 어플]를 하면서도 내가 진짜 얘를 좋아해서 만나는 건지 아니면 얘의 외적인 모습이 마음에 들어서 만나는 건지 너무 헷갈렸어요. 왜냐면 제가 좋아서 만난 사람들도 취향 등이 잘 맞긴 했지만, '이런 게 그 사람을 좋아하는 건가?' 하는 생각도 한편으로 들었거든요. 지위를 좀 상승시키고 싶은 마음이 있었으니까.

영기는 주변에 연애하는 여자친구들을 두 부류로 구분했다. "남자친구가 있을 만해서 있는 애"와 "얘는 왜 있지?" 싶은 애다. 후자는 연애를 한다는 점에서 부럽긴 했지만 평판 개선에 별 도움이 되지 않는다는 점에서 그가 추구하는 방향은 아니었다. 오랫동안 공적 성취가 제한되어온 여성은 남성과의 관계를 통해 사회적 지위가 결정되었다. 능력 있는 남성과의 연애는 여성의 지위를 향상시킬 수 있는 가성비 좋은 수단이었다. 영기는 소개팅 어플을 사용하며 학력과 외모가 뛰어난 남성을 열심히 탐색했다.

윤희는 남성의 지위에 더해, 자신이 '사랑받는 여자'라는 점을 강조하고 싶어 했다.

> **윤희** [남자친구의] 헌신적인 모습, 보여주기식의 잘함을 더 바랐던 것 같아요. 저만 아는 잘함 말고, 약간 찍어서 올릴 수 있는 잘함 있잖아요. 그리고 사진 올릴 때 걔 얼굴도 엄청 뽀샵해서 올리는 거죠. 제 사진보다 남자친구 사진을 더 열심히 보정해서 올렸던 것 같아요.

윤희에게 연애의 목적은 정서적 안정감과 함께 평판을 변화시키는 데 있었기에, 남자친구에게 "보여주기식 잘함" 혹은 "찍어서 올릴 수 있는 잘함"을 바랐다. 예를 들면 인스타그램에 캡처해 올릴 수 있도록 다정한 메시지를 보내주거나, 화려한 선물을 주는 것 말이다. 이것들은 "찍어서 올릴 수 있"다는 점에서 둘 사이에서만 은밀히 공유되는 다정한 말이나 휘발적인 돌봄 행위보다 유용했다.

인생샷이나 럽스타그램 문화에서 남성은 흔히 여성의 사진을 찍어주거나 같이 사진을 찍느라 고생하는 존재로 여겨진다. 실제로 인스타그램에는 관련 내용만 모아 포스팅하는 계정이 있다. 약 30만 명의 팔로워를 보유하고 있는 이 계정은 여자친구의 사진을 찍어주느라 지친 남성들의 하소연과 성토로 가득 차 있다. 남성들이 스스로를 연애 관계 속 약자로 제시하는 장면은 럽스타그램에 내재된 성별 권력 구조를 은폐한다. 남성은 애초 인생샷을 찍거나 이성애를 전시함으로써 자신을 증명할 필요가 없다는 사실을 말이다.

자신에게 푹 빠진 '사랑꾼' 남자친구를 자랑하는 '럽스타그램'은 흔히 허영심 있는 여성의 문화로 이해되었지만, 실은 이성애 중심적인 성별 권력 구조와 결부되어 있었다. 남성이 공적 영역에서 업적을 남김으로써 인정받는 '남자'가 된다면, 여성은 자신을 아껴주는 남자의 '선택'을 통해 인정받는 '여성'이 된다. 여성은 남성과의 관계 속에서 자신의 가치를 인정받고 또 스스로 확인했다. 인스타그램은 이 모든 과정을 낱낱이 공개하는 공간이었다.

인생샷의 뒤의 관객들

이제 처음에 던진 질문에 답하려고 한다. 인생샷의 관객은 누구일까? 그간 여러 연구들은 SNS 전시가 자신과 무관하거나 만날 일이 거의 없는 추상적인 익명의 대중을 타깃으로 삼는다고 분석했다. SNS는 오프라인과 달리 매우 다양한 사람들이 공존하고 있어, 특정한 인물을 의식하기보다는 마치 허공에 대고 떠들듯 말한다는 것이다. 이것은 일리 있는 해석이다. 인스타그램을 사회적·경제적 이익을 얻는 창구로 이용하는 사람들, 팔로워가 너무 많아 구분하기 어려운 사람들, 소속집단이 뚜렷하지 않고 준거집단이 분산되어 있는 사람들의 경우에 말이다. 그러나 이는 인스타그램을 주변 사람들과 소통하는 창구로 이용하는 평범한 사람들에게는 반은 맞고 반은 틀린 해석이다. 모든 사람은 오프라인에 몸을 두고 살아가고 자신이 맺고 있는 관계망에서 중요하다고 생각하는 사람에게 인정받고자 하기 때문이다.

특히 한국은 수많은 위계와 서열이 존재하는 차별적인 사회다. 여성과 남성이, 사장님과 인턴이, 교수님과 후배가, 10만 명의 팔로워를 가진 SNS 인플루언서와 비공개 SNS 계정 운영자가 모두 '익명의 대중'이라는 한 덩어리로 묶일 수 있을까? 거리를 두고 관찰하는 사람에게 SNS 이용자의 팔로워는 한 덩어리처럼 보일 수 있지만, 당사자에게는 팔로워들의 중요성이 차등적으로 인식된다. 인스타그램 게시물은 불특정 다수를 향해 아무렇게나 난반사된 이미지인 것처럼 보이지만, 이곳저곳에 드리워진 빛을 거꾸로 따라가보면 각자에게 더 중요한 상대를 찾을 수 있다.

그중에서도 20대는 지인을 중심으로 SNS를 사용하는 경향이 강한 집단이다. 20대 중 무려 83%가 인스타그램을 이용한다. 또래 대부분이 인스타그램을 하는 만큼, 이들은 친구를 팔로잉하는 비율이 가장 높고(90.6%), 인스타그램 친구와 실제로도 아는 친구인 비율도 가장 높다(72.5%).[3] 오프라인 친구 대부분을 온라인에서 만나기 때문에 오프라인의 위계는 온라인에 반영된다. '좋아요'와 댓글은 각자가 오프라인에서 놓인 위치만큼의 무게를 지닌다.

셀카에 관한 기존 논의들은 여성들이 타인의 시선을 의식하거나 인정을 추구한다는 사실을 자주 언급해왔다. 그런데 셀카에서 중요한 것은 단순히 타인의 시선을 의식한다는 추상적인 사실에만 있지 않다. 그보다는 시선을 주고받는 구체적인 얼굴들, 즉 누가 '누구'의 시선을 의식하고 있는지가 중요하다. 이것은 우리 사회에서 누가 타인을 평가하는 위치에 있는지 드러내기 때문이다. 여성들이 인스타그램에서 남성의 시선을 강하게 의식하는 모습은 이들이 친밀성을 형성하는 공간에서 오가는 힘의 방향을 보여준다.

흔히 '셀카녀'는 혼자 방에 틀어박혀 거울만 쳐다보고 있는 것처럼 상상되지만, 실제로 인생샷은 결코 혼자 완성되지 않는다. 평범한 셀카를 인생샷으로 만들어주는 것은 아름다움이 아닌 아름다움을 승인하는 권력이다. 셀카는 늘 '좋아요'나 댓글이 달린 '후'에야 비로소 인생샷이 될 기회를 얻을 수 있는 것이다.

2. '실친'과 '인친' 사이

셀카는 디지털 공간에서 작동하는 남성적 시선과 연관되어 있다. 그런데 당연하게도 모든 여성이 동일한 방식으로 남성적 시선을 경험하는 것은 아니다. 젠더는 단독으로 작동하지 않기 때문이다. 당장 주변에 있는 이들만 떠올려봐도 여성마다 셀카와 인스타그램에 공을 들이는 정도가 다름을 확인할 수 있을 것이다. 어떤 여성은 셀카를 더 열심히 보정하고 어떤 여성은 그러지 않는다. 어떤 여성은 인스타그램 관리에 많은 시간과 공을 들이지만, 어떤 여성은 그러지 않는다.

셀카와 인스타그램에 대한 여성들 간의 태도 차이는 어디서 비롯될까? 어떤 여성들이 유독 셀카를 중시할까? 이 질문에 답하기 위해 우리는 인스타그램에서 잠시 빠져나와 여성들의 오프라인 삶으로 들어가보려고 한다. '셀카와 인스타그램이 각자에게 어떤 의미를 가질까?'라는 질문은 '이들은 누구와 어떤 관계를 맺고 있을까?'라는 질문과 맞닿아 있기 때문이다.

인터뷰이들은 용기 내어 자신의 이야기를 들려주었다. 이후 이어지는 내용은 우리에게 아름다움과 이성애, 사회적 인정과 정상성, 친밀성과 SNS가 얽혀 있는 방식을 가르쳐주는 중요한 이야기들이다.

온라인 ≥ 오프라인

먼저 민경과 영기, 윤희의 이야기를 살펴보자. 이들은 상대적으로 온라인 자아 전시에 많은 공을 들였던 경우다. 셀카 보정을 많이 하는 것은 물론, SNS 구석구석을 섬세하게 관리하며 디지털 분위기를 만들기 위해 노력했다.

민경은 고등학교와 대학교 모두 남학생 비율이 압도적으로 높은 기숙사 학교를 졸업했다. 그는 학창 시절에 유명한 대학에만 가면 모두에게 인정받을 수 있을 거라 꿈꾸며 힘든 입시 기간을 버텼다. 결국 원하던 대학교에 입학했다. 그러나 민경이 그곳에서 깨달은 사실은 여성에게는 좋은 성적이 안정된 미래를 보장해주지 않는다는 점이었다. 남학생에게는 '명문대생'이라는 환상적 미래가 일부 현실화되었지만, 여학생에게는 외모가 새로운 검증 조건으로 추가된 것이다.

민경은 "지금은 많이 지났으니까 웃으면서 이야기하지

만" "학교에서 어떻게 살아서 나왔는지 모"를 정도로 학창 시절이 "끔찍"했다고 말했다. 남학생들의 외모 품평은 학교에 입학하기도 전부터 시작했다. 지역신문에서 종종 유명 대학에 합격한 학생의 인터뷰를 기사로 내보내는데, 선배들이 포털사이트에 학교 이름을 검색해 나오는 합격생들의 사진을 미리 찾아보고 순위를 매겼던 것이다.[4] 사람들과 대면해 첫인사를 나누기도 전에 이미 자신의 '순위'가 정해진 듯한 상황은 새로운 시작을 꿈꾸며 대학에 입학한 민경에게 큰 부담을 안겼다. 외모 품평은 학교에 입학한 후에도 이어졌다. 선배들은 강의실을 돌아다니며 여학생의 외모를 공공연하게 평가한 후 부위별로 순위를 매겼다.

　이는 디지털 공간에서도 계속됐다. 페이스북의 시작이 하버드대학 여학생들의 사진을 품평하는 것이었듯[5], 동기 남학생들은 전교 여학생의 사진을 모은 웹사이트를 만들었다. 여학생들의 사진은 온라인에 떠돌며 'OO대 얼짱'과 같은 말을 만들어냈다. 여학생들은 학교를 다니는 내내 외모 평가 및 불법촬영, 성생활에 대한 거짓 소문에 시달려야 했다. 민경과 친구들은 학교에 몇 차례나 문제를 제기했지만, 돌아오는 말은 남학생을 꼬셔서 면학 분위기를 해치지 말라는 비난뿐이었다. 민경은 학교에 다니는 내내 성적 스트레스와 외모 스트레스에 시달리며 늘상 "평가당하고 감시당한다는 느낌"을 받았다고 했다. "그런 대상화를 하도 받다 보니까" 여학생들끼리도 "여성혐오를 체화"해서 "서로 검열하고 쪼그라"드는 분위기도 생겼다고 했다.

미움받을수록 사랑받고 싶다는 욕망은 커진다. 일거수일투족을 평가당할수록 자기 감시는 심해진다. 민경은 학교에 다니는 동안 "몸무게 48키로그램을 넘으면 안 된다고 생각해 맨날 유산소 운동을 하고 밥을 조금 먹으며 맨날 수업 시간에 졸"았다고 했다. "거울을 보면 항상 아, 여기 고치고 싶다. 저기 고치고 싶다. 피부가 너무 마음에 안 든다. 정말 내가 조금만 더 인상이 좋았다면 내 인생이 좀 더 편했을까?"라고 생각했다. 민경은 주변 여자친구들과 함께 정신과를 다니며 상담도 받았지만 상황은 쉽게 개선되지 않았다. 힘들게 들어온 학교를 그만둘 수도 없고 계속 다닐 수도 없겠다고 생각했을 때, 그는 자연스레 아름다운 사진에 공을 들이기 시작했다.

> **민경** 평소 제가 아닌 모습이나 분위기를 사진으로 낼 수 있다고 생각했어요. …… 중학생 때 여소, 남소가 있었다면, 그게 대학에 와서는 미팅이 됐거든요. 사진으로 평소의 파괴적

인 분위기가 아닌 다른 분위기를 낼 수 있다고 생각했어요. 평소에는 좀 편하게 다녔다면 사진은 되게 조신한 분위기로 찍어서 올렸어요.

민경이 평소와 "다른 분위기"를 낼 수 있다고 여긴 공간은 온라인이었다. 셀카는 민경에게 두 가지 기회를 열어주었다. 원하는 만큼 아름다워질 수 있는 기회와 셀카를 보고 자신을 사랑해줄 사람을 만날 수 있는 기회. 그는 아름답게 보정한 셀카를 올리며 학교 외부에서 관계 맺을 가능성을 탐색했다.

영기도 유사한 경험을 했다. 그는 학창 시절에 다리가 통통하다는 이유로 몇몇 남학생들에게 괴롭힘을 당했다. 책과 고전 영화를 즐겨 보는 영기는 친구들과 다양한 주제에 관해 이야기하며 입체적인 관계를 맺고자 했다. 그러나 몇몇 남학생들은 계속해서 영기의 외모를 놀림거리로 삼았다. 영기가 용기 내 꺼낸 진지한 이야기들은 자주 무시당했다. 이 경험은 영기의 마음 깊은 곳에 자리 잡아, 새로운 사람을 만날 때도 외모로 평가받을 것만 같다는 두려움에 휩싸였다. 학교에서 자신이 인정받지 못한다고 느꼈을 때, 자신의 이미지가 이미 부정적인 방향으로 굳어져 버렸다고 생각했을 때, "아

117

예 여기를 떠나서 새로운 곳에서 다시 시작하고 싶다"고 느꼈을 때 온라인 공간은 폭력적인 오프라인 공간에 대한 대안처로 여겨졌다. 특히 영기는 멋진 남성을 만나 연애에 성공하기만 하면 자존감과 학교에서의 평판을 회복할 수 있다고 생각했기 때문에, 만남 어플과 SNS를 통해 "아직은 나를 모르는 남자들"을 "개척"하고자 했다. 그는 자신 없는 하체 대신 상체를 강조한 사진과 고학력 남성에게 어필할 수 있는 책 사진 등을 주기적으로 올렸다. 흥미로운 점은 영기가 셀카 한 장 한 장에 많은 공을 들이되, 많은 양의 셀카를 업로드하지는 않았다는 사실이다.

지효 셀카를 많이 찍고 보정하는데 왜 업로드는 많이 안 했어요?

영기 셀카를 올려놓은 건 내가 못생긴 사람은 아니라는 의미인 거죠. 사진을 안 올리면 못생겨서 안 올리나 싶잖아요. 그런데 그게 아니라, 있는 자의 여유를 보여주겠다는 의미예요. 사진은 한두 장만 올리고, 나머지는 하고 싶은 말을 올리는 식인 거죠.

나는 영기에게 인스타그램에서 어떤 사람으로 보이고 싶은지 물었다. 그는 팔로워들에게 자신이 책과 옛날 음악을 좋아하는 "감성적인 감수성"을 가진, 즉 "재밌고 흥미로운 사람"임을 보여주고 싶다고 했다. 그런데 취미와 취향에 대해 이야기할 수 있으려면 "내가 못생긴 사람은 아니다"라는 것을 먼저 증명해야 했다. 즉 외모 외적인 모습을 공유하기 위해서는 일단 상대가 나에게 주목하도록 해야 했고, 그것은 아름다운 셀카를 통해 가능했다. 그에게 셀카는 관계를 맺기 위한 입장권처럼 여겨졌다.

그렇다면 반대로 서로의 외모를 모른 채 이야기를 먼저 나누는 경우는 어떨까? 영기는 우울증에 대해 이야기하는 트위터 계정을 운영 중이었다. 그는 트위터 친구들에게 때로는 오프라인에서 만난 친구들보다도 더 깊은 친밀감을 느꼈다. 그는 트위터에서 "오프라인에서 쉽게 털어놓기 어려운 부분, 쉽게 꺼내놓기 어려운 부분에 대해" 이야기한다고 했다. 익명 SNS인 트위터에서는 서로의 신상을 알기 어렵기에, 영기는 일정 수준 이상 친해진 친구와 인스타그램 아이디를 공유했다. 그런데 영기는 그토록 친한 트위터 친구들에게도 셀카 공개는 꺼려했다. "나한테 실망할까봐" 너무 두려웠기 때문이다. 그는 "정신적인 건 거기서 말하지만 육체적인 건 오히려 오픈을 안" 한다고 했다.

영기는 신상이 드러나는 인스타그램의 경우, 아름다운 셀카를 통해 "내가 못생긴 사람은 아니다"라는 점을 보여준 후 외모 외적인 모습을 공유했다. 반대로 서로의 외모를 모른 채 먼저 이야기를 나눈 경우, 내밀한 이야기까지 공유했더라도 관계가 퇴보할 것을 우려해 셀카를 쉽사리 공개하지 않았다. 영기의 이야기는 젊은 여성들에게 아름다운 셀카가 온라인에서 발언권을 획득하는 문제와 연관되어 있음을 보여준다. 온라인은 아름다운 모습을 실현할 수 있을 뿐 아니라, 외모 외적인 모습을 보여줄 수 있다는 점에서 오프라인보다 너그러운 공간이었다.

민경과 영기가 외모 평가에 상처받았다면, 반대로 윤희는 화려한 외모 때문에 힘든 시간을 겪었다. 윤희와 인터뷰를 하기로 약속하고 인스타그램 아이디를 먼저 받았다. 인스타그램을 통해 본 윤희는 많은 여성이 선망할 만한 조건을 갖추고 있었다. 뷰티 모델로 활동할 정도로 아름다운 외모, 명문 대학 학력, 자신을 사랑해주는 남자친구. 윤희는 수천에 달하는 팔로워를 보유하고 있었고, 사진마다 그를 부러워하고 닮고 싶어 하는 사람들의 댓글로 가득했다.

그런데 윤희를 직접 만났을 때, 그는 인스타그램의 이미지와 사뭇 다른 이야기를 들려주었다. 윤희는 학창 시절에 공부를 잘하고 예뻐서 친구들에게 열등감을 불러일으킨다는 이유로 또래 관계에서 어려움을 겪었다고 했다. 성별 권력이 강하게 작동하는 공간에서 여성들은 남성적 시선을 내재해 여성혐오를 재생산하는 모습을 보인다. 윤희는 너무 예쁘고 똑똑하다는 이유로 여학생들에게 심한 괴롭힘을 당했다. 그는 자신을 힘들게 하는 친구들에게 복수하기 위해 죽어라 공부하며 최상위권의 성적을 유지했다. 그러나 공부를 잘할수록 여학생들에게 점점 더 미움을 샀고, 윤희는 외로움과 분노를 느꼈다. 학교에 자신에 대한 부정적 이미지가 강하게 퍼져 있는 상황에서 그가 스스로를 지키기 위해 선택한 것이 바로 연애와 SNS였다.

윤희 SNS를 엄청 열심히 했어요. 왜냐면 너희가 나를 왕따시켜도 나는 학교 밖에서는 잘나간다. 나는 너희 같이 공부만 하는 애들이 왕따시킬 만한 사람이 아니라는 걸 보여주고 싶어서요. 예전에 친했던 잘나가는 애들이나 ○○[SNS 얼짱]에게도 그래서 사실 연락했던 거예요. ○○랑 연락했던 이유도 애들한테 보여주기식 때문이었던 거죠. 그 당시 잘나가는 사람이 제 주변에 많다는 걸 보여주고 싶었죠.

윤희는 자신이 "적이 되게 많은 삶"을 살았기 때문에 "공부든 외모든" 모든 면에서 "객관적으로 더 잘난 상태"에 있어야만 했다고 말했다. 학교에서 이미 부정적 평판을 얻은 그가 자신의 이미지를 바꾸기 위해 선택한 것이 SNS 관리였다. 그는 학교 친구들이 자신의 SNS를 시시탐탐 염탐한다는 것을 알고, "다른 데 가면 내가 훨씬 잘나간"다는 것을 알려주기 위해 SNS를 활용했다. 특히 윤희는 SNS 스타들과 친분을 맺고 관계를 자랑하고자 했다. 그는 인기가 많은 스타의 사진에 댓글을 달고 메시지를 보내며 그가 자신의 타임라인에 댓글과 글을 남기게 만들었다. 그렇게 "보여주기식 인맥"을 꾸리고 "드러나는 친분을 과시"했다. 그에게 SNS는 학교가 "세상의 전부"가 아니며 학교를 벗어나 좀 더 넓은 세상으로 나가면 자신이 인기가 많다는 것을 확인시켜주고 위로해 주는 소통 창구였던 것이다.

또한 "집에서는 가정폭력, 학교에서는 학교폭력"을 겪었던 그에게 연애는 "진짜 정말 유일한 안식처"였다. 연애는 정서적으로 안정감을 주었을 뿐 아니라 윤희가 학교에서 긍정적인 평판을 확보하도록 도와주기도 했다. 그는 남자친구랑 헤어진 후 자기를 지켜줄 "빽"이 사라지자 "무방비" 상태가 되어 더 심하게 따돌림을 당했다고 기억한다. 윤희는 쉬지 않고 연애하며 럽스타그램을 통해 자신을 사랑해주는 사람이 있음을 드러냈다. 이후 그는 그토록 원하던 의대에 입학했고 자신을 사랑해주는 애인도 만났다. 그리고 멋진 자신의 모습을 인스타그램에 꾸준히 전시했다. 고등학교 동창들이 여전히 자신의 SNS를 보고 있을 거라고 생각했기 때문이다. 윤희는 동창들이 자신의 인스타그램을 보면 "진 느낌"이 들지 않을까 생각한다고 말했다.

온라인 ≤ 오프라인

앞서 본 여성들이 온라인에서 매력적이고 아름다운 자아 이미지를 형성하고자 노력했다면, 반대로 온라인 자아와 오프라인 자아를 일치시키고자 노력하는 여성도 있었다. 재아와 혜선, 송이, 보화는 아름다운 인생샷을 건지기 위해 노력하지만 상대적으로 그에 덜 몰두했던 경우다. 이들은 셀카를 실물과 크게 다르지 않은 정도까지만 보정했고, 인스타그램에 들이는 시간도 비교적 적었다. 이들은 인스타그램을 이용하되 삶의 무게추를 몸의 현실에 두고 있었다. 그렇다면 앞서 본 여성들과의 차이는 어디서 기인했을까?

재아는 완벽한 여성 이미지를 강조하는 여러 콘텐츠를 보며, 또 주변에서 일상적으로 외모 평가를 당하며 '콤플렉스'라는 단어를 배웠다. 그는 자신이 자존감이 높은 편이었음에도 너무 많은 곳에서 외모에 관한 이야기를 듣다 보니 자꾸만 얼굴을 "조각조각 나눠서" 보게 되었다고 했다. 그는 코가 너무 낮고 보조개가 짝짝이인 점 등과 같은 '단점'을 거울을 들여다보며 찾아냈다. 그렇다고 해서 그가 자신을 오로지 외모로만 평가하며 스스로를 미워하게 되는 정도까지 이른 것은 아니었다. 재아는 털털한 성격 덕에 친구가 많았고 공부도 잘했다. 즉 재아는 예쁜 외모, 뛰어난 학업 성적, 외향적인 성격 등 20대 여성이 지닐 수 있는 사회적 자본을 여럿 가졌다. 이뿐만이 아니다. 재아는 자신이 뭘 해도 믿고 이해하고 받아들여주는 가족이 있었다.

> **재아** 저는 저를 되게 좋아했어요. 어릴 때부터 그랬던 것 같아요. 제가 외가 쪽에서는 완전 첫째예요. 저를 첫 아이로 맞은 거죠. 아주 어화둥둥 내 새끼가 최고였어요. 그 영향을 받아서 지금도 그렇게 생각하는 게 큰 것 같아요. 지금도 저는 스스로한테 되게 만족하고 있어요.

재아는 어렸을 때부터 집에서 "어화둥둥 내 새끼가 최고"인 환경에서 자라서인지 자신이 언제나 스스로를 "엄청 좋아하는 사람"이었다고 설명했다. 다시 말해 재아에게는 외모 외적으로 자신을 인정하고 존중해주는 사람들이 있었다. 비록 자신을 외모로 평가하는 시선이 있을지언정 그 세계는 일부에 불과했다. 자기만의 고유한 이야기와 욕망을 통합적으로 존중받아본 경험은 재아의 온라인 자기전시 방식에도 영향을 미쳤다.

> **재아** 인스타그램에서 친구들이 댓글을 많이 달잖아요. 댓글로도 이야기하거든요. 친구들이 그래요. "야, 네가 말 안 해도 말하는 것 같아. 그냥 목소리가 막 귀에 울려"라고요. 저는 어디를 가든 일정한 모습을 유지하려고 노력해요. 그냥 저를 있는 그대로 보여주는 게 제일 좋다고 생각하거든요. 그래서 인스타그램도 저랑 되게 많이 닮아 있다고 여기고요. …… 해시태그는 거의 안 써요. 너무 오글거리는 것 같아서요. 해시태그를 한다는 것 자체가 "이거 타고 제 계정에 들어오세요. 여러분!"이잖아요. 특히 #선팔 #인팔 #인친 이런 거요. 저는 인스타그램이 남들한테 무언가를 보여주는 공간이라기보다, 친구들이랑 '나 이렇게 살고 있어. 너 어떻게 살아?' 하며 공유하는 장이라고 생각해요. 그래서 해시태그가 좀 이상한 것 같아요.

재아는 자신을 있는 그대로 내보여도 존중받을 수 있다는 자신감이 있었다. 물론 가족과 또래 집단은 인정 기준이 다르기에 재아는 때때로 셀카 보정에 공을 들이기도 하고 외모에 대한 자신감을 잃기도 했다. 그러나 굳이 오프라인 자아상과 단절까지 야기하며 디지털 공간에서 '더 나은 자아'를 발명해야 할 필요가 없었다. 불특정 다수가 내 글을 볼 수 있게 하는 해시태그 기능도 사용할 필요가 없었다. 인스타그램을 하는 목적이 새로운 사람들을 알아가는 게 아니라 친한 친구들과 "그냥 나 그대로"를 드러내고 소통하는 데 있었기 때문이다. 재아는 아름다운 인생샷을 통해 긍정적인 평판을 확보하고자 노력했으나 이것은 '현생'을 초월하지 않는 수준에서 이뤄졌다.

재아는 자신을 있는 그대로 지지해주고 알아주는 가족과 친구들이 있던 경우다. 그렇다면 다른 방법으로 지지받는 경험을 한 여성도 있을까?

어느 가을날 송이와 혜선을 관악구의 한 카페에서 만났다. 셀카와 인생샷에 관한 이야기를 한참 나누다 대화 주제가 인스타그램으로 넘어갔다. 나는 인스타그램과 자신이 얼마나 닮은 것 같냐고 질문했다. 송이는 인스타그램과 본인 삶의 일치도가 매우 높다고 했다.

송이 예전에 저랑 제 친구가 되게 다르다고 느꼈던 부분이 있어요. 그 친구가 예전에 같이 활동했던 사람들과 별로 안 친하게 지냈던 적이 있었거든요. 근데 걔가 자기가 속한 집단에서 좀 소극적으로 지냈을 때도 인스타그램 업로드는 잘하는 거예요. 그게 저랑 좀 달랐거든요. 저는 현실에서 제가 좀 소극적이거나 편하게 지내지 못하는 그룹 속에 있으면 인스타그램에서도 급격하게 활동이 줄어들었어요. 그런 괴리가 너무 부끄러워서요. 밖에서 소극적이면 인스타그램에서도 확 소극적이 되는 거죠. "실제로 보니까 별로 안 그런데 인스타그램에서는 되게 활발하다" 같은 평가가 저는 되게 싫어요. [사진을 보여주며] 제가 이때 표면적인 문제는 없었지만 [당시 속했던 집단] 사람들이랑 진짜 편한 건 아니었거든요. 그때 인스타그램을 확 못하겠더라고요. 그 관계에서 제 모습 있는 그대로 발휘를 못 하다 보니, 거기서[오프라인]는 제가 되게 소극적이고 수줍은데, 인스타그램에서는 막 행복하게 다른 친구들이랑 잘 지내는 모습을 올리는 게 부끄럽더라고요.

지효 오히려 인스타그램을 통해서 오프라인의 이미지를 바꾸고 싶지는 않았어요?

송이　네. 저는 완전히 오프라인에 정복당하는 것 같아요. 그런 게 저는 너무 이상하더라고요. 인스타그램으로 [소극적인 오프라인의 모습을] 상쇄시키려는 거요. 그런 사람들을 보면 부끄럽지도 않은가 싶어요.

송이뿐 아니라 혜선도 오프라인과 온라인의 모습이 일치하는 것을 매우 중요하게 생각하고 있었다. 여기에 영향을 크게 미친 것은 성장 환경이다. 이들은 자기과시를 꺼리는 문화가 지배적인 지역에서 자랐을 뿐 아니라, 어렸을 때부터 비교적 일관되고 확실한 준거집단에 속해 성장했다. 송이와 혜선은 초중고를 모두 같은 지역에서 나왔고, 대학 시절에는 기숙사 생활을 했다. 이들의 SNS 팔로워 대부분은 초등학교부터 고등학교까지 함께 다니거나 대학 기숙사에서 같이 사는 친구들이므로 송이는 오프라인 자아상에 "완전히 정복"당한다고 했다. 실제로 오프라인 결속력이 강한 집단의 경우, 온라인에 실물과 다른 모습을 전시하는 사람이 이상하다고 여겨지며 비난받기도 한다. 앞서 재아가 해시태그를 다는 행동을 "오글거린"다고 표현했듯, 이들은 인스타그램에 자신을 많이 드러내거나 인기를 얻으려 노력하는 태도를 경계하는 모습을 보였다. 혜선은 셀카에 공들이는 여자애들은 "공주

병"이라고 불리며 친구들 사이에서 뒷담화 대상이 되었다고 이야기했다.

그런데 같은 지역에서 오랫동안 살았다는 사실은 단순히 자신의 실물을 아는 친구들이 많다는 것만을 의미하지 않는다. 운이 좋은 경우, 이것은 자신의 모습을 통합적으로 선보이고 이해받을 수 있는 '시간'이 주어진다는 뜻이기도 하다.

혜선 초등학교, 중학교, 고등학교까지 거의 똑같은 애들이랑 다니거든요. 그러니까 초등학교 때부터 쌓인 평판이 그대로 고등학교 때까지 가는 거예요. 저는 초등학교 때부터 인기가 많았는데 그 인기가 계속 갔죠.

지효 학교에서는 어떤 애들이 인기가 많았어요?

혜선 반에서 진짜 유달리 사랑받는 애들이 있잖아요. 외모가 화려해서는 진짜 아니고요. 다정하거나 사람을 잘 대하거나, 무엇보다 기발한 유머감각을 가진 경우가 많아요. 그럴 때 걔를 진짜 우러러보죠. 드립은 지능의 영역 같거든요. 웃긴 사람은 천재 아닌가 싶어요.

    수도권은 비교적 경쟁적인 분위기가 강하고 새로운 관계를 맺을 수 있는 집단이 많다. 한 집단에서 적응하지 못하거나 자신이 충분히 인정받지 못한다고 느낄 때, 도시인에게는 새로운 자신의 모습을 실험할 기회가 무한히 열려 있다. 이들은 여러 집단을 오가며 다양한 이미지를 시도하고, 그중 어떤 것에 타인의 반응이 가장 호의적이었는지 비교해 선택할 수 있다. 이런 환경은 단기적 관계를 부추긴다. 관계를 맺는 기간이 짧아지면 관계에서 우대받는 자원도 달라진다. 단기적 관계에서는 첫인상이 매우 중요할 뿐 아니라, 매력을 압축적으로 빠르게 드러내 보일 수 있는 외모, 학력, 직장 등의 자원도 중요하다.

    반대로 관계를 오래 맺고 유지하는 것을 중시하는 이들에게 위와 같은 매력 자원은 처음에 자신에게 매력을 느끼게 하는 계기가 될 수 있게 할지는 몰라도, 신뢰 관계를 탄탄하게 구축하도록 도와주는 것은 아니다. 외모는 긍정적인 첫인상을 형성하고 호감을 사는 단계에서는 중요한 역할을 하지만, 그것만으로 관계를 깊게 맺기는 어렵다. 관계가 오래 지속될수록 아름다움이 갖던 중요성은 분위기를 온화하게 만드는 유머감각, 갈등을 조율하고 해결하는 능력, 잘못을 인정하는 능력, 배려심, 정직함, 책임감 등으로 분산된다.

심지어 송이와 혜선은 예쁘거나 똑똑해야 사랑받을 수 있다고 생각했던 앞의 여성들과 달리, 너무 예쁘거나 똑똑할 경우 초반에는 주목받지만 시간이 갈수록 오히려 부정적 평판을 얻을 수 있다고 생각했다.

혜선 주변에 진짜 예쁘거나 잘생긴 친구들이 있었지만 항상 걔네들에 대한 뒷말이 끊이지 않았거든요. 예쁘면 피곤한 부분도 많고 온전히 사랑받기가 좀 어려운 부분이 있다고 좀 느꼈어요. 저도 그런 선입견 아닌 선입견을 갖고 있었고요. 잘생기고 예쁜 사람 치고 같이 오래 얘기를 나누고 싶은 사람은 딱히 없다, 그런 거요.

지효 그럼 어떤 사람이 부럽고, 또 어떤 사람과 친해지고 싶어요? 주변에 어떤 사람으로 인식되고 싶어요?

혜선 엄청 예쁜 건 부럽지도 않고 아예 관심이 없어요. 근데 뭔가 저의 지향이라고 해야 할까요? 저 정도 급이 되고 싶다는 영역은 항상 유머감각에 있는 것 같아요. 발랄하면서 위트 있는 사람들. 어느 정도 선을 지키면서 모두 재미있어 하는 유머를 하는 사람들. 그게 기준인 것 같아요. 사실 공부나 외모에서 어느 정도 평타를 치고 나면, 가장 돋보일 수 있는 부분은 관계 쪽이라고 생각해요. 나머지 부분에서 너무 바닥이 아니면 관계를 잘 맺는 쪽이 우세할 수밖에 없죠. 오히려 튀면 입방아에 오르내리고 너무 잘나가면 미움을 살 가능성이 있기에 저는 친근한 사람이 되고 싶었어요. 너무 안 튀고 조용히 잔잔바리로 개그를 치는 게 저의 생존전략입니다.

혜선의 발언은 공동체성이 강한 사회의 장점과 단점을 잘 보여준다. 공동체적 사회에 속한 사람들은 개인보다 집단을 중시하기에 자아가 강하거나 튀는 사람, 너무 잘난 사람 등과 같이 남들과 다르면 불편해하는 경향이 있다. 혜선은 "튀면 입방아에 오르내리고 너무 잘나가면 미움을 살 가능성이 있"어서 "너무 안 튀고 조용히 잔잔바리로 개그를 치는 게 저의 생존전략"이라고 했다. 송이도 이미지 관리에 많은 노력을 쏟거나 화려한 외적 자원을 가진 이들을 "입만 산 사람"이라며, "자기를 많이 드러내는 사람 중에 진짜 괜찮은 사람은 없다"라고 표현했다. 이들은 자신이 과도하게 주목받는 것을 경계하는 만큼, 스스로를 숙이고 타인과 관계를 조율하는 일에 익숙했다. 첫인상의 중요성을 낮게 평가했으며, 집단에 속한 모두와 좋은 관계를 맺고 싶어 했다. 뒷담화를 하거나 갈등 상황에서 한쪽 편을 들 경우 시간이 지나면 대가를 치를 수 있다고 생각하기 때문이다.

물론 이들은 외모 평가의 시선에서 완전히 자유롭지는 않았기에 아름다움을 추구했다. 송이와 혜선은 친구들과 함께 종종 인생샷을 찍으러 다녔고 외모 칭찬을 들으면 기뻐했다. 그러나 아름다움의 중요성은 딱 거기까지였다. 과도한 주목을 받는 것을 원하지 않는 이들에게 온라인 자아 전시는 그다지 매력적이지 않을 뿐 아니라, 오히려 부정적 평판을 불러일으킬 위험까지 지닌 행동이었다. 이들은 사진이 실물보다 너무 잘 나오지 않도록 조심했고 인스타그램에서 자신이 너무 튀고 싶어 하거나 인기를 끌고 싶어 하는 것처럼 보이지 않도록 노력했다. 이들에게 긍정적 평판을 받는 기준은 개인이 가진 매력 자원만이 아닌 관계를 대하는 태도에도 있었다. 이들에게 인스타그램은 자신의 매력을 알아줄 사람들을 탐색하는 기회의 장이기보다는, 원래 알고 있는 '실친'(실제 친구)들과 교류하는 오프라인의 확장 공간이었다.

재아에게는 자신을 있는 그대로 사랑해주는 생래적인 지지 집단이, 송이와 혜선에게는 자신을 입체적으로 선보일 시간이 주어졌다. 그런데 자신을 외모에 욱여넣지 않고 통합적으로 이해해줄 상대가 꼭 동시대의 같은 공간에 존재하는

133

사람이어야 하는 것은 아니다. 마지막으로 보화의 이야기를 소개한다. 앞서 등장한 여성들이 주변인에게 존중받는 경험을 통해 자신을 입체적으로 인식했다면, 보화는 지식을 통해 자기 세계를 넓혀간 경험을 가지고 있었다.

보화는 초등학생 때 아빠가 돌아가신 후 엄마와 둘이 살며 어려운 환경에서 성장했다. 엄마는 하루 종일 일하느라 집에 늦은 시간에야 들어오셨고, 보화는 주로 텅 빈 집에서 혼자 지냈다. 경제적 취약함과 사회적 취약함은 늘 붙어 있다. 주변에는 보화 모녀를 스토킹하거나 괴롭히는 아저씨들이 있었고, 그는 매일 밤 수십 통씩 걸려오는 전화에 생명의 위험을 느끼며 크게 두려워했다. 그에게는 학교도 폭력적인 공간이었다. 뚱뚱했던 보화는 남학생들에게 자주 비난과 놀림의 대상이 되었다. 남학생들은 보화에게 모욕적이고 폭력적인 외모 비하 발언을 일삼았다. 그는 괴롭힘에 마냥 기죽지 않고 당차게 대응했지만 외모 강박은 날로 심해졌다. 어려운 가정형편과 학업 스트레스, 외모에 대한 강박이 얽혀 심각한 자기혐오 속에서 우울증까지 생겼다. 집도 사회도 학교도 자신을 받아주지 않는다고 느꼈을 때, 보화가 찾은 도피처는 바로 책이었다.

보화 그 당시에는 외모에 집착을 엄청 많이 했어요. 나는 왜 날씬하지 않을까? 나는 왜 엄마만큼 예쁘지 않지? 한때는 내가 겁만 없으면 턱, 몸 다 갈아엎고 싶다고 할 만큼 상황을 심각하게 여겼어요. 근데 용기는 안 났죠. 게다가 그 돈을 어디서 공수할 수 있겠어요. '빚을 낼 수 없으니 됐다……' 이러고 지냈는데, 책을 읽고 다양한 세상을 접하면서 제 자신을 인정할 수 있는 어떤 말들이 하나둘 찾아왔어요. 그러면서 많이 치유가 됐어요.

보화는 책을 읽으며 고통스러운 상황이 자신 탓이 아니라는 언어를 발견했고 아름다운 외모의 기준이 시대에 따라 계속 변화해왔음을 깨달았다.

보화 '쌍꺼풀이 있으면 눈이 더 커 보일 텐데, 더 진해 보일 텐데, 코가 더 높으면 좋을 텐데, 입술이 조금만 더 도톰하면 윤곽이 더 뚜렷해 보일 텐데' 같은 생각을 하다 보니 진짜 정신병에 걸리겠더라고요. 그러다 제가 《아이콘의 탄생》이라는 책을 우연히 접한 이후로 저만의 아름다움을 찾고 싶다는 생각이 들었어요. …… 외모도 결국 유행임을 그 책을 보면서 많이 느꼈죠. 1950년대까지는 마릴린 먼로가 유행이었어요.

먼로의 전성시대였잖아요. 글래머러스한. 그러다 1960년대에 성 혁명이 일어나잖아요. 페미니즘 운동과 좌파운동이 활기를 띠면서 이제 새 시대의 인물을 원하기 시작했어요. 트위기Twiggy도 그때 인기를 확 얻기 시작한 거예요.

외롭고 취약한 환경은 오히려 보화가 책에 몰입할 수 있는 상황을 만들어주었다. 그는 사람이 아닌 책과 깊은 관계를 맺고 있었다. 그는 책을 통해 아름다움의 기준이 시대에 따라 변화해왔다는 것을 깨닫고 그 중요성을 상대화할 수 있었다. 보화는 한때 아름다운 셀카를 찍고 올리며 애정을 갈구하기도 했지만, 곧 마음을 다시 먹고 아름다움이 아닌 지식과 생각을 통해 자신을 세우고자 했다. 보화는 책과 관계를 맺은 경우지만, 책의 자리에는 동물·식물 등 다양한 비인간 존재가 들어올 수 있다.

인생샷 뒤의 여자들

'어떤 여성들이 셀카를 찍을까?'라는 물음에는 두 가지 문제의식이 혼재한다. '여성들은 왜 아름다운 여성이 되고 싶어하는가', 즉 자신이 될 수 있는 수많은 모습 중 왜 하필 아름다움으로 자신을 표현하는가와 '왜 그 아름다운 모습을 디지털 공간에 전시하는가'가 바로 그것이다.

이 질문에 답을 찾는 방법 중 하나는 셀카를 올리는 여성 옆에 누가 있는지, 그가 누구를 의식하고 참고하는지 보는 것이다. 청년기가 이후 시기와 다른 점은, 무한한 잠재성을 가지고 자아상을 구축해가는 때라는 데 있다. '나는 누구인가?'라는 질문은 우리 모두가 평생 풀어야 할 과제지만, 30대가 넘어가면 소속집단과 추구하는 방향이 대략 설정되기에 답할 수 있는 범위가 일부 정해진다. 사람들은 성장하며 타인의 시선에 마냥 흔들리지 않고, 자신이 중시하는 가치에 집중하며 균형 잡는 법을 파악해간다. 반면 10대와 20대는 다양한 가치들 사이에 순위 조정이 활발히 이뤄지며, 앞으로 어떤 자신이 될 것인지 적극적으로 실험하고 시도하는 시기다. 이 시기에는 주변 반응이 각자가 어떤 사람이 될 것인지에 중대한 영향을 미친다. 주변인들이 보이는 반응은 무엇이 '사랑받음', '존중받음', '인정받음'의 기준인지 알려준다. 특히 여성들은 공적 성취보다 사적 관계를 통해 자아실현을 하도록 독려받는 경향이 있기에, 타인의 반응을 민감하게 받아들이기 쉽다. 여성들은 주변의 눈치를 살피며 자신이 어떻게 해야 쓸모 있는 존재로 인정받을 수 있을지 고민한다. 이렇게 설정된 기준은 개인을 추동하거나 옭아매며 그 사람을 그 사람으로 만들어간다. 한 사람은 자기에게 중요한 타인과 함께 자신이 되어가는 것이다.

앞서 본 사례들이 셀카 찍는 모든 여성의 마음을 대변하는 것은 당연히 아니다. 그러나 이는 어떤 여성이 외모와 셀카에 특히 더 집착하는지 짐작해볼 수 있는 힌트를 제공한다. 인스타그램을 하는 목적은 트위터나 익명 커뮤니티, 랜덤 채팅을 하는 목적과 다르다. 이곳은 속마음을 털어놓는 공간이 아니라, 실명·소속·얼굴을 드러내고 자신을 멋진 모습으로 표현하는, 영기의 표현에 따르면 "사회적 자아"를 드러내는 공간이다. 그 '사회적' 모습이 아름다운 셀카라는 점은 무엇을 의미할까? 인생샷이라는 메시지가 담고 있는 내용은 다음과 같다.

첫째, 일부 20대 여성이 상상하는 사랑과 인정의 조건이다. 현대사회는 모든 사람이 평등하다고 선언한다. 그러나 문화인류학 연구자 김현경은 우리를 사람으로 만들어주는 것은 추상적인 선언이 아니라, 매일매일 다른 사람들로부터 받는 구체적인 대접에 있다고 주장한다.[6] 사랑받고 싶은 마음은 단순히 나를 예뻐해달라는 유치한 욕망이 아니라 안전과 고립, 그리고 생존과 직결되는 중요한 문제다. 우리는 매 순간 타인이 나를 대하는 방식을 통해 나의 사회적 위치를 가늠하고 내가 사랑받을 만한(계속 살아갈 만한) 자격이 있는 사람인지 확인한다. 상대를 인정하거나 차별하는 의례는 숨 쉬듯 일어난다. '여자가 그러면 안 되지'나 '너는 못생겼으니까 빠져'처럼 직접 표현되는 경우는 오히려 드물다. 타인의 마음을 세심하게 읽고 배려하도록 교육받으며 자란 여성들은 상대의 마음을 더욱 빠르게 알아챈다. 사람들이 누구의 말을 듣고 싶어 하며 자신이 어떤 존재로 여겨지는지에 대해서 말이다. 찰나에 이뤄지는 눈빛 교환만으로도 여성들은 자신의 자리가 있거나 없다는 점을, 어쩌면 그 눈빛을 보낸 이보다도 빠르게 눈치 챈다.

　　여러 인터뷰이가 자신이 속한 집단에서 인정받지 못하고 배제당하는 느낌을 받은 적이 있다고 말했다. 여기서 주목해야 할 점은 배제의 기준이 통념과는 달리, '못생겨서' 혹은 '공부를 못해서' 같은 조건으로만 성립되지 않았다는 사실이다. 2000년대 이후 우리 사회는 여성의 사회적 지위가 개선된 근거로 항상 '여성 교육률 향상'을 내세워왔다. 실제로 내가 인터뷰한 여성 대부분이 4년제 대학에 재학하거나 졸업한 '엘리트'였고, 이 중에는 비교적 좋은 경제적 환경과 학력, 외모 등을 가진 이들도 있었다. 사회는 이것들만 얻으면 사랑받을 수 있을 거라는 환상을 불어넣지만, 실상 성차별적 사회는 인정과 사랑의 약속을 자주 배반한다. 여성들은 너무 예쁘거나 못생겨서, 너무 똑똑하거나 멍청해서, 너무 가난하거나 부자여서 등 다양한 이유로 비난의 대상이 되었다.

영기와 민경은 자신이 예쁘지 않고 공부를 못해서 사랑받지 못한다고 생각했다. 반대로 윤희는 너무 예쁘고 공부를 잘한다는 이유로 비난받았다. 여성의 몸을 시시각각 재단하고 평가하고 비난하는 사회에서 여성을 향한 촘촘한 규율을 모두 비껴가기란 어려웠다. 여성의 권리 향상에 대한 이야기들은 이들이 자신을 존중받아 마땅한 존재라고 확신하게 하는 데까지 이르지 못했다.

차별의 문법을 전복할 힘이 없는 개인이 택할 수 있는 가장 합리적인 방법은 그 장소를 벗어나는 것이다.[7] 여성들이 가정과 학교에서 자기 자신으로 살아남지 못할 때, 온라인은 "이곳을 떠나" 자신을 존중해줄 새로운 사람들을 만날 수 있는 '인생 리셋'의 장이었다. 온라인은 몸을 이동하지 않고 새로운 사람들을 만날 수 있는 유일한 공간이었다. 이곳은 모두에게 자신의 매력을 선보일 무대를 제공해준다는 점에서 오프라인보다 '공정'했다.

무엇이든 될 수 있는 온라인 공간에서 여성들이 '자유로운' 선택권을 행사해 아름다운 셀카와 이성애를 전시한다는 사실은 우리 사회가 무엇을 기준으로 여성을 평가하고 성원권을 부여해왔는지 정직하게 드러낸다. 온라인은 새로운 공간이지만 완전히 새로운 공간은 아니다. 액정 안에서 이미지와 댓글로 등장하는 이들이 모두 오프라인에 몸을 두기 때문이다. 온라인은 오프라인 사회의 문법을 반영하고 강화하고 변주하며 재생산한다. 오히려 본질을 흐리는 다른 요소들이 제거되면서 우리 사회를 지배하는 가치가 더욱 적나라하게 드러나기도 한다.

자신을 아름답게 꾸미고 표현하는 것은 자연스러운 욕망이다. 특정한 기준이 절대화되지 않고 다양한 선택지가 공존하고 경합할 때, 우리는 여유를 가지고 자신의 미적 욕망을 탐색할 수 있다. 반면 특정 기준이 너무 강력한 힘을 가질 때, 예를 들면 외모가 소속집단 안에서 서열을 정하는 기준으로 사용되거나 사랑받을 자격과 연관될 때, 아름다움의 중요성은 기하급수적으로 확대된다. 그때부터 아름다움은 미학을 넘어 정치의 문제가 되고, 사람들은 좀 더 진지한 표정으로 거울 앞에 서게 된다.

실물과 차이가 날 정도로 셀카 보정을 많이 하고 그것을 온라인 공간에 전시한다는 것은 무엇을 의미할까? 일상적으로 친밀하게 관계를 맺고 있는 사람이 없거나, 일상적으로 마주하는 이들과의 관계에서 민망함을 감수하고 있다는 뜻이다. 여기에는 두 가지 경우가 존재할 수 있다. 첫째, 소속집단의 사람들이 자신이 인정받고 싶은 상대가 아닌 경우다. 예를 들면 이성 연애를 하고 싶어 하는 여자대학 재학생이나, 청년이 거의 없는 지방에 살지만 또래와 관계를 맺고 싶어 하는 경우가 해당된다. 둘째, 소속집단에서 충분히 존중받지 못해 온라인 자아전시에 공을 들이는 경우다. 어느 쪽이든 둘 모두에게 인정의 조건은 아름다움으로 상상된다.

셀카 보정은 허상의 이미지를 이용해 인정을 받아보려는 헛된 시도나 한심함이 아니라, 온라인의 관계를 통해 그것과 이어져 있는 오프라인 삶을 재조정해보려는 영리한 시도이기도 했다.

둘째, 셀카 문화의 유행은 우리에게 또 다른 것을 가르쳐준다. 셀카 실천은 젠더 관계의 문제뿐 아니라 우리 사회의 관계 맺기 양상이 점점 단기화·평면화되는 현상과 연관된다. 과거와 현재는 관계를 맺는 방식이 다르다. 과거 지역을 중심으로 공동체를 이루고 살던 시절에는 이웃과 일상생활, 경제활동, 여가를 모두 함께했다. 탄생부터 죽음까지 이웃과 생애 전반을 함께하며 긴밀한 개인사를 공유하고 서로를 지켜준다는 믿음을 다졌다. 동시에 서로를 잘 아는 만큼 소문과 뒷담화 등을 퍼뜨리기도 했다. 폐쇄적인 집단은 안정적인 만큼 배타적이거나 편협해지기 쉽다. 집단 내부에서 부정적 평판을 얻거나 낙인찍힌다는 것은 경제활동과 사회생활 전반을 향유할 권리를 박탈당한다는 것을 뜻했다. 게다가 개인의 힘으로 이를 탈출하기는 쉽지 않았다.

세계가 온오프라인으로 연결된 지금, 사람들은 더 이상 폐쇄된 공동체 규범에 큰 영향을 받지 않는다. 오히려 소속집단에 문제가 있을 경우 '이상한' 자신을 자책하기보다는, 온라인에서 조언을 구하고 집단 규범을 압도하는 '여론'을 형성한다("제가 이상한 건가요?"). 사람들은 자신이 생래적으로 소속된 집단, 혹은 폭력적인 집단에 매몰되지 않고 다른 세계로 진입할 수 있는 기회와 탈출구를 갖게 되었다. 사람들은 지난 집단에서 자신이 보인 과오를 셀프 피드백한 후, 수정 사항을 반영한 모습을 새 집단에서 선보인다. 이것은 개인에게 분명히 해방적인 측면이 있지만, 반대로 어떤 사람들과도 깊게 관계 맺지 못하는 한계로 이어질 수 있다. 너무 많은 만남의 기회가 열려 있는 상황에서는 특정한 집단과 관계 유지를 위해 헌신하거나 노력할 필요가 없기 때문이다. 이제 사람들은 서로를 알아가는 데 시간을 넉넉하게 쓰지 않는다. 마음에 들지 않는 상품을 환불하듯 실망스러운 관계를 '손절'한다. 내 계정의 팔로우를 끊은 사람들을 색출해내 '팔로잉' 목록을 '물 갈이'한다.

그리고 인스타그램은 이 도시적 관계 맺기 양식을 무척이나 닮아 있다. 이곳은 나를 '한눈에' 요약해 보여주는 게 중요한 공간이기 때문이다. 사람들이 서로를 알아가고 연결되는 과정에는 시간이 중요한 역할을 한다. 우리는 싸이월드에서 사진첩, 다이어리 등의 코너를 눌러보며 상대를 파악했고, 페이스북에서 프로필과 피드의 글을 읽어 내리면서 상대를 알아갔다. 반면 인스타그램은 그야말로 첫인상이 전부라고 해도 과언이 아닌 플랫폼이다. 인스타그램은 우리가 자신을 풍부하게 드러내고 상대를 알아갈 시간을 주지 않는다. 썸네일 이미지 몇 장으로 자신을 표현해야 하기에 사람들은 짧은 시간 안에 타인의 시선을 끌 수 있는 매력 자원을 습득하고 전시하는 데 공을 들이게 된다. 이렇게 단기간에 매력을 전시하고 인정받는 것에 익숙해지면 점점 깊이 있는 관계를 맺는 게 어려워진다. 새로운 사람들을 만날 때마다 계속 칭찬과 주목을 받을 수 있으니 서로의 추접하고 지지부진한 모습을 견딜 이유가 없는 것이다. 인스타그램은 도시적 관계 양식과 맞물려 순환한다.[8]

아름다운 셀카를 추구하지만 거기에 매몰되지 않았던

이들의 특징은 남성 중심적 시선과 거리를 두고 자신의 모습을 통합적으로 내보일 시간과 무대가 있었다는 것이다. 즉 이들은 아름다움이라는 가치를 상대화할 수 있는 관계나 자원을 가지고 있었다. 그러나 친밀한 관계, 충분한 시간, 깊이 있는 공부에 접근할 기회는 누구에게나 허락되지 않을뿐더러, 그 길은 점점 더 좁아지는 상황이다. 이는 인생샷에 집착하는 많은 여성이 온오프라인에서 어떤 관계를 맺고 있을지 상상할 수 있게 한다.

3. '인생샷'과 '실물' 사이

인생샷은 여성들이 맺고 있는 관계와 연관된다. 자신이 중시하는 상대가 누구이고 그가 어디 있는지에 따라 셀카에 공들이는 정도가 달라지는 경향이 나타난다. 그러나 현실에서 대부분의 여성은 아는 사람과 모르는 사람을 동시에 의식하며 살아간다. 어느 쪽에 중점을 두느냐에 정도 차이가 있을 뿐, 몸을 잊고 '밖'만 쳐다보는 여성도, 몸이 있는 공간 '안'에만 갇혀 있는 여성도 많지 않다. 대부분은 '안'과 '밖'을 수시로 오가며 살아간다.

학교생활에 어려움을 겪어 외부에서 기회를 얻고자 했던 윤희는 사실 SNS를 하는 목적이 자신이 아는 사람들에게 인정받기 위함이었다고 이야기했다.

윤희 솔직히 말해서 제가 모르는 제 팔로워들은 의식하지 않아요. 제가 의식하는 건 제가 아는 사람들이에요. 저를 팔로우하는 제가 모르는 사람들이 절 어떻게 생각하는지는 사실 상관없어요. 제가 아는 사람들에게 제가 팔로워가 많은 사람이라고 인식되는 게 중요하지, 그 사람들한테 어떻게 인식될지에 대해서는 한 번도 생각해본 적 없는 것 같아요.

지효 그런데 인스타그램 프로필에 '○○대학교 의대생'이라고 써놓으셨잖아요. 이건 친구들이 다 아는 정보니까 써둘 필요가 없지 않나요?

윤희 아, 그거는 팔로워 늘리기용이에요. '이 사람 팔로워도 많고, 의대생이네?' 그러면 팔로잉을 더 많이 할 테니까 쓴 거예요. 그런데 그것도 그 사람들한테 보여주기 위해서가 아니라 그렇게 팔로우가 늘어나면 아는 사람들한테 팔로우가 많은 사람으로 인식되니까 했던 거예요.

윤희는 SNS를 통해 자신이 외부에서 인정받는 모습을 학교 사람들에게 보여주고 싶어 했다. 말하자면 그의 전략은 외부에서 인정을 획득해 내부에서 평판을 변화시키는 데 있었던 것이다. 반면 송이는 SNS를 통해 외부 인정을 얻고자 하는 이들을 비판한 여성이다. 그는 '실친'을 중심으로 인스타그램을 운영했지만, 동시에 불특정다수가 자신을 알아줄 가능성도 열어놓았다.

송이　제가 인스타그램 계정이 엄청 많다고 했잖아요. 본계정인데 이제 잘 안 쓰는 게 있고요. 오빠랑 사진 올리는 계정, 제 일기 쓰는 계정, 친구들이랑 하는 계정 등으로 또 나뉘어요. 이것들은 비공개 계정은 아니지만 지인들이 들어올 통로가 없어요. 해시태그도 안하고 다른 계정 태그도 안 하니까요.

지효　사람들에게 계정을 보여줄 생각이 없으면서 왜 비공개로 안 돌렸어요?

송이　어쩌다 실수로 들어온 누군가가 예쁘다고 할 수 있으니까요. 그런 걸 은근히 바라는 거죠. 저도 진짜 웃긴 게 본계정에 '얘들아 칭찬해! 빨리 예쁘다 해!' 이렇게 올리는 건 싫지만 이걸 은근히 친구들이 봐줬으면 좋겠는 마음은 있어요.

지효　그럼 어떤 사람이 이 계정에 우연히 들어와서 보면 좋겠어요?

송이　저를 모르는 학교 후배라던가……'이 언니 귀엽다' 같은 반응이 나오길 은근히 바라는 것 같아요. '이 언니 진짜 이쁘게 사귄다' 그런 거 있잖아요. 너무 멀리 있는 아예 모르는 사람 말고 학교 사람 정도?

지효　모르는 사람들이 반응해준 적도 있었어요?

송이　네! 모르는 사람이 '좋아요'를 눌러주면 기분이 되게 좋았던 것 같아요. 학교에 모르는 사람들……

송이는 "너무 멀리 있는 아예 모르는 사람"까지는 아니지만, 몇 다리 건너면 알 수 있는 사람들과 만날 수 있는 기회를 은근히 기대하고 있었다. 이는 20대라는 생애주기적 특성과도 연관된다. 20대는 소속집단에 충실하되 그 외의 기회도 적극적으로 탐색할 것을 요구받는 시기다. 세계 최상위권의 대학 진학률을 가진 한국에서는 많은 청년이 대학에 간다. 대학은 학업부터 취미 활동, 진로 준비, 인간관계를 모두 함께 하는 종합 기관이기에, 학생들은 대학을 중심으로 관계망을 형성한다. 비교적 뚜렷한 오프라인 소속집단을 갖는 것이다.

한편 20대는 다양한 사람들과 교류하고 '인맥'을 형성하며 노동시장으로 진입을 준비하는 시기이기도 하다. 이들은 아르바이트, 대외활동, 여행, 미팅, 동아리, 엠티 등을 통해 새로운 사람들과 만나고 관계를 맺는다. 이때 SNS는 새로운 사람들을 만나고 자신을 알릴 수 있는 유용한 기회를 제공한다. SNS에서 네트워크를 확대하는 일은 단순히 친구를 늘리는 수준을 넘어 노동시장에서 '발견'되고 '발탁'될 가능성으로까지 이어진다. 이러한 특성은 청년 여성들이 몸이 놓인 공간에서 완전히 떠날 수도, 오로지 몸이 놓인 공간에서만 살아갈 수도 없게 한다. 여성들은 자신과 일상적으로 마주하는 사람들에게 충실한 동시에 새로운 사람들과 만날 가능성을 열어두어야 한다.

자신이 속한 특수한 집단과 열린 가능성으로서의 보편을 동시에 충족시켜야 하는 상황은 셀카 찍는 여성들에게 새로운 혼란을 안긴다. 셀카는 몸에서 출발하지만 몸과 별개의 생산물인 딜레마를 안고 있기 때문이다. 결국 여성들은 온라인의 나와 오프라인의 나, 온라인으로 나를 아는 사람들과 오프라인으로 나를 아는 사람들 사이에서 피드와 '현생' 사이, 그리고 인생샷과 '실물' 사이 어딘가에 위치한 '적당한 자아'를 찾아내려는 무한 검열의 늪으로 빠져들게 된다. 이 과정에서 온라인에서 일상적으로 오가는 차별의 언어는 여성들을 더욱 혼란스럽게 만든다.

강남미인과 화떡녀의 디지털 계승자, '셀기꾼'

언젠가부터 온라인에 '셀기꾼'(셀카 사기꾼)과 '프사기꾼'(프로필사진 사기꾼)이라는 신조어가 등장했다. 셀카 보정을 많이 하는 사람들은 이와 같은 멸칭을 얻으며 비웃음과 비난을 받는다. 이는 최근에 등장한 단어들이지만, 그 비난의 기원에는 계보가 있다. '셀기꾼'의 계보를 거슬러 올라가보면 '강남미인'과 '성형괴물', 그리고 '화떡녀'(화장 떡칠한 여자)를 발견할 수 있다. 이들은 모두 인위적인 아름다움을 추구한다는 점에서 연결된다.

　　한국사회는 한쪽에서 다이어트나 화장 등의 노력을 하지 않는 '게으른' 여성을 비난하고, 또 다른 쪽에서는 외모에 집착하며 '인위적인' 아름다움을 추구하는 여성을 비난해왔다. 여성은 예뻐야 하지만 인위적으로 예쁘면 안 되고 '원래

부터' 예뻐야 한다. '강남미인'과 '자연미인', 그리고 '화떡녀'와 '청순녀'의 이분법은 온라인에서도 '셀기꾼'과 '원본 미인'의 구도로 다시 한번 반복된다.

셀기꾼이 비난받는 이유는 단순히 실물과 사진의 차이가 크기 때문만은 아니다. '셀카 고자'(셀카를 실물보다 못 나오게 찍는 사람) 또한 실물과 셀카가 다른 경우를 칭하지만, 이는 오히려 칭찬으로 통용된다. 셀기꾼이 괘씸하게 여겨지는 이유는 실물과 사진이 다르기 때문이 아니라, 자신의 외모 '신분'을 위장하고 부당한 이득을 취하려 했기 때문이다. 이들은 친구의 '명문대 과잠'을 빌려 입고 클럽에 가거나, '주제'에 맞지 않는 명품 옷을 입고 다니는 사람들과 같다. 셀기꾼에 대해 사람들이 분노한다는 점은 외모가 학력과 부만큼이나 사회적 신분이라는 사실을 명확하게 보여준다. 과거 여자 연예인들의 졸업사진을 뒤지며 성형 여부를 캐내던 눈초리는 이제 '셀기꾼'을 향한다. 사람들은 자신의 '실물'을 속이는 여성은 없는지 셀카 구석구석을 집요하게 늘려보며 휘어지거나 흐릿해진 부분을 찾는다. 온라인 셀럽의 연관 검색어에는 '실물'이 따라붙고, 포토샵 '의혹'이 제기된 연예인들은 '해명' 기사를 낸다. 셀기꾼에 대해 공공연하게 퍼져 있는 비난은 SNS를 통해 기회를 얻고자 하는 여성들을 불안하게 한다.

셀카 ≥ 실물

보람과 영기는 셀카 보정을 비교적 많이 했던 경우다. 이들은 온라인에서 긍정적인 반응을 얻는 대가로 오프라인에서 난감한 상황을 감수 중이었다. 앞서 보았듯 영기는 자신을 아는 남자들에게 잘 보이는 것은 이미 "글렀다"고 느끼고, "아직은 나를 모르는 남자들"을 "개척"하고 싶다는 기대를 안고 사진을 올렸다. 남성들이 셀카만 보고도 연락하게 하기 위해서는 예뻐야 한다. 자연스레 사진 보정은 점점 심해졌다.

영기의 마음을 이해하는 친구들은 '귀엽다', '예쁘다' 등과 같은 칭찬 댓글을 달아주거나 '좋아요'를 눌러줬다. 문제는 일부 남학생들이다. 학교에서 영기를 괴롭히던 남학생들은 SNS에서도 댓글로 사진과 실물이 다르다는 점을 폭로했다. 영기는 너무 수치스러웠지만, 이럴 때 진지하게 대응하거나 반박하면 오히려 자신이 '셀기꾼'임을 인정하는 셈이 된다는 걸 잘 알고 있었다. 그는 최대한 유머러스한 태도를 유지하며 "쿨하게" 대응했다. 하지만 이러한 노력에도 불구하고 "기분이 너무 상하는" 일이 일어났다. "1절만 하지 않고 4절까지" 하는 이가 나타났기 때문이다.

영기 [셀카에 달린 댓글 보면] 가끔 "어휴…… 얘 또 이러네"

이러면서 올리는 애들 있는데, 저번에 어떤 남자애가 "와 진짜 와…… 와…… 대……박…… 야 진짜 심각하게 사기 아니냐?"하면서 1절에서 그치지 않고 4절까지 한 거예요. 그때 기분이 너무 상했어요.

지효　어떤 게 4절까지 한 거예요?

영기　"와…… 진짜 이게…… 맞는 거냐?" 이 짓거리(댓글 달기)를 네 번이나 쓴 거예요, 4절까지. 한번은 제가 대댓글로 "ㅋㅋㅋㅋ 왜? 나 이거 포샵 안 했어"라고 했더니, 걔가 "거짓말. 구라잖아. 왜 그래" 이러는 거예요. 장난이 아니라 진짜로요. 진짜로 "헉……(큰 한숨)" 이렇게요. 저를 완전 사기꾼으로 만드는 거죠. "야 진짜 이건…… 아니지 않냐?" 이러면서요. 너무 짜증 났어요. 쿨하게 보이도록 넘기긴 했는데. (웃음) 너무 창피해서 도망가고 싶은 그런 거 있잖아요. 그냥 장난처럼 받아치려는데 너무 진지하게 막 뭐라고 하니까 기분이 상하잖아요.

영기는 셀카를 비난하는 남학생의 댓글에 최대한 장난스럽고 쿨하게 답하며 적당히 대화가 마무리되기를 바랐다.

그러나 그는 댓글을 네 번이나 반복해서 달며 영기의 셀카를 진지하게 비판했다. 디지털 공간에 일관된 자아상을 구축해 놓은 상황에서 이미지의 기만성을 폭로하는 댓글은 너무나 치명적이고 또 폭력적이다. 사진 하나가 거짓이라는 것은 비슷한 이미지인 사진 전부가 거짓이라는 뜻이고, 최종적으로 온라인 자아상 자체가 거짓으로 구축된 것임을 드러내기 때문이다. 오프라인과 다른 자아 이미지를 만들고자 온라인 공간으로 넘어왔지만, 이제 이곳은 오프라인에서 형성된 부정적 평판이 전염되어 재생산되는 공간이 된다. 영기는 큰 수치심을 느꼈지만 진지하게 반응하면 더 우스워지기에 장난처럼 넘기고 자신을 다독이고자 애썼다.

영기가 겪은 상황은 흔히 웃고 넘길 만한 '흑역사' 정도로 여겨지지만, 나는 이것을 타인의 존엄을 해치는 사이버 불링이자 폭력으로 해석해야 한다고 생각한다. 사람은 사회적 존재로서 자아 이미지를 연기하고 수행하며 살아간다. 사람들은 서로에게 예의를 다함으로써 그가 우리 사회에서 존중받아 마땅한 존엄을 지닌 사람임을 드러낸다. 설령 상대의 연기가 불완전하고 때때로 모순적일지라도, 사람들은 애써 모른 척하며 상대 인격의 일관성을 존중해준다. 반대로 폭력은 타인의 치부를 공개적으로 드러내 모욕하는 등, 그가 존중받을 만한 사람이 아니라는 점을 내보임으로써 발생한다. 가해자는 자신이 타인을 함부로 대할 수 있는 사람이라는 점을 과시하기 위해 폭력을 행사한다. 남학생의 댓글은 영기가 아니라 이 상황을 지켜보는 사람들을 향하고 있었다. 그는 영기를 조롱하는 장면을 공개 전시하며, 자신이 그 정도 권력을 가진 사람이라는 점을 과시하고자 했다.

한 여성이 온라인에서 멸시의 대상이 될 때 그 상황을 지켜보는 또 다른 여성들은 겁을 먹는다. 셀카의 '기만성'이 폭로당하는 장면은 다른 여성들에게 '교육적' 효과를 발휘한다. 여성들은 셀카가 가져올 수 있는 모욕의 위험성을 학습하며 앞으로 셀카 보정에 더더욱 많은 노력을 기울인다. 영기 또한 이 과정을 거치며 이제는 "통찰력"이 생겼다고 했다.

> **영기**　그때는 근시안적으로 갔던 것 같아요. 이제 통찰력이 생긴 거죠. (웃음) 인생을 살면서 관심을 받으려면 사진도 중요하지만 실제로 만났을 때도 싫어하지 않기 위한 적정선을 유지하는 게 중요하다는 것을 배웠어요.

이후 영기는 사진의 자연스러움에 더욱 신경을 쓰게 되었다.

보람 또한 셀카를 통해 민망한 상황을 겪은 적이 있었다. 보람은 여대에 다니며 학교 앞에서 자취했다. 그는 남성들을 '자만추'(자연스러운 만남 추구)로 만날 기회가 많지 않았기에 셀카를 더욱 중요하게 생각했다. 최근에 소개팅이나 미팅은 '1차 서류전형'으로 사진을 주고받은 후 마음에 들면 만남을 이어가는 방식으로 진행된다. 만남의 기회를 얻기 위해서는 사진이 예뻐야 한다. 자연스레 보정 강도는 점점 강해졌다.

> **보람** 보정을 많이 했죠. 사물 같은 걸로 프사를 하고 싶진 않고 저를 직접 드러내고 싶으니까요. 누군가와 연락하거나 누군가의 번호를 받아서 연락할 수도 있는 상황에서, 어쨌든 제가 보여줄 수 있는 게 프사고 배경화면에 올린 사진이니까요. 걔네들을 실제로 만나지 못할 수도 있잖아요. 약속이 파토 날 수도 있으니까요. 그들의 이미지에서만이라도 저는 되게 예쁘게 좀 더 탄탄한 모습으로 비춰지고 싶어서 보정을 많이 했죠.

보람은 누군가와 꼭 직접 만나지 않더라도 사진만으로 좋은 인상을 주고 싶었다. 이 관계가 미래에 어떤 가능성으로 발전할지 알 수 없기 때문이다. 그러다 간혹 온라인으로 알게 된 사람들과 대면할 기회가 생겼다. 그때부터는 부담이 커진다. 최대한 자신이 올린 사진과 비슷하게 구색을 맞추기 위해 다이어트를 하기도 하고 화장법을 가다듬기도 한다. 그럼에도 사진과 완전히 같기는 어렵다. 보람은 사진에 집착하지 말자고 스스로를 다독이며 나는 "말이 많으니까" "MC 재질로 가자"는 콘셉트를 정한 후 미팅에 나간다. 하지만 결국 "야 너 포토샵 너무 많이 한 거 아니냐? 본판은 좀 남아 있어야 하는 거 아니냐?"라는 타박을 듣게 된다. 그나마 다행인 것은 "그런 말을 한다는 것 자체가 그래도 이야기를 나눴다는 거고, 술이 들어간 상태라는 거고, 그래도 너와 나 사이에 약간의 친분이 생긴 상태"라는 점이다. 따라서 상대가 "유머러스하게 나를 비판하면 나도 유머러스하게 대응할" 수 있는 여유가 생긴다. 보람은 자신을 적당히 희화화하며 상황을 대처하는 노련함을 갖추고 있었다. 그러나 아무렇지 않아 보이게 행동한다고 해서 마음까지 괜찮은 것은 아니다. 보람은 상대가 자신을 어떻게 평가할지 두려워 미팅 중간에 녹음기를 켜놓고 흡연하러 가기도 했다고 말했다. 실제로 남성들이 그를 욕한 경우도 여러 번 있었다. 그는 그걸 나중에 듣고 상처받았지만, "솔직히 그들도 너무 별로"였기에 "쟤네들도 뭐 볼 거 있어"라고 생각하며 "다 삼켰다"고 했다. 보람의 덤덤한 태도는 상처받는 상황을 마음속으로 여러 번 예행 연습하고 준

157

비한 덕분에 가능했다.

모욕적인 상황을 자주 겪거나 목격하는 이들은 자신을 보호하기 위해 노련함을 연습한다. 여성들은 셀카를 지적당하는 최악의 상황을 대비해 여러 전략을 미리 마련했다. 스스로를 "셀기꾼"이라고 먼저 지칭하며 희화화하거나, 사진을 '목표'로 다이어트와 화장을 하는 것이다. 하지만 이러한 전략이 다 실패했을 때 온라인 자아 이미지의 일관성을 유지하기 위해 오프라인에서 만나는 기회를 포기하기도 했다.

온라인은 여성들이 더 멋진 자아상을 만들 수 있게 해주지만, 이것은 익명성이 보장되는 경우에만 가능하다. 실제 만남으로 이어지거나 오프라인 지인이 중간에 끼는 경우 곧 정체가 탄로 난다. 따라서 온라인에서 더 나은 자아를 발명하고자 하는 여성들의 기획은 늘 위태롭고 불안할 수밖에 없다.[9]

셀카 ≒ 실물

영기와 보람이 이미지와 몸 사이에서 난처한 상황에 자주 처했다면, 회지와 윤희는 수많은 시행착오를 거쳐 마침내 그 간극을 성공적으로 조율해낸 경우다.

회지　인스타그램 속 저와 실제 제가 동일하다고 느끼는 것 같아요. 저도 보정한 모습이 제 모습인 것 같다는 생각을 항상 해요. '나는 자연스럽고 자유롭고 자유분방한 사진 속에 있는 나처럼 자유분방하고 내추럴한 아이다'라고 생각하고요. 외모에 대해서도 '난 원래 갸름해. 사진이 좀 펑퍼짐하게 나오는 거지. 원래 갸름해' 하며 착각하는 것 같아요.

윤희　저는 자신감에 가까운 것 같아요. 예전에 보정을 막 엄청 과하게 할 때나 SNS 관리에 미숙할 때는 실제로 사람들을 만날 때 사진이 훨씬 나으면 어떡하나 싶은 두려움이 좀 있었던 것 같은데 요즘은 그래도 괜찮아요. 그런 과정을 많이 거쳤던 것 같아요. 저를 아는 친구들한테 "사진 속 나와 실제 내가 많이 다르냐?"라고 많이 물어보고 "아니 뭐 그렇게 다르지 않아"라든지 "이목구비 같은 건 살짝 다르고 느낌이 살짝 다르긴 한데 실물이 막 더 못생긴 건 아니야" 같은 말을 많이 들으면서 확신이 생겼어요. 그래서 인스타그램으로만 알다가 실제로 만날 때도 위축된 적이 없어요. 예를 들어 소개팅하러 나가서도 물론 듣기 좋으라고 그렇게 말해주는 것도 있겠지만, 사진이 더 낫다는 말을 들은 적은 없어요. 다 실물이 더 낫다고 했지. 사람들의 말을 통해 확신이 생긴 거예요. 사진을 보고 실제로 만나는 사람들에게도 실물이 낫다는 말을 들으니까 나는 보정을 해도 실물이 낫다는 이상한 자신감을 갖게 된 것 같아요.

회지와 윤희는 사진이 실물보다 예쁘되 너무 다르지는 않은 이상적인 지점을 찾았다. '적당하게' 보정된 사진으로 완성한 피드는 아는 사람과 모르는 사람 모두에게 당당히 내보일 수 있는 자신감의 원천이 된다. 이들은 타인이 인스타그램 아이디를 물어봐서 알려주는 그 순간에 엄청난 뿌듯함과 자랑스러움을 느낀다고 했다.

그런데 이 자신감이 언제나 유지되는 것은 아니다. 모든 사진은 매번 새로운 위험의 가능성을 품고 있기 때문이다. 어색한 사진 한 장에 디지털 자아의 일관성이 무너질 수 있기에, 매번 '초심'으로 돌아가 새로 올릴 셀카를 '객관적'으로 평가해야 한다. 그런데 셀카의 장본인이 사진이 자기와 얼마나 닮았는지를 객관적으로 판별하기란 불가능에 가깝다. 이에 여성들은 다시 협업을 시작한다.

검열과 공모의 '여성 연대'

앞서 함께 인생샷을 찍었던 동료들은 셀카를 검토하고 업로드하는 과정에 다시 등장한다. 인생샷을 촬영하는 단계에서 친구의 '팔'을 빌려 셔터를 눌렀다면, 셀카를 검토하는 단계에서는 친구의 '눈'을 빌린다. 여성들은 친구들의 셀카가 과하거나 어색하게 보정되지는 않았는지 나서서 검토하고 확인해주는 모습을 보였다.

> **민경** 보정 어플로 얼굴 열심히 깎던 시절에, 제가 너무 심하게 보정을 해서 모자이크처럼 얼굴 한쪽이 약간 뭉개진 경우가 있었는데요. 그걸 본 사촌 언니가 카톡을 보내서는, '너 저렇게 해놓으면 욕먹는다'면서 언니가 다시 보정해서 보내줬어요.

> **회지** 제 인스타그램의 공은 동생이랑 남자친구예요. (웃음) 그분들 의견을 정확히[물어봐요]. 제3자의 눈이니까요. 저는 다 마음에 드니까 객관성이 떨어지거든요. 그들이 객관적으로 이게 낫다고 말해주면 그걸로 올려요. 둘 다 안목이 좋거든요. 어떤 사진이 예쁜지 탁탁 찍어줘요.

> **윤희** 같이 찍은 사진 올릴 때는 '너가 먼저 보정해서 줄래?' 이러면 걔가 자기 얼굴을 보정해서 저에게 보내고, 제가 제 얼

굴을 보정해서 올리고 그래요. 자기가 원하는 얼굴을 자기가 아니까요. 한 명이 진짜 포토샵을 굉장히 잘하면 걔가 두 명 거를 다 해주고 컨펌받기도 해요. 포토샵 잘하는 친구에게 가끔 해달라고 부탁하기도 하는데 보통은 다들 각자 자기 거 보정하는 게 편해서 각자 하고 보내서 나눠서 올리고 그래요.

어빙 고프먼은 사람들이 무대 위에서는 대중에게 보이는 모습을 연출한다면, 무대 뒤에서는 자신의 '뒷모습'을 아는 '팀'과 협력하며 연기를 되돌아본다고 분석했다.[10] 이 여성들이 바로 팀이라고 할 수 있다. 이들은 인생샷을 촬영하고 보정하고 업로드하는 과정에 함께했다. 여성들이 서로의 셀카를 검토해주는 과정은 현재 카카오톡에서 판매되고 있는 이모티콘을 보면 참고할 수 있다. 그중 하나인 "나 사진 골라줭! 프사티콘!"에는 "나 사진 좀 골라줘", "1번이 나아? 2번이 나아", "더 자세히 봐줄래?", "아니야! 다르다구!!", "디테일의 차이가 있지", "이 필터 어때?", "이상해?", "너무 고친 거 같아?", "역대급 인생샷", "셀기꾼님을 모시겠습니다!", "누구시죠?!", "내가 1% 섞여도 나야", "나 저렇게 생겨써?", "수평 맞춰주세요", "하나도 못 건져써!", "똥손도 능력이다", "금손님 덕분입니다!", "원본이야~", "프사 바꿔

야징~" 등이 그림과 함께 써 있다. 셀카는 이중의 상호작용 단계를 거쳐 업로드된다. 먼저 폐쇄적 상호작용 공간인 카톡에서 '팀'의 검토를 받은 후, 공개적 상호작용 공간인 인스타그램에 올라가는 것이다.

인생샷의 뒷모습을 공유하는 '팀' 사이에서 통용되는 가장 중요한 규칙은 서로가 온라인에서 일관된 이미지를 유지할 수 있도록 진실(실물)을 지켜주는 것이다. 이들은 서로의 허락을 받기 전에는 절대 원본사진을 올리지 않는 것은 물론, 단체사진은 애초에 분업을 통해 공동으로 보정했다. 보정 어플을 미숙하게 다루는 친구들을 대신해 사진을 자연스럽게 보정해주기도 했다. 또한 이들은 사진을 업로드한 후에도 "준비된 댓글부대"로서 '평판 바람잡이' 역할을 했다.

송이 준비된 댓글부대들이 있거든요? 얘네는 무조건 댓글을 달아줘요. '이 언니 너무 예뻐~ 당신은 러블리 그 자체!' 같은 식으로요. 얘네는 댓글을 어차피 달아주니까 그리 반갑지 않고, 오히려 덜 친한 사람들이 댓글을 달아주면 반가워요. 약속한 것도 아닌데 의무적으로 달아줘요, 자발적으로. 저도 얘네 글 올라오면 댓글 달고요. 그게 우정의 한 표현인 걸까요? 조금의 의무가 있는 것도 아닌데 우리는 왜 그러는 걸까요?

혜선 친구들끼리 서로서로 사진에 '좋아요'를 눌러주고 댓글을 달아주는 '좋아요 품앗이' 문화가 있었어요.

셀카 보정의 주된 목적은 자신을 잘 모르는 사람들에게 긍정적인 인상을 남기는 데 있다. 하지만 '셀기꾼' 색출에 능한 현대인은 이제 타인의 셀카를 호락호락 믿어주지 않는다. 이때 필요한 것은 실물을 아는 '실친'인 듯한 이들의 '댓글 증언'이다. 여성들은 친구의 사진에 긍정적인 댓글을 달아줌으로써 그가 오프라인에서 애정을 받는 사람임을 드러냈다. 여성들은 "야 사진보다 실물이 훨씬 낫다!"거나 "이 셀카 고자야! 사진 왜 이렇게 못 찍냐!"라는 댓글을 씀으로써 셀카의 진실성을 증명해주는 보증인의 역할을 했다. 잘 보이고 싶은 핵심 팔로워들을 의식하며 암묵적으로 함께 짜임새 있는 공연을 펼치는 것이다. 디지털 자아상은 오프라인 팀과의 공모를 통해 성공적으로 완성된다. 그들은 서로의 사진에 대한 진정성을 보증하고 수호해주는 '여성 연대'를 맺고 있었다.

반대로 앞에서 남학생이 영기의 사진에 "이거 사기 아니냐?"라는 댓글을 반복적으로 달았던 것처럼 여성들 또한 마음에 들지 않는 친구를 '사진'으로 공격하기도 했다. 이들은 친구가 이상하게 나온 사진에 상대 아이디를 태그해서 그의 팔로워들이 볼 수 있게 올린다거나, 다리를 늘린 친구의 사진에 "영덕 대게냐?" 같은 댓글을 달아 상대를 민망하게 하기도 했다. 여성들은 사진을 통해 가까워지고 또 멀어졌다.

된장녀와 김치녀의 디지털 계승자, '인스타충'

셀카 하나를 올리는 과정에서 이토록 많은 검열을 거쳤지만 아직 끝이 아니다. 우리 사회의 여성혐오는 그렇게 호락호락하지 않다. 사진과 실물의 괴리를 어떻게든 조율해낸 여성들에게 마지막 덫이 남아 있다. 바로 인스타그램을 열심히 하는 여성을 향한 낙인이다. 일상을 편집하고 연출해 전시하는 인스타그램 문화는 모든 것을 있어 보이게 만든다는 '있어빌리티' 혹은 '인스타충'이라는 신조어를 등장시키며 비판받았다.

'인스타충'의 전형적인 이미지는 유튜브에서 쉽게 찾아볼 수 있다. '인스타충', '인스타 허세녀', '인스타 관종' 등을 검색하면 조회수 백만을 훌쩍 넘기는 영상들을 확인할 수 있다(궁금하면 유튜브에 검색해보되, 썸네일만 보고 절대로 재생은 누르지 않기를 권유한다). 이 영상에 나오는 '허세녀'들은 대부분 비슷비슷한 모습을 공유한다. 이들은 읽지도 않는 책을 가지고 다니며 사진을 찍고, 눈앞에 있는 남자친구는 무시하면서

#럽스타그램에 #사랑꾼 남자친구를 자랑한다. 명품 가방을 사고 사진을 찍어 인스타그램에 자랑한 뒤 바로 환불한다. 호텔 뷔페에 가서 사진만 찍은 후 집에 가서 즉석밥과 참치통조림으로 끼니를 때운다.

영상 밑에는 허영 가득한 여성을 준엄하게 꾸짖으며 내실 있는 삶을 살 것을 충고하는 현인들의 댓글이 가득 달려 있다. 이 댓글에서 여성은 보여주기 위한 인생을 사는 자존감 낮고 불행한 존재로 가정된다. 수십 분의 시간을 들여 '골빈 허세녀' 영상을 시청한 사람들은 여성들에게 SNS에 시간을 허비하지 말라고 조언한다. 이 과정에서 자주 인용되는 명언은 유명 축구 감독의 발언으로 알려진 "SNS는 인생의 낭비"다. 이 말은 수년 전부터 오역이라는 지적이 제기되었지만 여전히 한국에서는 SNS의 주이용자인 여성을 권위 있게 비판하는 데 쓰인다.[11]

이는 일정 부분 타당한 비판일 수 있으나, 문제는 SNS 중독에 관한 비판과 여성혐오가 뒤섞여 소비된다는 데 있다. 즉 성별과 무관한 '인간의 진정한 삶'에 관한 조언인 듯 보이는 충고는 사실 대상을 선별해 발화된다. 인스타그램을 이용하는 여성을 묘사하는 장면을 들여다보면 의외로 낯익은 이미지를 발견할 수 있다. '밥보다 비싼' 브랜드 커피를 즐겨 마시며 남성에게 빌붙어 신분상승을 꿈꾸고, 자신의 소득 수준에 맞지 않는 사치를 일삼는 된장녀와 김치녀가 바로 그것이다. 된장녀와 김치녀, 그리고 인스타녀의 공통점은 무엇일까? 바로 소비하는 여성을 지칭한다는 것이다.

가부장 사회에서 여성의 소비는 남편과 자식 등 오로지 가족을 돌보기 위한 것일 때만 바람직하게 여겨진다. 여성은 남편이나 부모의 경제력에 전적으로 무임승차하는 무능한 존재로 간주되기 때문이다. 여성이 자신을 위해 소비하는 것은 힘들게 돈을 버는 가장의 노고를 이해하지 않는 이기심과 허영에서 비롯한다고 인식된다. 그 결과, 여성의 소비에는 늘 돈의 출처를 의심하는 시선이 따라붙는다. 물론 이런 이미지는 현실과 무관하다. 아니, 무관할 뿐 아니라 정반대라고도 할 수 있다. 한국사회는 여성을 '부수입 노동자'가 아닌 경제적 독립체로 인정하고 남성과 같은 임금을 지급하라는 주장을 철저히 무시해왔기 때문이다. 그러나 현실과 무관하게 여성을 염치없는 존재로 규정하는 이미지는 깊숙하게 각인되어 있어 여성들은 허상뿐인 이미지와 싸우며 비난에서 예외적인 존재가 되기 위해 노력하는 상황이 벌어진다.

인스타그램을 하는 여성들과 인터뷰하며 의아했던 부분이 있었다. 이들은 인터뷰하는 내내 끊임없이 "자연스러워야 한다"고 강조하며 자신의 노력을 숨기고 싶어 했다. 이뿐 아니라, 다른 인스타그램 이용자를 비난하거나 그들과 본인이 다르다고("저는 인스타그램에 그 정도로 미쳐 있지는 않아요", "걔는 진짜 심해요" 등) 구분 짓기도 했다. 이들은 사진을 찍을 때는 카메라를 의식하지 않은 듯 자연스럽게, 사진을 보정할 때는 포토샵 한 것이 티 나지 않게 자연스럽게, 피드를 관리할 때는 무심한 듯 자연스럽게 했다. 사진에 해시태그를 달 때조차 '좋아요'를 노골적으로 원하는 것처럼 보이지 않도록 댓글에 몰래 숨겨두었다. 이에 더해, 송이는 셀카가 인기를 얻기 시작하자 오히려 인스타그램을 그만두었다고 했다.

송이 이제는 또 하나의 검열 스텝이 생긴 것 같아요. 예전에는 예쁜가 아닌가만 생각했는데, 지금은 오버 아닌가? 과하지 않나? 의식하게 돼요.

지효 구체적으로 어떤 상황이 두려워요?

송이 저는 인스타그램에 심하게 집착하는 정도는 아니라고 생각하거든요. 제가 막 과하게 병적으로 하는 것도 아니고요. 이게 진짜 모순인데요. 저는 '좋아요'가 많아지면서 막판에 '좋아요'를 너무 많이 받는 게…… 오히려 부담스러워서 다른 계정을 파야겠다고 느꼈어요. 많은 사람의 관심이 마냥 달갑지는 않아요. 항상 그런 걸 보여주고 싶고 알아줬으면 좋겠고 인정받고 싶은 욕구로 항상 꽉 차 있으면서도 그걸 제 입으로 보여주는 게 너무 부끄러워서 발산을 안 하는 것 같아요.

인스타그램에는 여러 개의 자아가 켜켜이 쌓여 있다. 예뻐 보이고 싶은 나, 최선을 다해 예쁜 나를 연출하는 나, 그 연출 과정을 준비하고 지켜보는 나, 그 과정을 들키고 싶지 않은 나 등. 인스타그램에서 여성들은 예뻐 보이되 예뻐 보이려고 노력하는 것을 들키면 안 되고, 그 모습을 들키고 싶어 하지 않는다는 사실을 또다시 들키면 안 된다. 인스타그램 이용자를 걱정하는 척하며 건네는 말은 새로운 검열 기제로 작동하게 된다.

이제 이 나'들' 위에 인스타그램에 신경 쓰지 않는 듯 보여야 하는 나까지 추가되었다. 보정된 셀카도 셀카이듯 인스타그램에서 보여지는 모습 또한 이용자 자신의 모습이다. 인스타그램에서 자신이 얼마나 진정성을 갖췄는지 혹은 얼마나 과시적인지 스스로 판별하는 일은 매우 어렵다. 인스타그래머를 향한 비난의 말들은 여성들이 스스로에 대한 검열을 강화하도록 만들었다.

한국사회에서 비난받아 마땅한 '나쁜 여자'의 계보는 '강남미인'과 '화떡녀'에서 '셀기꾼'으로, 또 '김치녀'와 '된장녀'에서 '인스타충'으로 이어졌다. 여성들은 이러한 이미지를 의식하며 끝없는 자기검열에 시달렸다.

자신감과 자기혐오 사이

디지털에서 머무르는 시간이 길어지면서 디지털 자아와 오프라인 자아 사이의 간극을 잘 조절하는 일이 점점 중요해지고 있다. 둘을 매끄럽고 영리하게 잘 통합해낸 이들은 양쪽에서 유명세를 얻지만, 실패한 이들은 조롱거리가 된다.

여성들은 사진 앞에서 여러 종류의 난감함을 느낀다. 우선 예뻐야 한다. 사진은 내가 원하는 만큼 예뻐질 수 있다는 점에서 이상적이다. 그러나 너무 예뻐서는 안 된다는 점에서 현실적이다. 사진은 나이며 내가 아니다. 여성들은 보정하는 내내 '조금만 더 예쁘게'와 '나와 너무 다르지는 않게' 사이를 바쁘게 오간다.

여성들은 아름다운 사진을 올려 주목받으면 자존감이 높아질 것이라고 기대하지만 사실 이것은 자존감을 계속해서 낮추는 과정이 되기도 한다. 누군가 나에게 묻지 않고 '알아서' 내 사진을 보정해준다면 고마워해야 할까? 불쾌해해야 할까? 이것은 나의 단점을 지적한 것일까? 아니면 나를 '개선시켜준' 것일까? '나'와 '나보다 나은 나' 사이를 오가는 과정은 필연적으로 자신감과 자기혐오를 넘나든다. 여성들은 자기 수용과 자기 부정, 자기애와 자기혐오를 오가다 자꾸만 발이 엉킨다.

　사진을 올린 후에도 쉽게 안심하지 못한다. 사진이 너무 과하지는 않을까? 누가 댓글로 실물과 사진의 간극을 폭로하면 어쩌지? 내가 인스타그램에 중독된 것처럼 보이지는 않을까? 이렇듯 사진은 영광과 모욕의 가능성을 동시에 지닌다. 여성들은 수십 개의 거울 사이에 서서 자신을 비춰보며 게시물의 비공개와 삭제를 반복했다.

　차별의 가장 나쁜 점은 삶의 내용인 시간을 빼앗아간다는 데 있다. 시간은 모두에게 똑같이 흐르지 않는다. 어떤 트랜스젠더 청소년은 자신이 하고 싶은 일을 수술 후로 미루며 일상을 유예한다. 어떤 지방대생은 명문대 편입에 성공한 후에 시작될 '진정한' 대학생활을 꿈꾸며 이를 악물고 공부한다. 어떤 여성은 다이어트, 성형 등을 통해 아름다워진 후에 세상에 나가겠다고 다짐하며 스스로 고립을 '선택'한다. 사회적 약자는 정상성을 획득한 후에야 '남들 같이 평범한 삶을 살 수 있으리라 믿으며 현재를 무한히 유예하는 사람들이다.

온라인은 더 행복해질 기회와 더 불행해질 위험이, 그리고 더 사랑받을 기회와 더 외로워질 가능성이 공존하는 공간이다. 남성들이 익명 커뮤니티에서 여성의 사진을 평가하거나 SNS에 축구선수의 사진을 올리는 동안, 여성들은 사진과 몸 사이에서 우왕좌왕하며 분열했다. 사진을 준비하고 찍고 고르고 보정하고 검증받고 업로드하고 또다시 비공개로 돌리는 동안, 나를 좋아하고 사랑하고 미워하고 부끄러워하는 동안, 수없이 많은 낮과 밤이 속절없이 흘러갔다. 여성들은 자신이 원하는 모습과 가까워진 만큼 스스로를 미워할 가능성과도 가까워졌다.

2부까지 우리는 셀카가 청년 여성들이 맺는 관계와 어떻게 연관되어 있는지 살펴보았다. 여성의 존재를 외모로 축소시키는 사회에서, 여성들은 아름다운 셀카를 통해 자신이 사랑받을 만한 존재라는 점을 증명하고 인정받고자 노력하고 있었다. 그런데 이들이 과연 사회가 강요하는 여성상을 그대로 답습하는 존재이기만 할까? 한국은 K뷰티의 본거지이기도 하지만, 엄청난 규모의 디지털 페미니즘 운동이 일어난 곳이기도 하다. 한편에 아름다운 셀카를 찍는 여자들이 있다면, 다른 한편에는 아름다운 셀카를 비판하는 여자들이 있다.

3부에서는 온라인 페미니즘 운동의 부상과 함께, 인생샷을 둘러싸고 일어나는 여성들의 고민과 갈등을 살펴본다.

1   윤명희,《중독은 없다》, 율리시즈, 2016, 111쪽.

2   여성들이 자신과 친구들의 인스타그램을 보며 남성들의 시선을 쫓는 모습은
연애 프로그램을 보는 일부 여성의 시선과도 닮아 있다. 최근 〈하트 시그널〉,
〈솔로 지옥〉, 〈나는 솔로〉 같은 전통적인 이성 매칭 프로그램부터, 헤어진
연인이 한집에서 지내는 모습을 담은 〈환승 연애〉, 이혼한 이들끼리의 만남을
주선하는 〈돌싱글즈〉까지 각종 연애 프로그램이 큰 인기를 끌고 있다. 미디어
연구자 홍지아는 연애 프로그램을 보는 20대를 인터뷰한 연구를 통해 연애
프로그램이 여성들에게 사랑받을 만한 여성의 기준을 알려주는 역할을 하고
있다고 분석했다. 실제로 여러 연애 프로그램의 카메라는 매우 노골적인
방식으로 남성들의 시선을 쫓는다. 연애 프로그램은 예능의 외피를 띠고
있지만 실은 남성의 시선을 학습시켜주는 교육방송의 역할도 한다. 카메라는
마치 일타강사처럼 남성들의 마음을 콕콕 집어 알려준다. 누가 누구에게
눈을 떼지 못하는지, 누가 누구를 보며 배시시 웃는지 집요하게 쫓는다. 예쁜
여자와 예쁜 여자를 보고 감탄하는 남자, 예쁘지 않은 여자와 그 여자에게
관심 없는 남자를 보여준다. 아름다움의 효과는 아름다운 여성을 봤을
때가 아니라, 아름다운 여성을 보고 감탄하는 사람들을 봤을 때 발생한다.
여성들은 연애 프로그램을 통해 남성들의 시선을 학습했다. 인스타그램은
여성들의 인기 정도를 실시간으로 보여준다는 점에서 연애 프로그램과 닮아
있다. 홍지아, 〈TV가 제시하는 사랑할/받을 자격과 한국사회 20대 여성들이
이를 소비하는 방식〉, 《한국방송학보》 26(5), 2012.

3   한국언론진흥재단 조사분석팀,《2021 소셜미디어 이용자 조사》,
한국언론진흥재단, 2021.

4   이와 유사한 사례는 많다. 대표적으로 2019년 초, 서울교대에서 매년
남학생들이 여학생의 외모를 품평하는 '전통'을 유지해왔다는 것이 드러났다.
남학생들은 여학생의 사진을 PPT로 띄워놓고 한 명 한 명 평가했으며
여학생들의 사진을 모은 자료집을 제작하기도 했다. 이러한 문화가 남초
집단뿐 아니라 여성이 월등히 많은 집단에서조차 공공연한 '전통'으로 자리

잡았다는 사실은 대학 내 외모 품평이 얼마나 만연하고 심각한지 알 수 있게 해준다. 〈"얘는 성괴" 서울교대 초등교육과도 여학생 외모 순위 매겼다〉, 《한겨레》, 2019. 3. 22.

5   페이스북의 시초는 '페이스매시facemash'라는 사이트다. 이름에서 이미 알 수 있듯, 마크 주커버그는 하버드대학 학생들의 외모를 평가할 목적으로 사이트를 만들었다. 페이스매시에 접속하면 두 학생의 사진이 나란히 뜨고, 이용자는 둘 중 더 'hot'한 것을 선택할 수 있다. 투표 결과에 따라 학생들의 외모 순위가 매겨졌다. 이 사이트는 하룻밤 사이 약 5,000명이 방문했을 정도로 엄청난 인기를 끌었다. 후에 주커버그는 보안 위반, 저작권 침해, 개인의 사생활 침해 등을 이유로 하버드대학 행정위원회에 기소되었지만 징계나 처분 없이 사건이 마무리되었다. 후에 그는 이 사이트에서 있었던 경험을 발전시켜 페이스북을 창립했다. 2018년에 있었던 페이스북 청문회에서 페이스매시의 성차별성이 다시 한번 조명되며 화두에 오르기도 했다.

6   김현경, 《사람, 장소, 환대》, 문학과지성사, 2015, 26쪽.

7   같은 책, 20쪽.

8   이런 점에서 봤을 때 인스타그램이 최근 올린 후 24시간이 지나면 게시글이 자동으로 사라지는 '스토리' 기능을 추가한 것은 눈여겨볼 만하다. 초반에는 상대의 매력적인 모습에 반해 팔로우했더라도 그 매력을 계속 새롭게 받아들이기는 쉽지 않다. 완벽하게 연출된 모습만을 공유하는 관계는 금세 동력을 잃는다. 인스타그램은 스토리 기능을 통해 이용자들에게 보다 자연스러운 모습을 공유할 수 있는 '숨 쉴 구멍'을 만들어주었다. 이제 사람들은 피드에 자신을 모르는 사람이 봐도 괜찮을 만한 정제된 이미지를 게시하고, 스토리 기능을 통해 소통한다. 스토리 기능이 출시된 후 인스타그램의 사용률은 눈에 띄게 올라갔다.

9 다행히 내가 만난 인터뷰이 중에는 셀카로 인해 심각한 문제를 겪는 이가 없었지만, 우리는 이 지점에서 셀카가 사회적 고립과 연결될 가능성에 주목해야 한다. 나는 셀카를 고립의 관점에서 읽어야 한다고 주장한다. 많은 여성이 머리를 이상하게 자르거나 살이 찌면 가장 먼저 대면 만남부터 포기한다. 심지어 얼굴에 뾰루지가 났다는 이유로 중요한 일정을 포기하는 이도 있다. 여성들의 사회생활은 앞머리 길이와 뾰루지 하나에도 쉽게 위태로워진다. 여성들은 만남의 기회를 머리를 기른 후로, 피부가 좋아진 후로, 살을 뺀 후로, 성형한 후로 계속 유예한다. 방에 숨어 '나중'을 기약한다. 셀카는 그 유예기간을 '순삭'하고 우리가 꿈꾸는 '언젠가'의 모습을 '지금 당장' 실현시킨다. '해리포터' 시리즈에 나오는 '소망의 거울'처럼 내가 바라는 모습을 바로 이곳으로 가져온다. 그리고 셀카가 아름다워진 딱 그만큼, 몸이 고립될 가능성은 커진다. 몸은 셀카의 속도를 따라갈 수 없기 때문이다. 손가락으로 팔뚝 살을 문지르는 그 1초를 몸으로 따라잡기 위해서는 3개월 이상의 절식과 운동이 필요하다. 아니, 아무리 다이어트나 피부 관리, 성형을 한다 한들 셀카를 따라잡는 게 가능할지조차 불확실하다. 셀카는 수술이나 시술로 바꿀 수 없는 모든 부분을 미세 조정한 기술의 결정체이기 때문이다. 앞서 보았듯, 외모 품평에 자주 노출되거나 자신을 입체적으로 선보일 기회를 얻지 못한 여성일수록 셀카 보정에 대한 유혹을 느끼기 쉽다. 취약한 여성들은 셀카를 보정하며 고립과 한 발자국 더 가까워진다.

2014년에 tvN에서 방영된 〈렛미인〉에서는 '가상 세계에 갇힌 여자' 편을 방영했다. 출연자는 SNS에 아름다운 셀카를 올리며 '여신'으로 추앙받고 있었지만 실제로는 사진과 전혀 다른 모습을 한 초고도비만 여성이었다. 이 프로그램은 셀카에 갇혀 현실로 나오지 못하는 여성을 셀카와 비슷하게 '환골탈태'시켜주는 내용으로 진행했다. 고립 상태에 있으므로 정확한 통계치를 내는 게 어렵지만, 이런 사례는 이미 많고 더 많아질 것으로 보인다. 또한 이 책은 인스타그램 이용 경험을 중심으로 셀카 문제를 살펴보았지만, 지인이 없는 온라인 익명 채팅 어플이나 익명 SNS를 자주 이용하는 여성에게 셀카와 고립의 문제는 더욱 심각하리라 추정한다. 셀카는 청년 고립 문제를 분석할 때 반드시 고려해야 한다. 〈'포토샵 미인'이었던 엄다희, '진짜 미인' 된 사연… 성형 없이 살만 뺐는데〉, 《중앙일보》, 2014. 7. 25.

10   어빙 고프먼,《자아 연출의 사회학》, 113쪽.

11   〈'SNS는 인생의 낭비다'(퍼거슨)는 명백한 오역이다〉,《다음스포츠》, 2017. 7. 31.

CHAPTER 3

페미니스트:
#인생샷과 #탈코르셋 사이

2015년, '메갈리아의 딸들'과 함께 차별받던 여성들이 싸우는 여성의 모습으로 등장하기 시작했다. 메갈리아는《이갈리아의 딸들》[1]이라는 소설과 온라인 커뮤니티 디시인사이드의 '메르스 갤러리'가 중첩되어 만들어진 합성어로, 여성혐오의 프레임을 뒤집어 패러디하며 등장한 디지털 사회운동이다. 물이 가득 찬 댐이 터져 나가듯, 성차별이 극심한 사회에서 여성들은 폭력에 적극적으로 대항하기 시작했다. 이들은 남성의 언어를 전유해 반사시키는 '미러링'을 사용하며 온라인 공간의 남성 중심성을 폭로했다. 남성적 언어가 가득하던 온라인 공간은 한순간에 여러 목소리가 뒤섞이는 전쟁터로 변했다. 여성들은 '나는 페미니스트다' 해시태그 운동부터 '미투운동'(#metoo), '스쿨 미투', '탈코르셋 운동'에 이르기까지 다양한 디지털 사회운동을 펼치며 성차별적 구조에 균열을 냈다.

흥미로운 점은 디지털 페미니즘 운동이 인생샷이 유행하던 SNS에서 공유되었다는 사실이다. 아름다운 인생샷이 떠다니는 SNS의 피드를 조금만 밀어내리면 성차별을 고발하는 각종 카드뉴스와 '짤'들을 볼 수 있다. 둘의 공통점은 공간만이 아니다. 주 참여자의 성별과 나이대 또한 정확하게 겹친다. 20대 여성들은 디지털 페미니즘 운동의 '주역'이자 인생샷 문화의 주 참여자다. 무엇보다 둘 모두 20대 여성 중 일부에게만 알려진 하위문화가 아니라 또래 집단 전반에 영향을 미친 대중적인 실천이라는 데 공통점이 있다.

2018년 한국여성정책연구원이 실시한 조사에 따르면, 20대 여성 중 절반이 자신을 페미니스트라 생각한다고 응답했고, 88.8%가 미투운동을, 56.3%가 탈코르셋 운동을, 60.6%가 혜화역 시위(불법촬영 규탄 시위)를 지지한다고 답했다.[2] '이대녀'(20대 여성)라는 신조어가 등장했을 정도로 페미니즘은 청년 여성 사이에서 중요한 주제로 자리를 잡았다. 콘셉트를 정해 사진을 찍는 인생샷 문화 또한 '대한민국 트렌드' 중 하나로 선정될 정도로 인기를 끌었다. 우리는 프롤로그에서 인생샷이 한국사회에 미친 영향을 살펴보았다.

정리하자면, 인생샷과 디지털 페미니즘은 같은 시기에, 같은 공간에서, 같은 주체들에 의해 일상적으로 실천

된다. 이 사실은 서로 무관해 보이는 인생샷 문화와 디지털 페미니즘 운동이 섞이거나 불화하는 방식으로 연관되어 있음을 시사한다.

실제로 20대 여성들이 모인 온라인 커뮤니티에서는 페미니즘과 인생샷에 대한 토론이 자주 벌어졌다. 흔히 페미니즘을 지지하는 여성은 인생샷을 단호하게 배척하리라고 여기기 쉽지만, 실제 여성들의 입장은 빈곤한 이분법을 초과해 다양하게 존재했다. 페미니즘을 지지하며 인생샷을 찍는 여성들이 있는가 하면, 페미니즘을 근거로 들어 인생샷을 강하게 비판하는 여성들도 있었다. 내가 인터뷰한 여성들 또한 각자의 페미니즘 인식에 근거해 인생샷에 대한 입장을 형성하고 있었다.

먼저 인생샷과 페미니즘을 동시에 추구하는 여성들이 있었다. 이들은 아름다운 이미지를 적극적으로 추구하지만 여성적인 이미지로 고정되는 것을 격렬하게 거부했다. 친구의 보정 사진을 검사해주지만 성폭력범을 처벌하자는 청와대 청원 링크를 뿌렸다. 이성애를 자랑하는 럽스타그램을 올리지만 한국 남성이 저지른 폭력 사건을 비판했다.

반대로 인생샷 문화가 페미니즘을 '퇴보'시킨다며 인생샷으로부터 탈피해 '탈코르셋'을 실천해야 한다고 주장하는 여성들도 있었다. 탈코르셋은 2018년부터 크게 유행한 외모주의 비판 운동이다. 이들은 여성에게 가해지는 외모 억압을 '코르셋'이라 칭하며 머리를 삭발하고 치마를 찢었으며 화장품을 버렸다. 그런데 탈코르셋 운동의 주요 비판 타깃 중 하나가 바로 '인생샷' 문화였다. 운동이 확산되는 데 지대한 영향을 미친 페미니스트 유튜버들은 여성들이 인생샷에 집착하면서 얼마나 많은 것을 놓쳐 왔는지 이야기하는 '인생샷 없는 인생여행–디폴트립default[3]+trip' 시리즈를 만들었고, 인생샷은 코르셋의 대표 사례로 소환되었다.[4] 탈코르셋 실천 여성들은 마치 성형외과에서 성형 전후 사진을 전시하듯, 인생샷을 찍던 과거와 탈코르셋을 실천한 이후를 극명하게 대비시키는 사진을 인스타그램에 업로드했다. '전'의 자리에 있는 인생샷, 그리고 '후'의 자리에 있는 삭발사진은 백 마디 주장보다 더욱 강력한 힘을 발휘했다. 굳이 '페미니즘'이나 '외모억압'과 같은 단어를 사용하지 않아도 그 메시지가 충분히 전달된 것이다. 탈코르셋 여성들은 셀카를 페미니즘 운동의 수단으로 이용하고 있었다.

우리는 앞서 인스타그램에서 여성들이 인생샷에 몰두하게 되는 맥락을 살펴보았다. 이제부터는 인스타그램과 인생샷에 대한 논의에 하나의 레이어를 더하려고 한다. 바로 페미니즘이다. 앞장에서 청년 여성과 셀카의 관계를 살펴봤다면, 3부에서는 페미니스트와 셀카의 관계를 살펴본다. 페미니즘이 대중화된 시대에 인생샷과 탈코르셋 운동이 동시에 유행하는 현상은 무엇을 말해줄까? 왜 어떤 페미니스트는 인스타그램에 인생샷을 전시하고 어떤 페미니스트는 탈코르셋을 전시할까?

먼저 인생샷을 찍는 페미니스트의 이야기를 들으며 답에 다가가보자.

1. 인생샷 찍는 페미니스트

페미니스트들은 왜 인스타그램으로 갔을까?:

SNS 페미니즘 지형

안녕하세요? 김지효입니다. 오랜만에 글을 씁니다. 제가 이번에 책을 하나 냈습니다. 제목은 《인생샷 뒤의 여자들》인데요. …… 많이 부족하지만 열심히 썼으니 시간 날 때 읽어주시면 감사하겠습니다. :)

페이스북

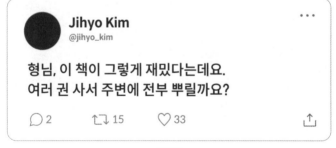

형님, 이 책이 그렇게 재밌다는데요.
여러 권 사서 주변에 전부 뿌릴까요?

트위터

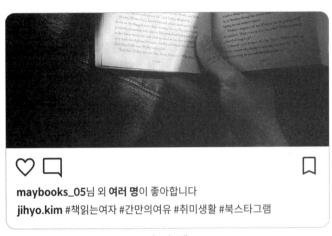

인스타그램

온라인에는 SNS별 행동 양식을 비교한 짤이 돌아다닌다. 사람들은 페이스북에서 정중해지고, 트위터에서 재치 있어지며, 인스타그램에서 '갬성적'이 된다. 굳이 누가 나서서 가르쳐주지 않아도 사람들은 '닥눈삼'(닥치고 눈팅 3일)을 하며 SNS 플랫폼별 문법을 숙지하고 암묵적인 규칙에 맞춰 행동한다. 이는 페미니즘 담론도 예외가 아니다. 디지털 페미니즘 담론은 의제의 유행 시기 및 플랫폼의 매체적 특징과 맞물려 각기 다른 입장과 실천 경향을 낳았다.

　페이스북은 온라인 페미니즘 운동이 막 확산되기 시작할 무렵 가장 먼저 논쟁에 불이 붙은 SNS다. '메갈리아' 사이트가 폐쇄된 후 곧바로 페이스북에 '메르스 갤러리 저장소' 페이지가 만들어졌고, 이 과정에서 수많은 페미니즘 의제가 생산 및 확산되었다. 페이스북은 실명을 기반으로 하며 장문으로 텍스트를 작성하는 일이 가능하기에 SNS 사용에 익숙하지 않은 디지털 이주민들도 큰 괴리감 없이 이용할 수 있었다. 각종 온라인 공간이 페미니즘 격전지가 된 상황에서 현실에 좀 더 적극적으로 개입하려는 지식인들이 주장을 풀어내기에도 용이했다.

윤희는 본인은 물론, 주변의 페미니스트 친구 대부분이 "여성학자 SNS 셀럽"을 팔로우한다고 이야기했다. 반대로 민경은 여성학자의 계정을 팔로우하고 있지 않지만 친구들이 계속 글을 공유하기에 자주 볼 수밖에 없다고 했다. 디지털 페미니즘 담론이 여러 갈래로 분화된 상황에서 지식인들의 완결성 높은 글은 활발히 공유되며 큰 영향력을 발휘했다. 페이스북에서는 다양한 층위의 페미니즘 지식 중에서도 평론이나 칼럼과 같이 비교적 공적인 정제 과정을 거친 정보가 활발히 공유됐다.

시간이 흐르며 페이스북은 점점 친목도모의 성격이 옅어지고 정치적 발언을 하는 공간으로 자리 잡기 시작했는데, 이에 일부 사용자들은 부담을 느꼈다. 주연은 페이스북에 "뭐 하나 잘못 올렸다가는 난리"가 난다며, "요즘 페이스북에 글을 하나 올리려면 진짜 서론-본론-결론이 논리적으로 짜임새가 있어야 한다는 부담감"을 느꼈다고 털어놓았다. 언젠가부터 "페이스북에서는 진짜 무슨 말을 못 하겠는? 내가 낄 자리가 아니다", "무서운 공간"이라는 생각을 하기도 했다. 실제로 많은 청년이 페이스북에 의견을 적극적으로 게시하기보다 몇몇 필자의 글을 일방적으로 공유하는 모습을 보인다. 최근 SNS가 젠더 이슈와 관련해 여러 노선으로 분화된 상황에서 페이스북에는 지식인들을 중심으로 비교적 정제된 페미니즘 담론이 유통되는 분위기가 생겨났다.

페이스북이 글의 공간이라면 트위터는 말의 공간이다. 트위터의 가장 큰 특징은 글자 수 제한으로 마치 마주 앉아 대화하듯 빠른 속도로 짧은 글이 오간다는 점이다. 익명을 기반으로 하기에 '필터링' 없이 하고 싶은 이야기를 할 수도 있다. 트위터는 리트윗(공유)에 최적화된 매체로, '트페미'(트위터 페미니스트)라는 명칭이 만들어졌을 만큼 강한 화력과 '총공'을 가능하게 하며 페미니즘 이슈를 확산하는 데 큰 역할을 했다. 그러나 커뮤니케이션이 즉각적으로 이뤄지는 트위터의 환경은 타인의 글에 대한 빠른 반박을 가능하게 해, 잦은 싸움과 비방전이 일어나게 하기도 했다. 민경은 초 단위로 '저격', '반박, '매장'이 일어나는 것을 보며, "트위터를 안 하면 최신 페미니즘 트렌드에서 멀어진다고 하는데 저는 굳이 저런 쓸데없는 걸로 싸우는 걸 내가 알아야 하나" 싶었다며 트위터가 "항상 화나 있는", "정신건강에 좋지 않은" 공간 같다고 했다. 영기 또한 트위터가 "남자들을 쥐 잡듯이 잡는" "맨날 싸우는" 공간이라고 했다. 트위터는 강력한, 그러나 오래 사유해 숙성시킨 의견보다 강하고 폭발적인 메시지가 주로 유통되는 공간으로 여겨졌다.

페이스북과 트위터가 게시물을 '읽는' 공간이라면, 인스타그램은 '보는' 공간이다. 인스타그램은 이미지 중심 플랫폼으로 사진 없이 글만 올리는 게 불가능하다. 사진은 재현 매체이므로 외모를 비롯한 여러 정보가 자연스럽게 공개되고, 따라서 인스타그램을 오프라인 지인과 온라인 지인을 함께 만나는 장으로 사용하는 이용자가 많다. 인스타그램은 트위터처럼 게시물의 글자 수를 제한하므로 다층적이거나 복잡한 내용을 전달하기 어렵다. 트위터 이용자들이 짧은 글로 타인의 시선을 사로잡기 위해 재치 있는 드립과 짤방을 고안해냈다면, 인스타그램 이용자는 타인의 눈길을 사로잡을 수 있는 아름답고 힙한 이미지를 만드는 일에 집중한다.

인스타그램은 2010년대 유행하던 SNS 중에서 비교적 늦게 등장한 후발 주자다. 메갈리아가 탄생한 2015년은 페이스북과 트위터가 대중적으로 사용되던 시기다. 당시 페이스북의 뉴스 및 대나무숲 페이지에서는 초 단위로 댓글 공방전이 이뤄졌고, 트위터에서는 해시태그 운동과 기사 신고, 기업 불매운동 등이 활발히 일어났다.

인터뷰이 대부분은 이 시기에 온라인 공간을 통해 페미니즘을 접했다고 했다. 그런데 페미니즘을 실시간 논쟁과 함께 접하는 상황은 새로운 사상을 충분히 이해하고 소화할 여유를 갖기 어렵게 했다. 1990년대에 활동했던 많은 페미니스트가 대학에서 공부한 여성학을 기반으로 운동을 했다면, 2010년대의 페미니스트들은 온라인 전쟁에 참전부터 한 후 사후적으로 지식을 쌓았다. 인터넷에 떠다니는 '짤', '띵언'(명언), 카드뉴스 등은 여성학 교과서와 같은 참고문헌 역할을 했다.

여성들은 온라인 싸움을 통해 수많은 '한남'들을 격파했으나, 이와 동시에 페미니즘을 접한 후 느끼는 피로감도 상당했다. 일목요연하게 정리된 모순 없는 페미니즘 논리는 비난을 효과적으로 쳐낼 수 있는 무기였지만 자신을 검열하고 옥죄게 하는 덫이기도 했기 때문이다. 또한 끊임없이 반복되는 정치적 논쟁과 공론화는 SNS가 더 이상 일상을 공유하는 공간이 아니라고 느끼게 했다. 주연과 윤희, 민경은 논쟁으로 가득한 SNS와 거리를 두고 싶어졌다고 했다.

주연 그전에는 페이스북에 그냥 카페 가서 찍은 커피 사진을 올리면 됐는데 이제는 글을 써야 해요. 다른 사람이 또 글을 길게 쓰니까 읽어야 하고요. 글 쓰다가 갑자기 막 남자친구랑 있었던 사진 올리는 게 뭔가 매치가 안 되는 것 같더라고요. 그래서 덜 진지한 인스타그램으로 간 거죠.

윤희 제가 나름대로 구분을 했거든요, 계정 자체를. 그니까 페이스북에서는 페미니즘 활동을 하고 인스타그램에서는 그냥 내가 편하게 살아야겠다고 한 거죠. 나도 편하고, 예쁜 모습만 보여주는 계정으로 써야겠다고요.

민경 트위터는 지금 안 해요. 질려버려서요. 트위터 속 남자들도 싫고, 너무 피곤하더라고요. 좀 거리를 두고 싶다는 생각이 들었어요. 트위터 사람들하고.

정치적인 논쟁이 일상을 잠식하면서 여성들은 지쳐갔

다. 윤희는 페미니즘이 "해방보다는 뭐가 잘못되었는지 아는 바른 눈을" 알려주는 사상이라고 생각한다며 자신이 느낀 부담감을 드러냈다. "너무 진지해진", "무서운" SNS로부터 거리를 두고 싶다는 생각이 들었을 때, 대안으로 여겨진 곳이 비교적 밝고 감각적인 분위기가 유지되는 인스타그램이었다.

이미지 플랫폼인 인스타그램은 페이스북이나 트위터에 비해 정치적인 글이 덜 올라올 뿐 아니라, 페미니스트들의 '훈계'와도 거리를 둘 수 있는 편안한 공간이었다. 과거 여성들이 성형이나 화장 같은 외모 관리 이슈에 대해 자신의 욕망을 마음껏 드러낼 수 있는 공간은 여초 커뮤니티였다.[5] 반면 현재 젊은 여성들이 집단적으로 모인 온라인 공간은 페미니즘적 성격을 강하게 띠며, '이성애 전시'와 '코르셋(외모 꾸밈) 전시' 금지가 하나의 규범으로 통용된다. 이런 상황에서 인스타그램은 유일하게 논쟁에 잠식되지 않은, 외모 관리와 이성애에 관심 있는 페미니스트 여성들이 자신의 욕망을 솔직하게 표현할 수 있는 공간으로 자리했다.

물론 인스타그램에서는 자아를 전시하는 강도 높은 노동이 이뤄지므로 종종 피로감을 느끼기도 한다. 주연은 "인스타그램은 사진만 찍어서 올리면 되기에 그쪽으로 옮겨갔던 건데, 인스타그램을 하다 보니 사진을 잘 찍어야 하더라고요. 내가 하고 싶은 말이 있어도 거기에 어울리는 사진이 없으면 못 적는"다고 했다. 그럼에도 늘상 정치 싸움을 할 때와 비교할 수는 없다. 윤희는 인스타그램에서 느끼는 피로가 페이스북에서 '키배'(키보드 배틀)를 뜰 때보다 "훨씬" 덜하다고 대답했다. "그때는 내 일상을 올리는 게 아니"라 "페미니즘 글만 올렸"기 때문이다.

SNS는 여성들이 정치적 발화를 하는 공간이기도 하지만 친구들과 소통하고 일상을 공유하며 자유롭게 노는 공간이기도 하다. 이들은 설령 일상을 조금 가공해 올릴지언정, 익명 뒤에 숨거나 싸움만 하지 않고 즐겁게 SNS를 이용하고 싶어 했다. 흔히 인스타그램은 자아를 선별해서 전시하는 위선적인 공간으로 여겨지지만, 여성들에게는 또 다른 의미에서 '편안한' 공간이었던 것이다. 인스타그램은 공격당할 위험이 비교적 적고, 외모 관리에 대한 욕망을 솔직하게 드러낼 수 있으며, 익명 뒤에 숨지 않고 "편하고 당당하게", 그리고 "힙하게" 나를 드러낼 수 있는 공간으로 여겨졌다.

인스타 페미의 기쁨과 슬픔

여성들은 정치적 논쟁과 거리를 두고 '편하게' 지내기를 기대하며 인스타그램으로 넘어왔다. 그런데 인스타그램에는 또 다른 함정이 숨어 있다. 페미니즘 논쟁이 자주 일어나지 않는다는 특징은, 페미니즘을 싫어하는 사람들이 인스타그램을 이용하는 이유가 되기도 했던 것이다.

페미니스트 연구자들은 온라인 공간이 여성혐오로 물들어 있다는 사실을 적극적으로 지적해왔다.[6] 플랫폼에 따라 조금씩 다르지만 온라인 공간 전반에는 여성혐오가 보편적 정서로 통용된다. 국가인권위원회에서 2021년에 실시한 조사에 따르면, 여성은 온라인 공간에서 혐오 대상으로 가장 많이 언급된다고 나왔다.[7] 남초 커뮤니티뿐 아니라 인터넷 뉴스나 대학 커뮤니티, 유튜브와 같은 '공용 공간'까지 여성혐오적 댓글로 가득 차 있는 경우가 많기에 여성들은 여성 커뮤니티에 모여 안정감을 느낀다.

인스타그램은 그렇게 각자의 온라인 활동 공간에 모여 있던 사람들이 만나는 공간이다. 여초 커뮤니티와 남초 커뮤니티에서 추상화된 서로를 비난하던 사람들은 이곳에서 '지인'의 얼굴로 만난다. 이러한 배경은 여성들이 페미니스트 집단을 넘어 다양한 사람과 관계 맺을 수 있게 하는 기회를 제공하지만, 여성혐오적 분위기를 의식하고 위축되는 상황을 만들기도 한다. 이곳에 페미니즘에 대한 글을 게시하는 것은 심리적으로 매우 부담스럽고 두려운 일이다.

인스타그램 플랫폼은 관객 분리가 불가한 UI(User Interface)를 구성함으로써 이용자들에게 부담을 배가한다. 사람은 자신이 만나는 상대와 속한 집단에 따라 서로 다른 모습을 보이며 입체적으로 살아간다. 트위터 친구에게는 성차별에 앞장서 싸우는 '헬페미'지만, 엄마 아빠에게는 요즘 좀 이상해졌어도 든든한 딸이고, 남자친구에게는 보호본능을 일으키는 귀여운 애인일 수 있다. 그러나 인스타그램은 모든 사람에게 하나의 이미지만 보여줄 것을 기능적으로 강요한다. 여성들은 페미니즘에 대해 다양한 입장을 가진 사람들 앞에서 자신을 한꺼번에 내보여야 한다는 데에 혼란을 느낀다.

당당하게 페미니즘을 이야기하고 싶은 마음과 사랑받고 싶은 욕망은 모순적인 감정을 만들어낸다. 멋진 페미니스트이고 싶지만 너무 '기가 센' 여성이고 싶지는 않고, 귀여움을 받고 싶지만 귀여움을 받기 싫고, 정치적인 논쟁에서 벗어나 '편하게' 지내고 싶지만 페미니즘을 전파하고도 싶고, 페미니스트이지만 24시간 페미니스트로만 보이고 싶지 않은 여성들의 대혼란잔치가 이곳에서 일어나는 것이다.

윤희는 처음에는 인스타그램에서 예쁘고 멋진 모습만

보여주고 싶었다고 했다. 하지만 남성들에게 불쾌한 메시지를 반복해서 받으면서 결국 "페밍아웃"(페미니스트임을 공개적으로 드러내는 행동)을 거쳐 본격적으로 페미니즘 메시지를 전시하기 시작했다고 했다.

> **윤희** 처음에는 인스타그램에 페미니즘 관련 글을 안 올리려고 했는데 너무 화가 나는 거예요. 너무 빻은 DM(다이렉트 메시지, 1:1 대화)이 많이 오니까요. 그래서 한동안 페미니즘에 대한 이야기를 올렸어요. DM 보내지 말라고요. 스토리에 '한남 제발 꺼져라' 같은 글도 올리고요. 그걸 저는 인스타그램에서 페밍아웃을 했다고 여겼거든요.

페미니즘은 특정 분야에 대한 지식이 아니라 일상을 통째로 새롭게 바라보게 해주는 관점이다. 여성들은 '편하게' 지내려고 인스타그램에 오지만, 매 순간 느끼는 불편을 견디지 못하고 결국 페미니즘 이야기를 꺼내게 된다. 윤희는 자신의 인스타그램에 "그냥 예쁜 사진을 보고 팔로우하는 분들"과 "페미니즘 때문에 팔로우하러 오는 분들"이 다 있다고 했다. 이런 상황은 누구를 대상으로 글을 써야 할지, 나의 어떤 모습을 내보여야 할지 혼란스럽게 한다.

혜주는 인스타그램에 페미니즘을 잘 모르는 지인이 많다는 점을 기회 삼아, 아예 본격적으로 '페미니즘 영업'을 시도하기도 했다.

혜주 SNS 알고리즘은 빅데이터에 근거하기 때문에, 페미니즘에 조금이라도 관심이 없으면 관련해서 아무것도 안 뜬단 말이에요. 자기들이 직접 찾아보지도 않을 거란 말이에요. 책을 읽겠어요, 아니면 뉴스를 한 줄을 읽겠어요? 아무것도 안 할 거 아니에요. 학교에 남자들이 많다고 했잖아요. 그럼 10명을 인스타 친구로 맺으면 그중 일곱 명은 남자일 거 아니에요. 그니까 페미니즘에 대해 조금이라도 알거나 불편해했으면 좋겠어서, 그냥 그것만으로도 의미 있다고 생각해서 페미니즘 글을 올려요. 조금이라도 페미니즘을 알게 하거나 아니면 일상을 불편한 눈으로 바라보게 하는 것? 저는 그것만으로도 의미 있다고 여겨서요.

혜주는 이용자의 관심사에 맞는 글만 반복해 띄우며 인지편향을 강화하는 SNS의 필터버블 현상에 대해 잘 알고 있었다. 그는 "페미니즘에 조금이라도 관심이 없으면 아무것도 안" 뜨는 인스타그램에서 "무관심을 조금이라도 끌어올리고 싶어서" "이 소재에 대해서 들"어 보기라도 했으면 하는 사명감으로 페미니즘 글을 올렸다.

한별은 성차별적 발언을 일삼는 지인들이 말조심을 하게 하기 위한 용도로 인스타그램을 활용했다.

> **한별** 막 대놓고 제 앞에서 성차별적인 이야기를 했을 때, 저는 바로 순발력 있게 받아치는 스타일이 전혀 아니란 말이에요. 그래서 오히려 되게 전략적으로 난 이러이러한 거[페미니즘]에 관심 있으니까, 나한테 이런 거 얘기하지 말라는 식으로 글도 많이 쓰고 공유도 많이 했던 것 같아요.

인스타그램 게시물은 '말'과 '글'의 특징을 동시에 갖는다. 즉흥성과 휘발성을 가진 '말'처럼 신속히 피드 아래로 사라지지만, 지속성과 축적성이 있는 '글'처럼 계정 안에 오랫동안 남기도 한다. 한별은 오프라인에서 사람들과 대화할 때는 페미니즘에 대한 입장을 반복해 밝혀야 했다면, 인스타그램에는 한 번 글을 올려놓으면 자신의 피드에 들어오는 사람들이 언제라도 그 글을 볼 수 있어 편하다고 했다. 또한 오프라인에서는 소통이 동시적으로 이뤄져 상대가 성차별적 발언을 해도 곧바로 받아치기 어려운 반면, 온라인 공간에서는 자신이 원하는 만큼의 시간을 들여 입장을 정리하고 준비된 글을 올릴 수 있어 편리하다고 했다.

한별은 친구들이 성차별 발언에 대해 조심할 것을 기대하며 인스타그램에 페미니즘 글을 정리해서 올렸다. 이런 행동은 친구들의 생각을 변화시키는 긍정적인 결과로 이어질 때도 있었지만, 반대로 부정적인 결과를 낳을 때도 있었다.

민경 페미니즘 글을 올리니까 남자 팔로워가 진짜 후드득 떨어지더라고요. 한 번 관련 글을 올린 적 있는데 후드득 떨어졌어요. 제가 뭔가 잘못 올렸다가 소문이 잘못 나면 학교 다니는 게 힘들어질 수도 있겠다는 생각까지 들었어요.

혜주 아예 모르는 사람이면 솔직히 팔로워 한두 명 떨어져도 신경을 안 쓸 텐데, 저는 아는 사람만 친구로 해놓잖아요. 그러니 친구를 끊었다는 건 나를 보기 싫어서라는 게 돼요. 그러다 보니 약간 신경이 쓰이는 편이에요. 팔로워 수 자체는 신경을 안 쓰지만 누가 제 팔로워를 끊었는지는 궁금한 거죠.

윤희 예전에는 제 친구더라도 성차별적으로 생각하면 친구를 끊으라고 글을 올렸어요. 그랬더니 실제로 팔로워가 점점 줄더라고요. 제가 친해진 동기들이 있었는데 그 당시에 제가 올린 글을 보고 '약간 무섭다, 너무 화가 많다. 피해야겠다고 생각했다'고 이야기하기도 했어요.

인스타그램은 계정 상단에 '팔로잉 수'와 '팔로워 수'를 고정시켜 놓아, 관계의 변동을 시시각각 의식할 수밖에 없는 UI를 구성한다. 인터뷰이들은 글을 쓴 후 얼른 프로필 페이지로 돌아가 새로고침을 하며 팔로워 수 변동을 실시간으로 확인했다. 인스타그램을 하는 기본적인 동기는 자신의 이미지를 긍정적으로 변화시키는 데 있다. 그리고 페미니즘 글을 게시하는 것은 이 목적에 더 이상 완벽할 수 없게 반하는 일이다. 인터뷰이 대부분은 온라인에서 해시태그를 타고 들어온 모르는 사람들에게 페미니스트라는 이유로 공격을 받아본 적이 있었지만 큰 상처를 입지는 않았다. 진짜로 두려운 건 모르는 사람들의 맥락 없는 욕설이 아닌, 나를 아는 사람들에게 미움을 사는 일이다. 누군가 나와 절교하고 싶어 하는 순간을 가시적으로 확인하는 경험은 아무리 반복해도 익숙해지기 어려웠던 것이다.

또한 페미니즘 글을 쓰는 것이 자신의 평판뿐 아니라 '페미니즘'의 평판을 해칠 위험도 존재했다. 게시글에 달리는 댓글을 모두 볼 수 있기 때문이다. 인스타그램에서 이뤄지는 모든 대화는 관중이 있는 무대 위 공연처럼 진행된다. 누군가 게시글의 논리가 이상하다고 댓글을 달거나 오류를 지적했을 때 제대로 대응하지 못하면, 이것은 게시자 혼자 상처받고 끝나는 문제가 아니라 페미니즘 사상 자체가 모욕당하는 일이 될 수 있다. 그런 상황이 오면 그간 쌓아온 구글링 능력을 총동원해 반박하지만, 결국 모두가 잠든 새벽에 슬그머니 게시글을 삭제하는 치욕을 안아야 할지도 모른다. 이 때문에 여성들은 모욕의 위험을 최소화하기 위한 방책으로 '스토리' 기능을 활용하기도 했다.

재아 스토리의 등장이 커요. 스토리는 올려도 24시간 안에 사라지니까 사람들이 더 자유롭게 글을 올릴 수 있게 된 거죠. 스토리가 인스타그램 업로드에 대한 심리적 장벽을 낮춰놓았죠. 아무것도 안 올리는 것과 피드에 게시글을 올리는 것 사이에 무언가를 만들어준 거니까요. 이제 편히 그냥 쓱 올려도 글이 24시간 되면 사라지잖아요. 꼭 페미니스트라고 하면 좌표 찍고 와서 공격하는 찌질이들이 있거든요. 다른 사람의 소통의 장에서 머리채 잡고 싸움하고 싶지는 않아서 그런 걱정이 들 때는 스토리로 페미니즘 글을 많이 올려요.

스토리는 피드와 별도의 공간에 게시되기에 피드의 콘셉트를 해칠 우려가 없다. 또한 게시글보다 휘발성이 강해 부담이 적다. 스토리는 공개 범위를 설정할 수 있을 뿐 아니라 글에 대한 반응을 자신과 발송자 둘만 볼 수 있어 안전하다. 스토리는 인스타그램에서 위험 부담을 최소화하며 페미니즘을 소개할 수 있는 유용한 전략으로 활용되었다.

이미지 관리와 페미니즘의 타협점, 인생샷

여성들은 부정적 평판에 대한 위험을 무릅쓰고 페미니즘을 지지하는 글을 올렸다. 그런데 여성혐오를 반대하는 입장을 드러낸 이들은 다시 페미니스트 혐오에 직면하게 된다(앞에서 언급한 국가인권위원회의 조사에 따르면, 온라인 혐오 대상 1위는 여성, 3위는 페미니스트였다). 여성운동이 등장한 이래로 페미니스트에 대한 낙인은 늘 여성들을 위축시켜왔다. 페미니즘 사전에까지 등재된 "나는 페미니스트는 아니지만 증후군"은 그런 경향을 잘 보여주는 사례. 이는 "성차별이 존재하고 여성이 그로 인해 고통받고 있다는 것을 분명히 알기에 페미니즘의 필요성에는 충분히 동의하지만 페미니스트로 인식되기 싫어하는 경향"을 말한다.[8] 한국에서 페미니스트에 대한 분노는 2000년대 초반 군가산점제 폐지 사건부터 본격화되기 시작해, 호주제가 폐지되고 여성 할당제가 도입되며 심화되었다. 그리고 최근에는 "페미니스트에 대해 'not'으로 종결 짓지 않고 'but'을 병기한 남(여)성이 있었던 과거가 황송하게 여겨질 만큼"[9] 혐오가 한층 더 심각한 차원으로 도약했다. 페미니스트에 대한 폭력을 용인하고 부추기는 사회적 분위기 속에서 페미니스트는 마음 놓고 함부로 대할 수 있는 대상이 되었다. 페미니스트라는 '낙인'이 찍힌 여성은 일자리를 잃었고, 소속집단에서 배제당했으며, 길거리를 걷다가 욕을 먹고 폭행을 당했다. 공인들의 페미니즘 지지 여부를 확인하는 '체크 페미'라는 사이트가 등장했고, 페미니스트들이 자주 쓰는 표현을 사용했다는 이유로 심각한 수준의 사이버 불링을 당한 BJ와 가족이 숨을 끊는 일도 벌어졌다.

페미니스트에 대한 낙인은 일상 곳곳에서 너무나 구체적인 위협으로 등장하기에, 과거의 여성들은 페미니스트라는 이름을 부정했다. 반면 지금의 청년 여성들은 이제 용감하게 자신이 페미니스트라고 선언한다. 그렇다면 이들은 무엇으로 자신을 지킬까? 이들은 페미니스트라는 이름을 긍정하는 대신, 아름다운 인생샷을 꺼내든다.

영기의 이야기부터 들어보자. 그는 페미니즘을 언급하는 '타이밍'을 신경 쓰고 있었다.

영기　사람들이 페미니즘에 대해 보내는 시선이 문제인 걸 알고 잘못됐다는 걸 아는데, 제가 섣불리 '그렇게 생각하면 안 되지'라고 페미니즘 얘기를 해버리면 저도 낙인찍히고 그 사람도 납득시킬 수가 없잖아요. 섣불리 제 의견을 얘기해서 인간관계에서 배제당한다면 그건 제가 원하지 않는 일이기도 하고요. 또 아무리 제가 나중에 그렇게 그럴 듯한 설득력 있는 논거를 가지고 와서 이야기하려고 해도 그때는 들어주지 않을 테니까요.

"나는 페미니스트는 아니지만"은 말의 신뢰성을 높이려는 전략이다. 우리 사회의 발언권은 모두에게 공정히 분배되지 않는다. 발화의 내용은 발화자의 권위에 따라 다르게 평가받는다. 사람들은 "무슨 일 하세요?" "어디 학교 나오셨어요?" "어느 동네 사세요?"라고 물으며 상대방의 말을 평가할 기준점을 확보한다. 답변에 따라 발언의 중요도도 다르게 평가받는다. 상대방이 좋은 직장에 다니면, 명문대 출신이면, 좋은 동네에 살면 신뢰도는 올라간다.

따라서 "나는 페미니스트는 아니지만"은 그 말을 꺼내는 타이밍이 중요하다. 이 말을 먼저 꺼내야 그다음에 따라올 말의 신뢰도를 확보할 수 있기 때문이다. 같은 맥락에서 영기는 만난 지 얼마 안 된 상대에게 페미니즘 이야기를 꺼내면 상대가 마음을 닫아버릴 수도 있다고 여겼다. 그래서 아름다운 사진과 수준 높은 책이 담긴 사진 등을 보여 자신의 매력을 상대에게 확실히 각인시킨 후에 페미니즘을 이야기하는 전략을 활용했다.

한별과 윤희는 보다 본격적으로 "예쁜 페미니스트"의 모습을 보여주고 싶었다고 했다.

한별 예쁜 페미니스트가 말하면 좀 더 다가가기 쉽다고 생각했고, 좀 더 먹힐 거라 생각했어요. 페미니스트이기 이전에 여자로서 그 사회에 들어가려면 일단 기본적인 꾸밈을 해야 해요, 기본적인 꾸밈. 사귀는 것까지는 아니지만 이성으로서의 매력이 있어야 더 어필할 수 있는 거죠. 제가 이걸 대학 1~2학년 때 이미 체득했고, 그게 페미니스트로 넘어왔을 때도 똑같다고 생각을 했던 것 같아요. 얘기하고 싶은 게 있으니까 더 완벽한 나의 모습에 집중하게 되는 거죠. 아니면 들어주질 않으니까요. 내가 꿈꿔온 커리어우먼, 되게 멋있는 대학생 언니에 대한 이미지가 있잖아요. 그걸 구현하면서 저를 정말로 잘 가꾸고 잘 통제하는 사람이 페미니즘 이야기를 했을 때, 더 잘 먹히지 않을까 생각했던 것 같아요.

윤희　예쁜 사람이 페미니즘 가치관을 많이 적극적으로 드러내는 게 도움이 된다고 생각했어요. 제가 뭐 타고나게 예쁜 건 아니지만요. 사람들이 예쁘다고 많이 집중해주는 저 같은 사람일수록 더 총대를 메고 페미니스트로서 활발하게 말해야겠다는 책임감을 가졌던 것 같아요. 그 당시에 엄청 공격적인 페미니즘 글을 많이 올렸는데, 제 계정을 보면 '○○대 의대생' 이렇게 쓰여 있고 제 이름도 나와 있고 제 실제 친구들도 다 추가돼 있는 계정이다 보니 제 사진을 올릴 때가 있잖아요. 그때 완전 보정해서 예쁘게……(웃음)

인생샷은 여성들에게 두 가지 측면에서 유용하게 활용되었다. 첫째는 개인적 차원에서, 사람들이 "페밍아웃"을 들은 후에도 자신에게 여전히 매력을 느껴 쉽게 떠나지 않도록 하는 것이다. 인스타그램에서의 '팔로워 취소'는 온라인에서의 관계 단절을 넘어 오프라인 관계의 변화로 이어진다. 또래 집단에서 배제되지 않기 위해서는 자신이 가진 매력 자원을 총동원해야 한다. 아름다움은 그중에서도 단연 힘이 센, 페미니스트라는 부정적 이미지를 일부 '상쇄'할 수 있는 자원이다.

두 번째는 운동의 차원에서, 페미니스트에 대한 긍정적

이미지를 전시하는 것이다. 성차별의 실재를 인정하지 않는 이들은 구조적 차별을 열등한 여성 개인의 문제로 치부하는 전략을 자주 사용한다. 네가 못생겨서, 멍청해서, 무능해서, 뚱뚱해서, 남자들에게 사랑받지 못해서 미움받은 것이지 결코 성에 따른 차별은 아니라는 것이다. 따라서 여성들은 차별의 이유가 자신이 아니라 구조에서 기인한다는 점을 증명하고자 한다. 이를 위해서는 개인적 무능이 원인으로 지목될 수 있는 변수를 모두 소거해야 한다.

이것을 잘 보여주는 사례가 초기 메갈리아에서 있었던 기부 팔찌 인증 사건이다. 여성들이 메갈리아 팔찌를 찬 손을 인증하는 캠페인을 벌인 적이 있는데, 이때 남초 커뮤니티에서 몇몇 통통해 보이는 손 사진을 악의적으로 조작 및 공유하며, 역시 메갈리안들은 다 '쿵쾅이'이고 뚱뚱한 여성들이 사랑받지 못해 페미니스트가 된 것이라고 주장했다. 문제는 이러한 반응에 여성들이 위축되었다는 점이다. 심지어 여성들 사이에서 통통한 여성은 페미니스트 인증을 자제하라는 주장까지 제기되었다. 이 사건은 페미니즘 운동에 '민폐'가 되지 않기 위해서는 특정한 자격 요건을 충족시켜야 한다는 인식을 확산시킨 계기였다.

인생샷은 바로 그 '자격 요건'과 연관이 있었다. 여성들은 인생샷을 통해 자신이 사랑받지 못해 페미니스트가 된 것이 아니며, 아름다운 여성조차 성차별을 겪는다는 점을 증명하고자 했다. 말하자면, 이들은 여성을 인간으로 인정하라고 주장하기 위해 먼저 자신의 여성됨을 증명하고 있었던 것이다.

2. 페미니스트의 인생샷, 탈코르셋

인스타그램의 게시물은 팔로워들의 가상 참여와 함께 만들어진다. 여성들은 자신이 보이고 싶은 모습과 팔로워들의 기대 사이를 의식적이고 무의식적으로 조율하며 게시글을 올린다. 피드 위 인생샷과 페미니즘의 공존은 그렇게 가능해진다. 반면 인스타그램에는 팔로워들의 시선을 전혀 신경 쓰지 않는 듯 보이는 여성들도 존재한다. 바로 탈코르셋 실천 여성이다. 앞서 본 여성들이 친구들의 반응을 의식하며 페미니즘을 이야기했다면, 이들은 페미니즘을 온몸으로 체현했다. 머리를 삭발하거나 화장품을 부순 이미지를 게시했다. 이것은 어떻게 가능했을까?

지금껏 탈코르셋 운동은 미적 억압의 탈피라는 부분에

서 조명될 때가 많았다. 이 장에서는 이들이 맺고 있는 '관계'에 주목해 운동을 살펴보려고 한다. 언뜻 과격해 보이는 모습들은 탈코르셋 여성이 오로지 신념만을 쫓는, 사회와 무관한 특수 존재인 것처럼 여겨지게 한다. 그러나 사회와 무관한 사람은 없다. 또한 이미지 관리는 단순히 타인에게 주목받고 싶은 사치스러운 욕망이 아닌 사회적 존재인 인간이 안정적으로 일상생활을 영위하기 위한 필수적인 행위다. 특히 20대는 노동시장에 본격적으로 진입하는(준비를 하는) 시기이기에 평판이 더욱더 중요하다.

탈코르셋 여성들은 몇 해 전까지만 해도 친구들과 인생샷을 '건지기' 위해 한 번에 100장씩 사진을 찍으러 다녔다고 했다. 사진 보정에 공을 들이던 여성들은 어떻게 갑자기 인스타그램에 전혀 다른 셀카를 업로드한 걸까? 이들은 어떻게 페미니즘 글을 올리자마자 팔로잉 취소를 누르는 친구들 앞에서 덤덤해질 수 있었을까? 인스타그램 한쪽에 인생샷 찍는 페미니스트가 있다면 다른 한쪽에는 탈코르셋 사진을 찍는 페미니스트가 있다. 지금부터는 페미니스트의 또 다른 셀카인 탈코르셋에 대해 이야기해보려고 한다.

먼저 2010년대 중후반의 디지털 공간을 살펴보며 탈코르셋 운동이 전개된 과정을 따라가보자. 당사자들의 목소리에 귀 기울이지 않을 때 운동은 평가나 진단의 대상으로 전락할 뿐 이해받지 못한다. 페미니즘에 계보와 역사가 있듯, 탈코르셋 운동에도 맥락과 서사가 있다.

메갈리아와 '미러링':
'얼평'의 대상이 된 남성들

탈코르셋 운동은 2018년부터 대중적인 주목을 받았지만, 사실 메갈리아가 탄생한 2015년부터 '코르셋'과 아름다움에 대한 논의는 계속 이어져왔다. 여성학 연구자 김리나는 초기 메갈리아 사이트를 관찰하며 '코르셋' 논의가 진행되어온 과정을 분석했다.[10] 메갈리아가 10~20대 여성을 주축으로 만들어졌던 만큼, 아름다움과 외모 관리는 사이트 창설 단계부터 중요한 토론 주제였다. 메갈리아 이용자들은 여성이 주로 화장을 할 뿐 아니라, 여성의 외모가 남성의 평가 대상이 된다는 점에서 화장을 비롯한 꾸밈이 성차별적 사회구조의 산물이라고 생각했다.

초기 메갈리아의 전략은 그동안 여성에게 가해졌던 외모 평가를 남성에게 그대로 돌려주는 데 있었다. 이는 메갈리아에서 유행했던 '미러링' 어휘를 살펴봐도 알 수 있다. 당시 만들어진 유행어에는 '영앤리치 빅앤핸썸 톨앤머슬young and rich, big and handsome, tall and muscle'(어리고 부유하며 잘생기고 몸이 좋고 키가 크며 성기가 큰 남성을 지칭하는 은어), '더치페이스dutch face'(더치페이를 미러링한 단어로 남성이 여성만큼 꾸밈에 공들이지 않아 여남 간 외모 격차가 큰 상황을 비꼬는 은어) 등 남성의 외모를 지적하는 내용이 많았다. 또한 메갈리안들은 한 안경점에서 만든 이미지를 이용해 한국 남성의 '표준' 외모라는 '십이한 남'(한국 남성들이 외모를 꾸미지 않아 거의 다 외모가 비슷하다는 점을 비꼬는 이미지) 짤을 만들어 조롱하기도 했다.

메갈리아 외부에서 남성에게 외모 강박을 되돌려주려는 시도가 있었다면, 내부에서는 과연 여성의 외모 꾸밈이 주체적인 것인가에 대한 치열한 토론이 벌어졌다. 남성에게 외모 억압을 덧씌우려는 시도는 여성을 자유롭게 하지 못할 뿐 아니라, 결과적으로 사회 전반에서 외모의 영향력을 확대하는 방식이었기 때문이다.

'쎈 언니'와 '보랑캐' 메이크업:
새로운 아름다움을 찾아서

'여성스러운' 화장이 남성적 시선을 반영한 것이라는 지적이 제기되자 시도된 것이 '쎈 언니' 혹은 '보랑캐' 스타일의 메이크업이다. '보랑캐'는 '보지'와 '오랑캐'의 합성어로, 청순한 화장과 대비되는 무서운 느낌의 화장법을 일컫는다. 예를 들면 쇠못이 박힌 가죽 소재의 옷이나 어두운 계열의 화장품을 활용한다. 재아는 여초 커뮤니티에서 외모 관리 담론이 변화해왔다고 이야기했다.

> **재아** 사실 여초 커뮤니티에서 맨 처음에는 주체적 꾸밈을 되게 강조했거든요. 초기에는 '나는 남자들한테 보여주기 위해서 꾸미는 게 아니라 내가 만족하려고 꾸미는 거야!'라는 점을 강조했어요. 그다음으로 나온 페미니즘 논의가 그거였어요. '네가 진짜 네 만족을 위해 꾸미는 게 맞아?' 묻는 거요.

여초 커뮤니티는 원래 애교를 부리는 방법이나 청순한 화장법 등 남성에게 호감을 사기 위한 다양한 '생정'(생활 정보)이 공유되던 곳이었다. 그런데 페미니즘 열풍이 분 후 분위기가 180도 바뀌었다. 뷰티가 학습 대상이 아닌 토론 주제가 된 것이다. 민경은 과거에 청순한 콘셉트를 추구했지만, 페미니즘을 접하고 외모 꾸밈을 고민하는 과정에서 "남자들이 싫어하는 무서운 누나"이자 "쎈언니 콘셉트의 다 죽여 스타일 페미니스트" 메이크업을 시도해본 경험이 있다고 했다. "옷을 일단 머리부터 발끝까지 까맣고 강해 보인다고 생각했던 것으로 입고, 머리도 이쪽을 밀어서 넘기고, 화장도 두껍고 진하게 남자들이 싫어하는 식으로" 했다. 또한 "레더진을 입고 힐도 이만한 거 신고 스카쟌 용이 그려진 걸 입고" 다녔다.

초반 코르셋 논의의 주요 논점은 외모 관리의 주체성에 있었다. 코르셋 논의는 주체성 대 억압의 구도 안에서 화장이 과연 '코르셋'인지 아니면 '자기만족'인지와 같은 질문을 중심으로 이뤄졌다. 이때까지 메갈리아에서는 화장을 단순히 억압적 행위로 치부하며 비판하는 것을 지양하는 분위기가 존재했다. 비록 여성의 화장 행위가 성차별적 구조에 공모하는 것일지라도 ""보지"의 행위에 대해 "고나리(참견)" 해서는 안 된다"는 암묵적 합의가 있었기 때문이다.[11] 메갈리아에서는 화장도 여러 종류가 있으며 맥락과 상황에 따라 그것이 다른 의미로 해석될 수 있다는 점을 공유했다. 또한 화장이 진정 자기만족인가에 대해 고민하는 성찰이 필요하다고 이야기했다.

디지털 성범죄와 '위험한' 코르셋:
'성적 대상화'로서의 아름다움

외모의 다양한 스펙트럼을 실험하던 분위기가 한순간에 '탈코르셋'이라는 하나의 정답으로 모이게 된 계기는 무엇일까?

'주체성'을 중심으로 욕망과 억압 사이를 무한 왕복하던 코르셋 논의에 '성폭력' 문제가 개입하기 시작하면서부터다.

2017년과 2018년에 디지털 페미니즘 운동의 가장 큰 화두는 불법촬영과 디지털 성범죄 문제였다. 웹하드 업체가 디지털 장의 업체 및 필터링 업체를 겸하며 성범죄를 이용해 다중의 수익을 얻어왔음이 드러났다. 당시 웹하드 사이트를 통해 유포된 음란물은 무려 388만 건에 달했고, 웹하드 업체는 4년 6개월간 350억 원에 달하는 수익을 거뒀다.[12] 이 문제는 사설 웹하드 업체뿐 아니라, 여성의 몸을 돈벌이 수단으로 이용하는 성착취적 산업 구조 및 디지털 성폭력 문제와 얽혀 있었지만, 사회는 웹하드 업체 대표를 괴물로 만들어 이를 개인의 문제로 축소하려 했다. 분노한 여성들은 디지털 성범죄를 공론화하고 제대로 된 해결방안을 마련하기 위해 최선을 다했다. 국내 및 해외 언론에 적극적으로 제보하며 남성들의 왜곡된 성인식과 여성의 피해를 가시화했고, 디지털 성범죄를 규탄하는 '불법촬영 성 편파수사 규탄 시위'를 6차까지 개최하며 30만 명이 넘는 여성을 모았다.[13] 가해자들의 수사와 처벌을 요구하는 청와대 청원에도 20만 명이 넘게 모였다.

디지털 성범죄와 불법촬영의 문제가 가시화되고 성폭력

에 대한 인식이 각성된 상황에서, 코르셋은 성적 위험과 결부된 것으로 재독해되기 시작했다. 당시 상황을 보도한 기사는 '몰카' 문제가 수면 위로 떠오르며 SNS에 탈코르셋 인증 열풍이 불었다고 기록한다.[14] 또 다른 기사에서는 탈코르셋 운동과 함께 '홀복 논란'이 지펴졌다는 점을 조명한다. 여성 일상복이 성판매 여성이 주로 입는 '홀복'과 유사하다는 점이 지적되며 탈코르셋 운동이 거세졌다는 것이다.[15] 불법촬영 규탄을 목적으로 주최된 '불편한 용기' 시위에서는 삭발식이 거행되었는데, 당시 참여자는 삭발의 목적이 탈코르셋 실천과 더불어 "더 이상 여성이라는 이유로 성적 대상화되는 것을 거부"하는 데 있다고 주장했다.[16] 해당 시기에 유행했던 단어에서도 코르셋과 성폭력의 위험을 연관 짓는 관점을 찾아볼 수 있다. '시선 강간'(남성들이 여성의 외모를 품평하거나 성적인 맥락을 담아 쳐다보는 것)이라는 용어가 널리 쓰였고, 볼터치 화장은 여성이 성적으로 흥분한 상태처럼 보이게 해서 남성에게 섹스어필을 하기 위함으로 설명했다. 탈코르셋 운동에 큰 영향을 미친 유튜버와 웹툰 등은 여성들이 '주체적 섹시'라는 허상에서 벗어나, 스스로의 관점을 되찾고 성폭력의 위험으로부터 안전해져야 한다고 주장했다. 과거 코르셋의 문제점이 '가부장제의 억압'과 같이 다소 추상적인 단어로 설명되었다면, 이제 코르셋의 위험성은 보다 구체적으로 설명되기 시작한 것이다.

성폭력으로부터 안전해지고 싶다는 절박한 인식은 과거에 비교적 유연하게 접근했던 아름다움에 대한 입장을 바꿔놓았다. 쎈언니 메이크업이든, 청순한 메이크업이든, 조금이라도 미적인 실천과 연관된다면 모두 성적 욕망의 대상이 될 수 있다는 점에서 다를 바가 없다는 결론에 다다른 것이다.

> **민경** 사실 저는 탈코르셋 전에도 남자들이 싫어하는 무서운 쎈누나 콘셉트였기 때문에, 남자들이 싫어하는 진한 화장한 사진만 올렸어요. 그러면서도 사실은 남자들에게서 모종의 반응을 기대하고 있었다는 점에서는 [청순한 화장과] 맥락이 비슷하다고 생각합니다. 결국에는 다른 사람들이 예쁘다고 좋아해줄 사진을 올린 거니까요.

민경은 탈코르셋 운동의 지향점이 그 어떠한 외모 꾸밈도 하지 않는 데 있다고 했다. 예를 들면 10년 동안 사용할 여권 사진이 추레하게 나와도 신경 쓰지 않는 정도가 되어야 한다는 것이다. 그는 탈코르셋을 한 후 "남성으로 패싱"이 되자 좀 더 "안전"해진 기분이 든다고 했다. 민경의 단호한 주장에는 여성적 외모가 '위험'할 수 있다는 인식이 깔려 있었다. 탈코르셋 운동은 여성에게 가해지는 외모 억압뿐 아니라, 국가와 사회가 여성의 몸을 이용해온 방식에 대한 문제의식도 벼리고 있었다. 여성들은 여성적 표식을 거부함으로써 피해 가능성을 최소화하고 성폭력으로부터 안전해지려 노력하고 있었다.

남성에 대한 불신과 생애 전망의 변화:
4B운동의 부상

여성성이 성폭력의 위험과 맞닿아 있다는 인식은 자연스레 이성애 각본을 탈출하는 것으로 연결되었다. 탈코르셋 운동은 비혼·비연애·비섹스·비출산을 뜻하는 4B(4非)운동으로 이어진다. 특히 3B의 시발점이 되는 이성 연애는 '혐애'(혐오스러운 연애)로 불리며 각종 여성 커뮤니티에서 '이성애 연애 전시 금지'라는 합의된 규범을 이끌어냈다. 잠시 한국사회에서 비연애 및 비혼 담론이 출현한 배경을 살펴보자.

오랫동안 여성의 지위는 남성과의 사적 관계에 따라 결정되어왔다. 여성들은 권력에 직접 접근하기 어려웠기에, 권력을 가진 남성의 사랑(보호)을 경유해 자신의 가치를 입증하고 사회에 소속될 권리를 얻었다. 반대로 남성에게 인정받지 못하는 여성은 일·가정·경제·관계·주거·안전·생존 등 모든 면에서 불이익을 당하고 위험한 상황에 놓였다. 따라서 여성들은 남성의 마음에 들기 위해 노력함으로써 남성과 연결된 각종 사회적 자원을 간접적으로 획득해왔다. 가부장 사회는 사랑받을 만한 여성과 그렇지 않은 여성을 구분함으로써 여성을 통치해왔던 것이다.

전통적 이성애 관계는 근대 사회에 들어 서서히 해체되기 시작한다. 여성학 연구자 임국희는 1990년대 중후반에 서울 대학가에서 활동했던 영페미니스트들의 연애관과 현재의 비혼 담론을 비교하며 이성애 관계가 변화해온 맥락을 살펴보았다.[17] 당시 영페미니스트들은 '사적인 것이 정치적인 것이다'라는 구호하에 이성애 중심주의와 연애 각본, 정상 가족 이데올로기, 결혼제도 등에 대해 신랄하게 문제를 제기했다. 반면 이들은 연애에 대해서는 비교적 개방적인 태도를 취했는데, 연애는 결혼과 다른 독립적 실천으로서 이를 통해 자신의 자율성을 실현할 수 있다고 생각했기 때문이다. 1990년대는 여성들의 사회 진출이 본격화되며 '골드미스'라는 단어가 유행하던 시기다. 골드미스는 높은 학력과 경제적 능력 등, 독립적으로 생활할 수 있는 여건을 갖춘 30대 여성을 일컫는다. 당대 여성들은 자신이 일과 가정을 모두 취할 수 있을 뿐 아니라, 그 사이의 모순을 충분히 조율할 수 있다고 생각하는 자신감도 가졌다.[18] 이들은 공적 영역과 사적 영역을 충분히 통제할 수 있다는 생각을 기반으로 자위, 섹스 등 여성의 성적 자유에 대해 활발하게 토론하고 다양한 섹슈얼리티를 실험했다.

그러나 2000년대를 지나며 여성들은 공적·사적 영역에서 모두 회의를 느끼기 시작한다. 남성이 임금노동을 하고 여성이 가사노동을 하는 성별분업 제도는 구조적 불평등을 재생산할지라도, 개인에게 보장하는 젠더보상 체계가 있기에 유지되어왔다. 하지만 현대사회에서 이 제도는 더 이상 유효하지 않다. 남성의 수입만으로 가계를 꾸리는 것이 어려워졌을뿐더러, 연애 관계에서 벌어지는 각종 폭력이 여성들에게 위협적인 것으로 가시화되었기 때문이다. 특히 디지털 성범죄 문제는 여성들이 남성에 대한 신뢰를 잃어버리는 핵심 계기가 되었다. 이제 청년 여성들에게 연애는 경제적·사회적 보상을 제공해주기는커녕, 노동시장으로 진입하기 어렵게 하거나 성적 폭력의 위험을 지닌 비합리적인 선택에 가까워졌다.

2부에서 보았듯, 일부 여성들은 남성에게 인정을 얻기 위한 수단으로 아름다움을 추구한다. 남성이 더 이상 유의미하지 않고, 잘 보이고 싶은 대상이 아니면 아름다움은 자연스레 힘을 잃는다. 한별은 대학생 때 남자 동기에게 술 먹고 강제 키스를 당한 적이 있었다고 했다. "전혀 상상하지 못한 일이었고 저를 하나도 배려하지 않은 일"이었기 때문에, 다음 날 입이 너무 아프고 고통스러웠다. 그런데 한별은 친구랑 이 사건에 대해 이야기하며 "내가 너무 인기가 많아서 당한 일"인 것처럼 "스스로를 소비"했다고 했다. "만약 지하철에서 지나가다가 누가 내 엉덩이를 만졌다면 그건 성추행으로 인식했을 것 같은데" 아는 사람에게 당하니 오히려 이 사건을 "영웅담" 삼아 자랑했다는 것이다. 남성들의 동의 없는 성적 접촉은 폭력으로 인식되기도 하지만, 때때로 자신이 성적 매력을 지닌 존재로서 '선택'받았다는 자부심이 되기도 한다. 한별은 탈코르셋을 거치며 이 사건을 '폭력'으로 다시 해석했다고 이야기했다. 그에게 남성들로부터 얻은 인기는 더 이상 자랑의 대상이 아닌, 오히려 위험하고 불쾌한 것으로 여겨졌다.

코르셋 논의는 여성에게 강요되는 아름다움을 문제제기하는 것에서 시작했지만, 여성의 삶 전반에 대한 문제의식으로 확장되었다. 탈코르셋은 외모 관리의 궁극적 목적이었던 남성의 선택과 인정, 그리고 결혼으로 이어지는 정상 생애 기획을 포기하는 결단과 맞닿아 있었다. 이것은 자기 안에서 과대 평가되어 있던 남성 존재를 축소시키고, 그만큼 위축되어 있던 자신의 목소리에 귀 기울임으로써 이뤄졌다. 탈코르셋은 나·관계·미래·삶을 총체적으로 새롭게 전망하는 결과로 이어졌다. "'여성은 왜 당연히 화장을 하는가?'라고 물었을 뿐임에도 여성들은 자신의 삶에 대한 전제까지 다시 물었"던 것이다.[19]

사진에 대한 태도 변화:
'흑역사'가 된 인생샷

연구 참여자들은 탈코르셋을 결심한 후 사진을 대하는 방식도 변했다고 했다. 이들이 가장 먼저 한 일은 과거에 올린 인생샷을 지우는 것이다. 이들은 이미 아름다움에 대한 다양한 고민 과정을 거쳐 탈코르셋이라는 결론에 도달했기 때문에, 더 이상 아름다움을 둘러싼 논쟁에 마음을 쉽게 빼앗기지 않는다. 민경과 재아는 과거에 올렸던 "코르셋 조인" 사진을 "너무 부끄러워서", "수치스러워서", "현타를 맞아서", "아픈 애 같아 보여서" 모두 지우거나 비공개 처리했다. 재아는 "앞으로 나가던 사람들이 뒤로 돌아"가면 안 된다는 마음으로 인생샷을 삭제했다고 했다.

재아　예전에 올린 예쁜 사진을 보면 좀 수치스럽더라고요. 예쁜 척하는 사진은 다 비공개 보관함으로 옮겨버렸어요. 사실 탈코를 해야겠다고 생각하면서 탈코 사람들을 다 팔로우해놨어요. 그러면서도 마음이 흔들렸던 게 사실 인스타그램에 있는 예쁜 사진들 때문이었거든요. 그런 걸 보면 '아, 다시 머리 기를까?' 하는 생각이 많이 들었어요. 지금 면접이 얼마 안 남아서 머리가 안 묶일까봐 숏컷 하는 걸 조금 기다리고 있거든요. '숏컷을 진짜 빨리 해야지, 면접 끝나면 해야지' 생각하다가도 예뻤던 모습을 보면 진짜 갑자기 확 흔들려요.

재아는 아직 숏컷을 하지 않았고 가끔 화장도 하고 연애도 하고 있기에 "완벽한 탈코르셋"을 하지 않았다고 생각한다. 그러나 그는 다른 여성들을 흔들리지 않게 하겠다고 다짐하며 예쁜 사진을 올리지 않는 방식으로 탈코르셋 운동에 동참했다.

예쁜 사진을 올리지 않는 게 첫 번째라면 자연스러운 사진을 올리는 게 두 번째다. 이들은 더 이상 인생샷을 '건지기' 위해 사전 기획을 하는 등의 준비 과정을 거치지 않는다. 대신 순간순간을 남기고 기록하기 위해 자연스럽게 사진을 찍는다.

혜주 예전에는 솔직히 진짜 하나하나 다 보정했거든요. 피부 하나하나. 턱선, 목, 팔뚝 등등이요. 어깨 넓은 게 정말 스트레스여서 다 수정했는데 요즘은 수정을 하나도 안 하고 그냥 원본 사진 그대로 그냥 올려요. 왜냐면 제 튼튼한 팔뚝이 자랑스럽다는 생각이 들어서요. 예전에는 숨기고 싶었는데 이제는 '나 이렇게 운동을 많이 해서 몸 키우고 만드는 거야. 복근이 이렇게 살짝 있는 것도 내가 튼튼하게 만든 거야'라고 생각해요.

한별 [탈코르셋 실천 전 사진을 보여주며] 이때랑 지금은 일단 표정부터 달라요. 지금 제 카톡 프로필사진[활짝 웃고 있는 사진] 같은 건 예전에 상상도 못했어요. 지금 저는 제가 활짝 웃고 행복한 게 좋은데 그때는 너무 싫어서 눈 부릅! 입 꾹! 했어요. 이 사진[얼짱각도로 찍은 사진]을 보시면 됩니다. '이뿌리하고 귀여운 나'에서 '존나 잘생긴 나'로 바뀐 거죠. 그리고 애초에 예전만큼 사진을 잘 안 찍어요, 요즘에는. 매일매일 변화하는 자신을 사진으로 기억할 필요가 없어서요.

혜주는 과거에 남성들이 좋아하는 '여리여리한' 몸을 갖고 싶었다. 여리여리해지기 위해서는 운동을 하되 근육은 생기지 않아야 한다. 그래서 그는 셀카에 나온 근육을 포토샵으로 지워 말라 보이도록 했다. 그런데 지금은 외모와 사진에 대한 관점이 완전히 바뀌었다. 혜주는 이제 근육 그대로를 자랑스럽게 전시한다. 한별은 이전에 "예쁜 페미니스트"를 꿈꿨던 여성이다. 그는 예쁘고 능력 있는 완벽한 여성 이미지를 전시하기 위해 "±2살 남성 지인"을 의식해 "눈 부릅! 입 꾹!" 하는 얼짱 각도로 사진을 찍었다. 하지만 이제 그는 자연스럽게 활짝 웃는 사진을 찍으며 몸을 있는 그대로 바라본다.

탈코르셋을 실천하는 과정에서 사진은 중요한 역할을 했다. 재아는 탈코르셋의 시작이 "셀카 어플 안 쓰기"였다고 했다. 한별 또한 탈코르셋을 다짐한 후 셀카 어플을 지우고 기본 카메라로 매일 얼굴을 정직하게 찍었다고 했다. 과거에 자신의 외모를 받아들이기 어려워 늘 보정된 상태로만 바라봤다면, 이제는 몸을 매력을 검열하는 대상이 아닌 그저 나 자신일 뿐이라고 이해한다. 매일매일 민낯을 확인하는 과정은 자신을 있는 그대로 받아들이게 해주었다. 심지어 한별은 매일 사진을 찍는 과정을 거쳐 이제는 사진 자체를 잘 안 찍는다고 했다. "매일매일 변화하는 자신을 사진으로 기억할 필요가 없"기 때문이다. 카메라뿐 아니라 거울을 보는 일도 줄어들었다.

반대로 탈코르셋을 한 후 오히려 사진을 더 많이 찍게 된
여성도 있다. 민경은 과거에 "무슨 짓을 해도 제가 원하는 모
습이 안 나"와서, "사진 찍는 것 때문에 내 여행을 망치는 것
같은 그런 느낌"을 받았다. "못생긴 내 얼굴이 여행을 망친
다"라고 생각했기에 여행을 가도 매번 뒷모습이나 얼굴을 가
린 사진을 찍었다. 그러나 탈코르셋 후 그는 "남는 게 사진"
이라고 생각했다. 누군가에게 추억 남기기이자 기록일 사진
은 많은 여성에게 콤플렉스의 근원이었다. 탈코르셋은 그런
자기혐오의 굴레로부터 해방시켜주었다.

탈코르셋 전시와 준거집단의 변화:
여성을 다시 보기

마지막 단계는 탈코르셋 사진을 인스타그램에 전시하는 것이
다. 인생샷 전시 여성들이 인스타그램을 페미니즘적 규율에
서 다소간 벗어나 있는 공간으로 여겼다면, 탈코르셋을 전시
하는 여성들은 운동을 전파하는 데 유용한 공간으로 인식했
다. 인스타그램은 이미지 중심의 공간이고, 인생샷 문화가 유
행하고 있어 운동의 타깃 상대가 많았기 때문이다. 탈코르셋
여성들은 아름다운 이미지로 가득한 인스타그램에 조금이라

도 균열이 생기길 바라며 머리를 짧게 자르고 화장품을 부순 이미지를 업로드했다.

> **민경** 우리가 성형 광고를 자주 접하면서 '아 성형 나도 할까? 진짜 나만 안 했나?' 하고 생각하듯이 탈코한 사람을 많이 보면 누군가는 영향을 받을 거라고 생각해요. 탈코르셋 이미지가 분명히 외모 강박에 대한 균열을 줄 수 있다고 생각해요.

> **한별** 탈코 전시가 제 지인들한테는 효과가 있을 수도 있다고 생각했던 것 같아요. 멀리 있는 사람이 탈코 전시를 하는 것보다 내가 아는 누군가가 하는 게 더 와닿지 않을까요?

인스타그램에 지인이 많은 상황은 두려움을 주기도 하지만, 반대로 페미니즘을 전할 사람이 그만큼 많다는 도전 의식을 불러일으키기도 한다. 인터뷰이들은 주변 사람들이 자신의 변화를 보고 자극받길 원하는 마음으로 사진을 올렸다. 그러나 기대와 달리 정반대의 반응이 돌아올 때가 많았다. 여성들은 게시글을 올린 후 주변 친구들에게 팔로우가 끊기고 부정적인 소문의 대상이 되었다. 그러나 관계를 잃은 것만은 아니다. 탈코르셋 사진은 주류 사회에서 부정적인 평판을 얻게 했지만, 페미니스트 친구들을 만날 수 있는 기회도 열어줬기 때문이다. 이것은 탈코르셋이 일정 부분 익명성을 포기하는 운동이기에 가능했다.

페미니스트로 '소문난' 여성의 사진은 무단 공유되어 외모 평가 및 성희롱을 당하는 경우가 잦기에, 많은 여성이 얼굴을 가리고 실명과 소속을 숨겨왔다. 반면 탈코르셋 여성들은 익명성을 과감하게 포기하고 얼굴을 드러냈다. 민낯을 드러낸 탈코르셋 셀카는 여성들을 위험에 노출시켰지만, 그만큼 같은 지향을 공유하는 이들과 서로를 빠르게 식별할 수 있는 기회를 열어주기도 했다. 여성들은 단 한 장의 셀카로 자신이 아름다움과 외모, 이성애 관계에 대한 탈코르셋 운동의 해석에 동의하는 사람이라는 사실을 드러낼 수 있었다. 탈코르셋은 여성들이 서로 어떤 입장을 가졌을지 '간을 보는' 과정을 최소화하고 빠르게 동료가 될 수 있도록 도와주었다.

여성들은 인스타그램에서 자신을 받아들이지 못하는 사람들을 떠나보낸 만큼 새로운 관계를 찾아냈다. 탈코르셋 셀카는 페미니스트인 자신을 받아들일 수 없는 사람을 떠나보내는 리트머스 시험지이자 새로운 '동지'를 찾는 매개체로 기능했다.

혜주 요즘 막 페미니즘이 화두에 오르지만 솔직히 지나가면 아직도 화장한 사람이나 머리 기른 사람이 더 많잖아요. 그런 걸 보면서 인스타그램 같은 데를 좀 더 찾는 것 같아요. 그런 데 가면 페미니스트들이 더 많으니까요. 현실에는 잘 없잖아요. 대화 나누기도 쉽지 않고요. 이런 데서는 그래도 뭔가 연대하는 느낌이 나고. 그런 부분은 SNS의 순기능이라고 해야 할 것 같아요.

보람 저는 친구들이랑 만나면서, 아니면 그냥 인스타그램 댓글들 같은 걸 보면서 페미니즘을 접해요. 탈코르셋을 한 사람끼리 서로 팔로우를 많이 해놨으니까 이쪽이 진짜 무리가 좁아요. 탈코르셋한 사람 인스타그램에 들어가면 뮤츄얼[함께 아는] 친구들이 10명씩은 떠요. 한 페미를 알게 되면 그 사람에게서 뻗어나간 다른 사람들을 또 팔로우하게 되니까 그런 식으로 유대 관계가 만들어져요.

여성들이 주변 사람들이 자신을 떠날 것을 감수하며 탈코르셋 사진을 전시하는 부분은 매우 중요하다. 자신에게 중요한 사람과 중요한 집단을 바꾸는 순간이기 때문이다. 준거 집단을 바꾸는 것은 사랑받음의 기준을 바꾸는 것이다. 탈코르셋 운동은 외모 억압으로부터의 탈피라는 점에서 주로 조명받았지만, 운동에서 정말 주목받아야 할 부분은 여성들이 준거집단을 여성으로 바꿨다는 점에 있다. 남성 중심 사회에서 여성은 귀여움, 청순함, 예쁨, 섹시함 등으로 가치를 평가받는다. 여성 또한 이런 기준을 내면화하기에 다른 여성들을 남성적 기준으로 평가할 때가 많다. 여자친구들을 인정의 대상으로 여기지 않기에 여성 간 갈등을 '질투'로 폄하하거나 심지어 여성에게 미움받는 것을 자랑스럽게 여기기도 한다. 평소에는 남자친구를 인생의 최우선 순위에 두다가 헤어졌을 때 잠깐 의존하는 상대로 이용하는 일도 있다. 그간 여성들의 관계는 너무 자주, 너무 쉽게 무너져왔다.

탈코르셋 여성들은 이제 남성이 아닌 여성에게 잘 보이고 싶어 했다. 이때 필요한 것은 멋있음의 기준을 새롭게 발명하는 일이다. 여성은 늘 외모로 평가받아왔기에 외모 외적으로 자신을 인지하는 일에 익숙하지 않다. 그래서 이들은 외모 밖의 입체적이고 유능한 모습을 발견하기 위해 노력하고 있었다.

민경 옛날에는 진짜 외모가 90%였다면 지금은 실험 노예라고 생각해요. 나는 실험을 열심히 하고 어느 정도 똑똑하고 영어도 잘하고 배우는 게 빠른 사람이라고 생각해요. 일부러 '나는 영어 천재다. 나는 화학 천재다' 그래요.

재아 그 질문을 많이 받았어요. "좋은 회사로 어떻게 이직했어?" 저는 이직한 게 좋았던 이유가 제가 앞으로 나아가고 싶어도 선례가 진짜 없었는데, 제가 그걸 만들었다고 생각하기 때문이에요. 30대, 40대, 50대 여성이 성공한 선례를 찾기가 엄청 어려워요. 성공하기도 어렵고, 성공한다고 해도 전시해주지 않아요. 근데 그런 면에서 이제 다른 사람들이 저와 함께 나간다는 게 되게 좋았죠. 제가 이제 제 여자 후배들에게 선례가 되어줄 수 있으니까요. 또 저뿐 아니라 다른 분야의 많은 사람이 좋은 선례가 되어줄 테니까 그게 되게 좋더라고요.

한별은 탈코르셋을 한 자신의 모습이 멋지지 않아 보일 때마다 페미니스트 친구들에게 사진을 보냈다. 그러면 "머리 너무 잘 잘랐다, 너무 멋있다"는 말이 곧바로 돌아왔다. 민경도 탈코르셋 후 친구들에게 도움을 많이 받았다고 했다. 친구들이 "지금 이렇게 편하게 있는 게 훨씬 행복해 보인다. 지금이 훨씬 좋아 보인다. 이런 얘기를 계속 해"주었던 것이다. 그는 "이 친구들 말고 너 왜 옛날처럼 안 꾸미고 다니냐고 하는 사람만 제 주변에 있었으면" 탈코르셋을 못했을 것이라고 말했다. 실제로 탈코르셋 운동과 함께 전국 곳곳에 비혼 여성들이 함께 모여 살아가는 다양한 여성 공동체가 등장했다. 비혼 여성 커뮤니티는 지역 여성들의 구심점 역할을 하며, 정치·경제·예술·문화 등에 걸쳐 다양한 경험을 공유한다.

탈코르셋을 한다는 것은 주류 사회로부터의 소속감과 인정을 포기하겠다는 의미다. 이것을 가능하게 한 바탕에는 서로를 믿고 지지해주는 여성 집단이 있다. 이들은 서로를 참조 체계로 삼으며 상대의 멋있음을 새롭게 발견했다. 강아지상 얼굴과 여리여리한 몸, 그리고 애교 있는 성격이 아닌 가능성과 패기, 용기와 담대함과 같은 새로운 기준으로 서로를 알아준다. 이들은 두려움을 딛고 사랑받을 수 있는 조건을 바꿈으로써 세상이 변화하길 꿈꾸는 중이다.

그러나 이들은 새로운 길을 택한 만큼 자주 불안해하기도 했다. 여성 간 관계는 사회적 지지를 받지 못하기 때문에 위태로워지기 쉽다. 한별은 비혼을 결심하고 여자친구들과 즐겁게 지내지만 어느 날에는 자신이 "우주에 혼자 남겨진 것 같은" 느낌이 들었다고 했다.

한별 나는 앞으로 결혼은 못할 텐데…… 동료가 낳은 아이 사진을 보니까 제게도 그렇게 하고 싶은 마음이 사실 있더라고요. 그런 것 때문에 눈물이 난 것 같아요. 또 그런 생각도 들어요. 제가 믿을 만한 것이 없잖아요. 그러니까 저를 경제적으로 막 푸시해주겠다는 사람이 없는데 제가 결혼이라는 제도까지 포기해버리면 가령 집은 어떻게 얻을 것인가, 하는 그런 불안이 드는 거죠. 결혼이라는 관계로 엮이는 게 싫으면서도, 엄마 아빠를 봤을 때 결혼을 유지하는 게 되게 힘들어도, 결혼으로 엮여 있으면 그것이 삶에서 믿을 만한 게 되어주는 것 같은 거예요. 그 안정감을 저는 포기하겠다고 하는 건데, 나라에서 고작 그 정도도 지원해주지 않는 상황이 가끔 진짜 불안하게 느껴진단 말이에요. 우주에 혼자 남겨진 것 같은 느낌이 드는 거예요.

탈코르셋 여성들은 남성적 시선의 허구성을 깨닫고 이로부터 벗어나 자신이 원하는 삶이 무엇인지 고민하고 추구할 기회를 얻었다. 이러한 변화는 여성들에게 자유를 가져다주었지만, 다른 한편 엄청난 불안을 불러일으키기도 했다. 억압은 안정과, 해방은 위험과 붙어 있기 때문이다. 여성들은 마치 대본 없이 무대에 오른 배우처럼 삶의 각본을 매 순간 스스로 써나가야 한다. 그 과정에는 많은 두려움과 어려움이 도사리고 있다. 이성애 규범성은 사회 곳곳을 잠식하고 있어 이를 벗어난 사람들을 비정상적인 존재로 취급한다. 평생 탈코르셋 여성들끼리만 모여서 살 게 아니라면, 자신을 하등한 존재로 취급하는 사람들을 거듭 마주할 수밖에 없다. 그래서 한별은 주변 친구들이 자신을 소중하게 여겨주는 것에 집중하며 중심을 잡으려고 애쓴다고 했다. 탈코르셋 여성들은 자신과 동료를 믿으며 새로운 생애 각본을 써나가고자 노력하고 있었다.

3. 인생샷과 탈코르셋의 차이점

탈코르셋 '비포'와 '애프터' 사이

탈코르셋 여성들은 일생일대의 변화를 겪어온 만큼, 아름다움을 추구하는 여성에 대해 강한 아쉬움과 서운함을 내비쳤다. 유감을 드러내는 과정에서 '여성이 남성을 흉내 내고 있다'거나 '남성의 심리적 노예 상태에 있다'는 식의 표현을 사용하며 그런 여성들을 강도 높게 비난하기도 했다. 이들은 탈코르셋을 실천하지 않으면 결코 페미니스트라고 할 수 없다며, 꾸밈을 지속하는 여성들이 하루 빨리 페미니즘적 '각성'을 해야 한다고 주장했다.

탈코르셋 운동의 강력한 주장과 언설은 비판받기도 했다. 여러 페미니스트는 이 운동이 일부 여성의 경험을 확대해 마치 모든 여성을 대표하는 것처럼 주장한다고 비판했다. 탈코르셋 운동은 '전'과 '후'를 도식적으로 구분해 모든 여성이 아름다움에 대해 단일한 경험을 하는 것처럼 가정하지만, 사실 이 서사에 완벽하게 들어맞는 여성은 소수라는 것이다. 실제로 아름다움은 초월적인 억압으로 작동하기보다 각자의 나이·건강·인종·계급·섹슈얼리티 등 구체적인 몸의 현실과 엮여 드러나기에 모두에게 동일하게 경험되지 않는다. 남성적 시선과 무관한 아름다움을 추구하는 여성도 있고, 아름다움을 노동과 생계의 수단으로 삼는 여성도 있으며, 아름다움을 추구하는 욕망 자체를 부정당하며 숨겨야 하는 여성도 있다. 탈코르셋 운동의 이분법적 서사는 다양한 몸의 서사를 누락한다는 한계를 갖는다.

그렇다고 해서 탈코르셋 운동의 아름다움에 대한 해석이 무가치한 건 아니다. 탈코르셋 운동은 다양한 여성의 경험을 포괄하지 못하는 만큼, 운동 참여자들과 비슷한 전제를 공유하는 이의 경험에 대해 설득력 높은 해석을 보여주기 때문이다. 특히 이 책은 애초에 인생샷이라는 외모 중심 문화에 적극적으로 참여한 적이 있는 여성을 인터뷰하여 쓰였기에, 인터뷰이들의 경험이 운동의 서사와 맥을 같이 하는 부분이 많았다. 인생샷을 전시하는 여성들은 탈코르셋 여성들의 비난을 부담스러워하면서도 그 핵심 주장과 필요성에 공감하는 모습을 보였다.

나는 바로 이 부분이 궁금했다. 탈코르셋 여성들은 운동 실천 여부가 개인의 페미니즘 인식에 달려 있는 것처럼 이야기해왔지만 실제로는 그렇지 않았다는 점 말이다. 유사한 경험을 공유하고 탈코르셋 운동의 해석에 동의할지라도 인생샷이라는 다른 선택을 한 여성들이 있었다. 이것은 개개인의 페미니즘 인식과 별개로, 탈코르셋이라는 특정한 외양을 실천하는 데 또 다른 요인이 개입될 수 있다는 점을 시사한다. 그렇다면 이 둘의 차이는 어디서 왔을까? 어떤 여성이 탈코르셋을 전시하고 어떤 여성이 인생샷을 전시할까? 인터뷰이들은 탈코르셋 운동의 선형적 서사에서는 볼 수 없었던 이야기를 들려주었다. 이들의 이야기를 직접 들어보자.

윤희는 학창 시절에 여학생과 남학생 모두에게 학교폭력을 당했다. 이때 받은 상처는 그가 페미니즘을 접하고 삶을 총체적으로 재해석하게 하는 계기가 되었다. 윤희는 페미니즘을 받아들이는 것이 "너무 쉬웠다"고 했다. 그는 SNS에서 성차별 발언을 하는 남성들에게 당차게 반박하고 치열하게 싸웠다. 그가 가진 학력과 아름다운 외모 등은 운동에 유용하게 쓰였다. 그는 온라인에서 성차별적 사회를 신랄하게 비판하고 여성과의 연대를 이야기하는 멋진 페미니스트였다. 그러나 스마트폰을 내려놓고 오프라인으로 돌아오면 조심스러워졌다. 과거에 받은 상처로 인해 여성들과 관계를 맺는 것이 여전히 쉽지 않았기 때문이다. 윤희는 여자보다 남자와 친해지는 게 더 쉽다고 했다.

윤희 [남자와 친해지는 게 더 쉽다고 느끼는 이유가] 저랑 친한 남자 후배가 얘기해주기를, 저를 욕하는 사람들은 다 하나같이 여자래요. 중고등학교 때도 저를 왕따시킨 주동자들은 여자들이고 남자들은 방관하는 식이었어요. 항상 제 적은 여자들이었던 거죠. 여자들은 솔직히 초반에 맘에 안 들면 같이 안 지내야지, 하면서 떨어져 나가는 경우가 많은데, 남자들은 어쨌든 얘가 예쁘고 옆에 있으면 좋으니까 그냥 두고 보면서 어떤 사람인지 알게 되는 경우가 많았던 것 같아요.

지효 그러면 그동안 여자들한테 힘든 일을 많이 당했는데,

여성 연대를 강조하는 페미니즘을 받아들이면서 어려운 점은 없었어요?

윤희 왕따 주동자가 다 여자였지만 사실 더 피해를 줬던 건 남자들일 수도 있겠다는 생각이 들어요. 제가 페미니스트라서 괴리감을 없애기 위해 정당화한 건지 모르겠는데, 어쨌든 때리기까지 한 건 남자였으니까요. 그리고 뭔가 남자들이 더 가식적이라 느꼈어요. 여자들은 처음부터 아 '너 싫어' 이랬는데 남자들은 처음에 잘 보이려고 노력하고 사귀자고 막 달라붙다가 여자들이 저를 왕따시키니까 자기네도 동참하고. …… 그래서 처음에는 괴리감이 좀 있었던 것 같아요. 그 괴리감을 이겨보려고 제가 이렇게 생각하게 된 건지도 모르겠네요.

윤희는 페미니스트로서 여성의 입장에 공감했지만, 한편으로는 자신이 여자친구들에게 당했던 일을 떠올리며 혼란스러워했다. 그에게 여성들은 추상적인 수준에서는 연대 대상이었지만, 실존하는 여성 개개인은 관계 맺기 쉽지 않은 상대였다. 그에게 여성은 함께하되 조금은 무섭고, 지지하지만 약간은 꺼려지는 존재였다. 반면 남성들과 관계 맺기는 조금 더 수월했다. 남자들은 예쁘면 쉽게 좋아해줬고 뒤에서 자기를 욕하거나 질투하는 일이 비교적 적었기 때문이다. 윤희에게 아름다운 외모와 셀카는 남성에게 호감을 얻어 자신이 또래 관계 안에서 고립되지 않도록 해주는 수단이었다. 윤희는 페미니스트로서 한때 탈코르셋을 실천해본 적이 있었다고 했다. 그러나 화장과 '여성스러운' 옷을 포기하는 것도 잠시, 번번이 다시 예전으로 돌아갔다. 그는 탈코르셋에 실패하는 자신을 보며, 페미니즘에 대한 진정성을 스스로 의심하는 모습을 보였다.

재아와 혜주는 마음속으로 탈코르셋을 강하게 지지하지만, "현실적으로" 숏컷이나 반삭을 하는 것은 어렵다고 생각했다. 회사에 다니는 재아는 "끝까지 올라가는[승진하는]게" 목표라고 했다. 여성 후배들을 끌어올려주고 싶기 때문이다. 그러기 위해서는 평판 관리가 필수다. 특히 인터뷰 당시 그는 이직 면접을 앞두고 있어서 탈코르셋 실천에 더욱 큰 부담감을 느꼈다. 혜주는 남성이 압도적으로 많은 기숙사형 대학에 다니고 있었다. 학교에서 페미니스트를 축출해 매장시키는 분위기가 있었기에, 탈코르셋은커녕 페미니즘에 우호적인 입장을 드러내는 것도 쉽지 않았다. 혜주는 탈코르셋 운동을 강하게 지지하지만 현실에서는 "어쨌든 살아야" 한다고 했다.

　민경과 한별 또한 혜주처럼 지역에서 남성의 비율이 높은 기숙사형 학교에 다녔다. 그런데 이들은 혜주와 달리 숏컷을 하는 등 탈코르셋을 실천했다. 이런 실천을 가능케 한 것은 비단 개인적 결단만이 아니다. 둘은 혜주보다 학년이 높은 '선배'의 위치에 있었을 뿐 아니라, 대학을 졸업하자마자 타교 대학원에 진학할 계획을 세우고 있었다. 민경은 자신의 학교를 아주 싫어하며 그곳에 거의 소속감을 느끼지 않았고, 얼른 대학을 졸업한 후 타 지역의 대학원에 가서 새 친구들을 만날 생각을 했다. 그가 중시하는 집단은 오프라인의 학교 친구들이 아닌 디지털 공간에서 만난 페미니스트들이었다. 한별은 자신이 탈코르셋을 할 수 있었던 계기가 타교로 교환학생을 간 것이라고 회상했다. 원학교에서는 "난 어차피 여기 남을 사람이 아니니까 [페미니즘을] 더 드러낼 수 있었"고, 교환학생을 간 학교에서는 "만나는 사람들이 거기 페미니즘 동아리 사람들로 한정적이고 나머지는 지나가는 행인이라 너무 자유로"웠다는 것이다. 또한 그는 교환학생이 끝난 후 타교 대학원에 진학할 계획이었기에 원학교에서의 평판에 크게 집착하지 않을 수 있었다. 즉 민경과 한별은 남초 집단에 소속되어 있지만 밖에서 자신을 받아들여주는 관계를 경험했던 것이다.

보람과 영기는 둘 다 여대를 다녔지만 서로 다른 선택을 했다. 보람은 탈코르셋을 했고 영기는 하지 않았다. 현재 서울권 여대는 페미니즘을 강하게 옹호하는 분위기가 형성되어 있다. 보람과 영기는 서로 다른 여대를 다녔지만 교내 분위기는 유사했다. 일단 학교 커뮤니티에서 이성애와 외모 관리에 관한 글을 쓰는 것이 금지였다. 4B가 모든 게시판의 '디폴트'이기 때문에, 연애나 외모 관리에 대해 글을 쓰고 싶으면 해당 주제를 승인해놓은 게시판으로 가야 한다. 글을 쓸 때 "ㅠㅠ"와 같이 우는 표현을 사용하면 "애기어", "쿠션어"를 쓰지 말고 "울지 말고 똑바로" 말하라는 댓글이 달린다. 탈코르셋 운동을 지지하는 분위기도 강하다. 메갈리아가 탄생하기 전에 대학에 입학한 보람은 새내기 때만 해도 잘 꾸미는 예쁜 여자애들이 인기가 많았다고 했다. 여대생은 함께 미팅에 다니기 때문에 서로 상대가 얻는 이성적 인기를 확인할 수 있는 기회가 많다. 미팅 후 '애프터'를 자주 받는 여학생들은 여성들 사이에서 암묵적인 동경의 대상이었다. 하지만 메갈리아의 물결이 시작된 후 교내 분위기가 완전히 뒤집혔다. 긍정적 평판의 기준도 바뀌었다. 잘 꾸미고 예쁜 여자애들은 더 이상 부러운 애들이 아닌 '각성하지 못한' 사람일 뿐이다. 이제 학교에서 인기 있는 사람은 "멋있는" 탈코인이다. 보람은 여대와 사회가 "딱 뒤집힌" 공간이라며, 여대가 페미니즘적 "유토피아"라고 했다. 사회에서 탈코르셋을 한 여성이 욕을 먹는다면, 여대에서는 반대로 예쁘게 꾸미거나 화장을 한 여성이 비난을 받는다. 그는 실제로 학교 동기 이외에는 사회적 관계를 거의 맺고 있지 않았다. "외부 스터디를 나가도 두세 번 만에 나오게 되고 도저히 적응을 못하겠"다고 했다. 자신과 유사한 입장을 가진 페미니스트 공동체 안에서 생활하니 탈코르셋 한 것을 후회해본 적도 없었다.

반면 코로나 시국에 대학에 입학한 영기는 2년 동안 학교에 등교한 날이 2~3일밖에 되지 않았다. 페미니즘에 관심이 있어 공부해보고자 여성학 동아리에 가입했지만, 아직까지 대면 모임을 해본 적도 없었다. 또한 주변에서 실제로 관계를 맺고 있는 페미니스트도 없었다. 그는 페미니즘적 분위기가 강한 여대에 다니지만 학교에 아는 사람이 없기에 학교를 구원처로 여기는 보람과 달랐다. 주로 집에서 시간을 보냈고, 그가 사람을 만났던 공간은 바로 이성 만남을 하는 어플이었다. 영기가 중요하게 생각하고 의식하는 상대는 그 어플에서 만난 남성들이었다. 고학력 남성과의 연애를 꿈꾸는 영기는 아름다운 셀카를 통해 그들에게 호감을 사려고 했다. 보람과 영기는 둘 다 여초 집단에 속해 있지만 각자 소속감을 느끼는 상대가 달랐다.

탈코르셋 운동의 조건 질문하기

내가 만난 탈코르셋 실천 여성들에게는 공통점이 있었다. 성차별적 주류 집단과 거리를 둘 수 있는 조건이 마련되어 있고, 주변에 자신을 지지해주는 페미니스트 친구들이 있었다는 것이다. 반대로 탈코르셋 운동의 주장에 공감하더라도, 성차별적 집단에 속해 있거나 여성과 관계 맺기가 어려운 경우 실천이 쉽지 않았다. 이것은 탈코르셋과 인생샷의 차이가 페미니즘 인식과 같은 내적 요인에만 있지 않고, 이들이 속해 있는 집단·환경·조건과 긴밀히 연결되어 있음을 보여준다.

탈코르셋은 준거집단을 바꾸는 운동이다. 한 사람의 준거집단은 자신이 중요하게 생각하는 집단일 때도 있고, 실제 소속된 집단일 때도 있다. 두 가지는 복합적으로 작용하며 행동의 준거 틀과 개인의 지향점을 설정한다. 다른 사회적 자원을 획득할 수 있는 가능성이 있을 때, 혹은 자신을 있는 그대로 지지해주는 다른 관계망이 있을 때 일부 여성들은 단호하게 기존의 가치와 거리를 두고 새로운 세계로 진입할 수 있다. 반대로 페미니스트 지지 집단에 대한 접근성이 떨어지거나 외모가 생존의 문제와 연결된 여성에게 탈코르셋은 부정적 평판과 고립만을 의미할 수 있다. 특히 아름다움을 필요 이상으로 중시하는 여성은 남성적 시선의 영향력이 큰 집단에 속해 있을 확률이 높다. 그렇기에 인식의 변화가 더욱 필요하기도 하지만, 반대로 그만큼 아름다움이 그들의 생계 및 일상과 촘촘히 연관되어 있는 상황이기도 하다. 페미니스트는 신념만으로 살아가는 상상적 존재가 아니라 몸을 가진 물적 존재다. 또한 페미니즘은 저 멀리 붕 떠 있는 사상이 아니라 각자의 몸, 그리고 몸이 놓인 위치와 상호작용하며 형성된다. 모든 여성에게 당장 머리를 자르라거나 화장을 그만두라는 요구는 오히려 누군가의 삶의 기반을 더욱 취약하게 하는 결과를 낳을 수 있다.

이 부분은 디지털 페미니즘 운동이 활발히 이뤄지던 시기에 트위터 등의 SNS에서 페미니즘에 대해 비교적 일관된 입장의 게시글이 공유되었던 것과 달리, 유독 인스타그램에서 상반된 이미지가 유행했던 이유와도 연관된다. 각 플랫폼의 매체적 특성은 이용자들이 해당 공간에서 어떤 모습의 자신을 꺼낼 것인지에 영향을 미친다. 인스타그램은 오프라인의 정체성을 온라인으로 연결해 사용하기에 최적화된 플랫폼이다. 이용자들은 자신이 속하거나 준거하는 집단의 평판 기준을 반영하여 자신의 모습을 전시한다. '실친'(오프라인 친구), '트친'(트위터 친구), '인친'(인스타 친구)의 특성이 유사한 여성은 모든 공간에서 일관된 모습으로 나타날 수 있을 것이다. 반면 '실친', '트친', '인친'이 완전히 다른 특성을 갖는 여성은 당연히 활동하는 공간에 따라 다른 이미지를 내보이게 된다. 여성들이 인스타그램에서 드러내는 모습은 각 플랫폼에서 마주하는 관객들과 연관된다.

문제는 온라인 공간에서는 서로가 놓인 상이한 위치를 확인하기 어렵다는 것이다. 여성들 간의 차이가 비가시화된 상황에서는 개인의 선택이나 결단이 마치 운동의 참여 여부를 결정짓는 유일한 변수처럼 여겨지기 쉽다. 운동이 제시하는 해법이 자신에게는 오히려 부정적인 결과를 낳는다거나, 이 해법을 따르기 어렵다고 주장하는 여성의 말은 페미니즘에 충분히 '각성하지 못한' 자의 변명으로 치부된다. 이런 상황은 운동의 서사와 맞는 유리한 위치에 놓인 여성은 추앙의 대상으로, 불리한 위치에 놓인 여성은 비난의 대상으로 만든다. 또다시 여성을 이분화하는 결과가 나타나는 것이다.

인생샷 찍는 페미니스트를 위한 변명

나는 인스타그램에 관한 글을 쓰며, 인스타그램 속 여성들을 보는 관점에는 몇 겹의 부정적인 시선이 존재한다는 것을 알게 되었다. 인스타그램은 여성들의 또래 문화를 함부로 폄하하고 싶은 이들뿐 아니라, 페미니스트들에게도 종종 비판을 받아왔다. 사회적이고 정치적인 이슈에 목소리를 내기보다는 정상 규범에 맞춰 자신을 포장하는 데 공을 들인다는 이유에서였다. 다른 SNS에서 사회고발 운동이 뜨겁게 타오를 때도 인스타그램의 피드에는 아름답고 평온한 사진들이 유유히 떠다녔고, 그 모습은 페미니스트들을 탄식하게 했다. 인스타그램은 정치에는 관심 없고 자기 자신에만 관심 있는 사람들이 모인 탈정치적이고 소비적인 공간으로 그려졌다.

그런데 인스타그램에서 보이는 모습만으로 이용자들이 페미니즘과 무관하다고 단정 짓는 것은 성급하다. 인스타그램은 이용자의 오프라인 위치와 연관되어 있을 뿐 아니라, 많은 인스타그래머가 인스타그램'만'하지 않기 때문이다. 여성들은 여초 커뮤니티와 트위터, 틱톡, 네이트판 등을 바쁘게 오가며 각 공간에 어울리는 모습을 드러낸다. 인스타그램에서 드러내는 모습은 그들 정체성의 '정수'가 아니라 다양하고 입체적인 모습 중 하나다. 어쩌면 오늘 트위터에서 페미니즘 '띵언'으로 수만 RT를 탔던 글의 게시자가 인스타그램의 '뷰티 셀럽'일지도 모르는 것이다.

모든 디지털 공간이 늘 정치적 토론으로 불타고 있어야 하는 것도 아니다. 이곳은 친구들과 소통하는 곳이자 놀이하는 공간이기도 하다. 애초에 일부 여성들이 왜 인스타그램으로 넘어왔는지를 떠올려보자. 인스타그램이 다른 커뮤니티처럼 정치 이야기로 가득해진다면, 사람들은 또 다른 재밌고 편안한 플랫폼을 찾아 떠날 것이다. 우리에게는 같이 싸울 공간만큼이나 긴장을 낮추고 놀이할 공간도 필요하다. 어딘가에서의 강하고 올바른 모습은 또 다른 곳에서의 힙하고 멋진 모습과 서로 기대고 있다. 한 플랫폼에서 보이는 특정한 모습이 이용자의 전부를 설명해주는 것은 아니다.

우리는 디지털이라는 매우 특수한 환경 위에서 서로를 마주하고 있다. 디지털 미디어나 SNS 플랫폼은 단순히 이용자의 메시지를 담는 그릇이나 뒤에 조용히 서 있는 배경 정도로 생각되기 쉽지만, 실은 비가시화된 채로 막대한 영향력을 발휘하는 또 다른 행위자다. 미디어는 이용자의 메시지를 그대로 전달하지 않고 메시지가 특정한 방향으로 만들어지고 의미를 갖도록 추동한다. 디지털 공간의 조건을 기민하게 인식하지 않으면 오해와 비난은 반복될 수밖에 없다.

　　우리는 3부에서 인스타그램 속 여성들이 각자의 관객을 의식하며 페미니즘을 전시하는 장면을 살펴보았다. 4부에서는 그 전시의 결과로서 인스타그램 페미니즘이 어떤 모습을 하고 있는지 살펴보려고 한다.

1 게르드 브란튼베르그,《이갈리아의 딸들》, 히스테리아 옮김, 황금가지, 1996.

2 한국여성정책연구원,《KWDI brief》49, 2018.

3 '디폴트default'는 탈코르셋 운동에서 여성들이 꾸밈을 하지 않은 자연 상태를 이르는 말이다.

4 〈기본만 챙긴다: 인생샷 없는 인생여행 OPENING TEASER | 하말넘많 유럽 여행기 [디폴트립]〉, [하말넘많] heavytalker, https://www.youtube.com/watch?v=_giRIrt3Cx4&feature=youtu.be.

5 윤보라,〈온라인 외모 관리 커뮤니티와 20~30대 여성들의 정치주체화: '2008 촛불' 맥락을 중심으로〉, 서울대학교 대학원 협동과정 여성학 전공 석사학위논문, 2011, 22쪽.

6 김수아,〈온라인상의 여성 혐오 표현〉,《페미니즘 연구》15(2), 2015.; 정인경, 〈포스트페미니즘 시대 인터넷 여성혐오〉,《페미니즘 연구》16(1), 2016 외.

7 국가인권위원회,〈온라인 혐오표현 인식조사〉, 2021.

8 (사)여성문화이론연구소 엮음,《페미니즘의 개념들》, 동녘, 2015, 63쪽.

9 같은 책, 71쪽.

10 김리나,〈포스트페미니즘과 메갈리아: 비/일탈적 행위의 자율성 논쟁을 중심으로〉,《한국여성철학회 학술대회 발표문》, 2018.

11 같은 글, 94쪽.

12 〈'웹하드 카르텔' 양진호가 4년간 '음란물 유통'으로 번 돈, 350억〉,《경향신문 플랫》, 2022. 12. 22.

13 〈'불편한 용기'의 분노는 한국사회를 어떻게 바꿨나〉,《한겨레》, 2018. 12. 29.

14 〈들끓는 여성 분노… "몰카 시청자도 처벌", "탈코르셋 하자"〉, 《연합뉴스》, 2018. 5. 21.

15 〈일상복 사이에 스며든 '홀복'… SNS 와글와글〉, 《한국일보》, 2018. 6. 8.

16 〈삭발 퍼포먼스 불법촬영 편파수사 규탄시위 현장 영상〉, Official불편한용기, https://www.youtube.com/watch?v=QwJsaHs89U4.

17 임국희, 〈'비연애' 담론이 드러내는 여성 개인 되기의 열망과 불안: 〈계간홀로〉를 중심으로〉, 《미디어, 젠더&문화》 35(4), 2020.

18 엄혜진, 〈신자유주의 시대 한국의 자기계발 담론에 나타난 여성 주체성과 젠더 관계: 1990년대 이후 베스트셀러 여성 자기계발서 분석을 중심으로〉, 서울대학교 대학원 협동과정 여성학 전공 박사학위논문, 2015.

19 이민경, 《탈코르셋》, 한겨레출판, 2019, 289쪽.

CHAPTER 4

페미니즘:
페미니스트와 페미니즘
사이

1. 페미니즘의 관객들

인생샷과 탈코르셋의 공통점

인생샷 전시 여성과 탈코르셋 전시 여성은 서로 다른 관객을 상대하지만 비슷한 점도 있다.

보람은 3년 전 탈코르셋을 실천하기 시작한 이후로 지금까지 유지하고 있는 여성이다. 그는 흥미로운 이야기를 들려주었다.

보람   예전에도 다리 길이를 늘이긴 했는데, 탈코르셋하고 나서는 그냥 전체적으로 체구를 조절하고 다리를 늘리고 채도랑 명확함 정도를 건드리는 보정 기능을 가장 많이 사용하는 것 같아요. 예전만큼 얼굴을 많이 보정하지는 않지만 아직도 잡티 제거는 해요. 저를 방어하려고 이렇게 말하는 건지 모르겠지만 잡티 제거랑 전반적인 분위기를 보정하는 정도?

보람은 탈코르셋을 한 후에도 인생샷을 찍기 위해 포토스팟을 찾아다녔고, 사진을 보정해 인스타그램에 올렸다. 물론 예전과 같은 방식으로 보정하지는 않는다. 과거에는 얼굴과 몸 구석구석을 세심하게 만졌다면, 이제는 체구를 보정하고 잡티 제거를 하는 등 전반적인 사진 분위기를 만드는 정도다. 보람은 자신뿐 아니라 주변의 친한 탈코르셋 친구들도 사진 보정을 하거나 옅은 화장을 한다고 했다. 그는 스스로의 모순을 인지하고 있었고, 나와 인터뷰하러 오기 전에 자신이 왜 여전히 사진에 집착하는지 고민해보았다고 했다.

보람 솔직하게 생각해보면 숏컷을 하고 나니 이제 정말 저를 가릴 게 없잖아요. 탈코르셋도 남성과 똑같이 되고 싶어서가 아니라 남성들이 꾸미는 정도와 비슷하게 맞추자는 생각에서 시작한 거라고 생각하거든요. 탈코르셋 전에 저는 헤어스타일링과 화장으로 멋진 수준까지 올렸던 것 같은데 이제는 그게 아니니까요. 탈코르셋을 했지만 저는 그래도 그 이전만큼의 체면과 그 정도의 양상[멋짐]은 보여주고 싶거든요. 그래서 보정을 엄청 많이 하는 건 아니지만 이 정도 보정은 괜찮지 않나 싶어요. 저는 체면이 너무 중요하거든요.

지효 그럼 보람님은 누구한테 사진을 보여주고 싶어서 올리는 거예요? 누가 이 사진을 봐주거나 '좋아요'를 눌러주면 좋겠어요?

보람 진짜 모순적이네요. 저는 저 같은, 저랑 비슷한 사상[탈코르셋 지지]을 가진 여성분들이 '좋아요'를 눌러주면 좋겠는데, 또 이야기하다 보니 모순적인 게 그들에게도 제 이미지를 보정해야 보여줄 수 있는데, 왜 제가 그 사람들에게…… 괴리감이 있는 거죠. …… 저는 글 쓸 때마다 해시태그 #○○○○[탈코르셋 여성들 사이에서 유행하는 해시태그]를 달거든요. 이 해시태그를 애용하는 분들이 웬만하면 다 비혼, 탈코르셋 여성이다 보니 관계망이 생각보다 좁아요. 다리 하나 건너면, 아니 다리 두 개 건너면 서로 다 알거든요. 이 사람이랑 이 사람이랑 이렇게 아니까, 그들에게 제 존재를 알리고 싶어서 저도 사진을 올리면서 해시태그를 달면서 저를 보여주는데요. 그들한테 저도 멋있게 보이고 싶잖아요. 나도 이 정도로

257

생겼다. 나도 잘생겼다, 이렇게요. 아 부끄러워.(웃음)

보람은 탈코르셋을 한 후에 오히려 외모를 더 많이 꾸미게 되었다고 했다.[1] "이제 화장 안 할 거고, 머리도 안 할 거니까 옷이 진짜 갑자기 중요하게 느껴"졌다는 것이다. 그는 과거에 츄리닝을 자주 입었지만 이제는 거의 입지 않는다고 했다. 지금은 "편하든 안 편하든 웬만해서는 다 슬랙스고, 셔츠 입고 자켓 입"으며 "포멀하게 셋업"을 하고 다닌다고 했다.

보람이 자기만의 스타일을 만들어가는 과정에는 영향을 준 사람들이 존재했다. 그는 탈코인 중에서 유독 인기가 많은 사람이 있다고 했다. "머리 짧고 레자[인조 가죽점퍼] 입고 슬랙스 입고 화이트 스니커즈에 안경 쓰"는 경우다. 이들은 자신의 인스타그램도 비슷한 분위기를 유지한다. "거무스름한 사진들을 많이 올리고 [사진 색감에] 약간 모노톤을 써서 올"리는 식이다. 심지어 보람이 팔로잉하는 한 '인스타그램 탈코 셀럽'은 매일 머리끝부터 발끝까지 "쫙 빼입고" 완벽하게 세팅한 "꾸꾸꾸[꾸밈,꾸밈,꾸밈]의 정석"으로 다닌다고 했다.

지효 옷을 쫙 빼입고 꾸꾸꾸로 다니는 것도 탈코르셋일까요?

보람 그분은 탈코르셋 운동의 선두 주자일 수밖에 없을 것 같아요. 머리가 짧은 여성들을 대변하는 입장에서 '나는 이 정도로 멋있어'를 그분도 강박적으로 생각하지 않을까 싶어요. 제 친구도 그게 너무 궁금해서 한번은 DM을 보내서 물어봤대요. "이렇게 꾸미고 다니는 거 안 힘드세요?" 그랬더니 즐겁다고 했대요. 자신을 꾸미는 게.

지효 그런데 사실 그건 탈코르셋을 안 한 많은 여성이 하는 말이잖아요. '나는 내가 좋아서 꾸미는 거야.' 이건 탈코르셋 운동에서 대표적으로 비판하는 주장 아닌가요?

보람 음…… 그 비판과 다른 점은 그분은 남자들한테 잘 보이려고 하는 건 아니라는 거죠. 그러니 가장 중점은 잘 보이려는 대상이 누구인지겠죠.

탈코르셋 여성들은 준거집단을 바꾼 후 새로운 멋짐의 기준을 갖게 되었다. 그런데 이들이 새로운 여성상을 추구하는 모습은 인생샷 전시 여성이 아름다운 사진을 제작하는 모습과 상당히 닮아 있었다. 일부 여성의 탈코르셋 사진은 몸 보정과 색감 보정, 피드 관리 등을 거치며 인생샷과 유사한 문법을 공유했다. 물론 추구하는 내용이나 분위기는 다르다. 인생샷을 찍는 여성들이 밝고 사랑스러운 분위기를 지향한다면, 이들은 어두컴컴하고 '간지' 나는 모노톤을 지향한다. 이 분위기를 잘 구현한 여성은 탈코르셋 여성들 사이에서 인기를 얻고 선망의 대상이 되었다. 주류 사회의 여성에게 아름다움이 인정의 자원이라면, 탈코르셋 여성들에게는 탈코르셋 이미지가 인기를 가져다주는 또 하나의 인생샷으로 기능하는 것이다.

셀럽을 참고하는 것은 인생샷을 찍는 여성들도 마찬가지였다. 탈코인에게 '탈코 셀럽'이 있다면, 이들에게는 '페미 셀럽'이 있다. 페미 셀럽은 아름다움과 능력에 페미니즘까지 갖춘 '완벽한' 여성상을 전시하며 '이상적인' 페미니스트의 모습을 드러냈다. 한별은 인스타그램에서 인기가 많은 페미 셀럽에 대해 알려주었다. 이들은 "학벌 권력을 가지고 있고, 예쁘고, 남자친구가 진짜 사랑꾼이고, 자신도 페미니스트"인 여성이다. 실제로 인스타그램에서 인기 있는 페미니스트들의 피드는 상당히 유사한 이미지로 채워져 있다. 가장 중요한 것은 말랐거나 최소한 뚱뚱하지 않다는 점이다. 이들은 두드러지게 '여성스러운' 옷차림을 하지는 않지만 자연스러우며 힙한 '꾸안꾸'(꾸몄지만 안 꾸민 것 같은 자연스러운)' 스타일을 유지한다(이것은 자연스러움을 기치로 하는 '인스타 갬성'의 문법에 정확하게 부합한다). 친구들과 비키니를 입고 바다에서 수영을 하거나 요가를 하고 홈파티를 하는 사진을 공유한다. 은근히 (혹은 적나라하게) 좋은 학력, 직업, 회사, 힙한 친구들, 애인 등을 드러낸다. 이들은 팔로워를 수천부터 수만까지 보유하고, '살아 있는 페미니즘'으로서 역할을 하며 여성들의 부러움을 샀다.

이 셀럽들은 일부 중요한 역할을 한다. 먼저 인스타그램에서 페미니즘이 주목을 얻도록 한다. SNS는 관심과 주목을 이용 문법으로 하는 공간이다. 오프라인과 달리 온라인에서는 타인의 관심을 받아야 존재감을 얻을 수 있다. 메갈리아와 같은 익명 온라인 커뮤니티가 과격한 발언 등으로 '어그로'(주목)를 끌며 운동에 성공한 것만 보더라도 알 수 있다. 반면 인스타그램은 개인을 중심으로 운영되기 때문에 집단 행동을 조직하기 어렵고 과격한 표현을 사용하기도 쉽지 않다. 따라서 페미니스트 셀럽들은 자신이 가진 자원들을 이용해 사람들이 페미니즘에 관심을 갖게 만들고자 한다.

둘째는 페미니스트도 멋지고 행복하게 살 수 있다는 사실을 보여주는 것이다. 사회는 페미니스트가 되면 회사에서 잘리고 모두에게 미움받으며 평생 외롭고 불행한 삶을 살게 될 것이라고 협박한다. 이것은 실재하는 현실이기도 하지만, 불행과 위험을 과도하게 강조하다 보면 오히려 여성들을 위축시킬 수 있다. 페미 셀럽은 페미니스트의 삶에 대한 또 다른 진실을 보여준다. 별일 없다는 것.

이들은 즐겁고 멋진 일상을 실시간으로 전시하며 부정적인 이미지에 반례를 제시하고 페미니스트 상을 확장한다. 긍정적이고 힙한 페미니스트 이미지는 여성들이 자신의 미래와 일상을 구체적으로 상상하고 그리는 데 유용한 참조점이 된다.

여기까지 보면 페미 셀럽이 등장하고 페미니스트 여성들이 인기를 얻는 것이 고무적인 현상인 것처럼 보인다. 그런데 한 발자국 떨어져 이것이 여성 해방과 실질적으로 어떤 관련이 있는지, 혹은 성차별적 사회를 변화시키는 것과 어떻게 연결되는지 곰곰이 생각해보면 답을 내리기 쉽지 않다. 일부 페미니스트 여성들이 멋져지거나 주목받는 것을 하나의 페미니즘 실천으로 바라볼 수 있을까?

페미니즘은 개별 여성들의 삶을 개선하는 것을 넘어 사회구조적으로 작동하는 성차별적 전제를 드러내고 걷어내는 것을 목표로 하는 운동이자 사상이다. 또한 페미니즘은 '멋진 여성'이라는 이미지에 전제되어 있는 성차별적 문법을 성찰하는 정치학이기도 하다.

그런데 인스타그램에서 페미니즘은 차별적인 사회구조에 문제를 제기하고 그것을 바꿔가는 실천이기보다, 페미니스트의 이미지를 긍정적으로 만들어 사회적 인정을 획득하도록 하는 문제에 집중하는 경향이 생겼다. 각자의 방식으로 페미니즘을 전하려는 탈코르셋 여성과 인생샷 전시 여성의 실천은 다름 아닌 자신이 이상적인 페미니스트로 보이고자 하는 욕망에 뿌리를 두고 있었다. 여성들은 각각 '탈코 셀럽'과 '페미 셀럽'을 기준점 삼아 자신의 준거집단에서 인정받고자 했다.

인스타그램은 이곳에 게시되는 이야기들이 '페미니스트인 나'의 이미지를 관리하는 문제로 귀결되게 하는 효과를 발휘했다. 타인의 반응을 끊임없이 의식하고 그에 맞게 메시지를 조정하는 과정에서 페미니즘은 나를 전시하고 증명하며 타인에게 인정받는 문제와 뗄 수 없이 얽히게 되었다. 서로 다른 상대를 보고 있던 탈코르셋 여성과 인생샷 전시 여성은 자신의 이미지를 고민하는 지점에서 한곳으로 모였다.

인스타그램 페미니즘:
너무 쉽거나 너무 어려운

타인에게 비춰지는 자신의 모습을 깊이 의식하며 페미니즘을 이야기하는 상황은 논의를 특정 방향으로 흘러가게 한다. 인스타그램에서 페미니즘 논의는 다음과 같이 양분화되는 경향을 보인다.

먼저 페미니즘의 정치성이 탈각되는 경향이 나타난다. 인스타그램에 페미니즘 글을 올리는 목적은 타인을 설득하는 데 있다. 게시글의 독자는 자연스레 페미니즘을 모르거나 반감이 있는 이들로 타깃팅된다. 민경과 한별은 팔로워들을 설득하기 위해 "무해한 음모", "상식선에서 받아들일 수 있는" 수준의 "순한 맛" 페미니즘을 게시한다고 했다.

> **민경** 페미니즘에 대한 제 생각을 직접 쓰지는 않고요. 여성에 관한 기사 내용을 캡처해서 가끔 올려요. 최근에 성형이나 미용 관련해서 소비가 줄었다는 기사 같은 거요. 그런 기사에 약간 웃음웃음(^^) 이런 걸 붙여서 올린 적이 있어요. 약간 무해한 음모 수준으로 팔로워들한테 자꾸 이런 걸 노출시키려고 하는 거죠.

한별 기사도 되게 순한 것이나 순한 맛으로 가져오죠. 낙태 같은 건 안 가져오고요. 상식선에서 받아들일 수 있는 이야기만 갖고 와서 SNS에 공유해요.

반대로 혜주는 "심각한" 사진을 통해 '충격요법'을 사용하고 있었다.

혜주 저는 심각한 사진 있잖아요. 섹스돌이 여성 발 형태의 성기 모양으로 만들어진 사진들도 그냥 올렸어요. 보고 충격받으라고요. 이게 말이 되는지 직접 생각해보라는 식으로요.

"순한 맛" 게시글과 "충격"적인 게시물은 언뜻 상반돼 보이지만 사실 같은 목적을 지닌다. 사회가 성차별한다는 사실을 알리는 것이다. 현재 많은 청년이 사회가 성차별한다는 사실 자체를 받아들이지 않는다.[2] 또래 친구들을 설득하기 위해서는 성차별의 실재를 증명해야 한다. 이때 설득의 근거로 자주 동원되는 것이 성폭력 관련 뉴스다. 뉴스는 '팩트'의 상징이므로 반박할 만한 여지가 비교적 적다. 또한 폭력 사건은 명백한 피해자가 존재하기에 비판하거나 말을 얹기 쉽지 않다. 과거에는 OECD 및 유엔여성기구UN WOMEN의 성차별 관련 통계가 근거로 자주 쓰였지만, 공신력 있는 기관의 자료조차 거부하고 거짓으로 치부하는 논리가 퍼지면서 활용 빈도가 낮아졌다. 인터뷰이들은 성차별 관련 뉴스를 반복 공유하며 팔로워들을 설득하고자 노력했다.

페미니즘을 싫어하는 팔로워들을 의식하는 상황은 페미니즘의 '정상성'을 강조하려는 노력으로 이어지기도 했다.

혜주 친구들은 페미니스트가 정말 이상한 사람이라고 생각하는데, 저는 이상한 사람이 아니잖아요. 제가 바로 그 페미니스트니까요. 이로 인해 친구들의 인식이 조금이라도 바뀐다면, 저는 그걸로 페미니즘에 기여하는 거라고 생각해요. 애들이 제가 정상인지 너무 잘 알잖아요. 그런 제가 페미니즘 하는 걸 보면 페미니스트를 비정상적으로 보는 그 시선이 문제였다고 여기지 않을까요? 제가 페미니즘을 할 정도라면요. 그걸 조금이라도 애들이 알았으면 좋겠어요. 그래서 글을 좀 더 조심해서 올려요. …… 정상인도 이런 성향임을 보여주려는 거죠. 자기들 기준에 정상인 제가 이런 생각을 할 수 있음을 알게 해주고 싶어서요.

영기 저는 그렇게[과격해 보이는 페미니스트처럼] 되고 싶지 않을뿐더러, 그들과 다르다는 걸 알려주고 싶어요. 저를 아는 사람들한테. 그리고 진짜로 그 말[페미니즘]이 설득력 있게 받아들여지려면 그 사람들이 하는 것과 다르게 해야 한다고 생각해요.

이러한 경향은 남성을 설득하기를 그만둔 것 같아 보이는 탈코르셋 여성의 사례에서도 드러났다. 보람은 "탈코라도 완전히 놓아버려서 거지처럼 하고 다니는 건 운동에 아무런 도움이 안 되"기 때문에, "최소한의 깔끔함은 지켜야" 한다고 했다.

보람 그들[안티 페미니스트]에게 제가 머리 짧고 자기 관리도 안 하는 사람으로 인식되고 싶지는 않은 게 커요. 최소한의 깔끔함은 지키고 싶은. 왜냐하면 걔네들은 정말 흑백논리가 심하다고 생각하거든요. 예쁜 애들과 아닌 애들, 그러니까 페미니스트인 애들과 아닌 애들로 나눌 테니까요. 그들이 욕하는 ○○○[남초 커뮤니티에서 외모로 조롱당한 탈코르셋 페미니스트]는 그냥 자기 관리가 안 된 여성이라고 여기거든요. 저는 남성들한테 페미가 다 못생긴 건 아니고, 탈코한 애들이 다 못생기고 사랑 못 받거나 자기 관리가 안 되는 애들이 아님을 보여주고 싶은 거죠. 탈코라도 완전히 진짜 놓아버려서 거지처럼 하고 다니는 건 운동에 아무런 도움이 안 되니까요.

여성들이 안티 페미니스트의 존재를 강하게 의식하고 있는 상황은 인스타그램 페미니즘을 입문 단계에 머무르게 했다. 사실 한국에서 여성 인권에 관한 논의는 오랫동안 진지하게 진행되어왔다. 한국 여성운동의 시작점을 짚어내기 위해서는 보다 깊은 논의가 필요하겠지만, 이미 1960년대에 가족법 개정 운동 및 집단적 규모의 여성 노동운동이 시작되었고, 1970년대에는 대학에 여성학 강의가 신설되며 학제로서의 페미니즘 논의가 본격적으로 시작되었다. 페미니스트들은 한편에서 여성들이 겪고 있는 어려움을 적극적으로 문제제기를 하고, 또 한편에서 여성에 대한 지식을 생산하며 논의를 진전시켜왔다. 그 성과 중 하나로 2001년에 국가 차원의 성평등 정책 전문 부처 여성부(현 여성가족부)가 창립되기도 했다. 한국사회의 페미니즘 논의는 이미 수십 년 동안 진행되어왔으며, 우리가 목도한 디지털 페미니즘 운동은 이러한 기반 위에서 탄생했다. 메갈리아가 탄생한 지도 벌써 8년이 되었다. 우리에게는 사회가 성차별한다는 주장 '이후'의 참고문헌이 두껍게 쌓여 있는 것이다.

그런데 인스타그램에서는 여전히 성차별을 증명하라는 질문을 벗어나기 어렵다. 마치 수학 교과서에서 '집합' 단원만 까만 것처럼, 여성들은 매번 첫 페이지로 돌아가 여성이 남성보다 임금을 적게 받는다는 통계와 성폭력 사건에 관한 뉴스를 공유한다.

이것은 페미니즘에 관심이 없거나 싫어하는 주변인을 기다려주고 이해시키고 함께 성장하려는 시도라는 점에서 의미가 있지만, 반대로 페미니즘 논의를 늘 입문 수준에 머물게 할 수도 있다. 현재 상황이 페미니즘을 모르는 이들에게 그것을 알아가게 하기보다 페미니즘을 알게 된 이들이 공부한 것을 '리셋'하게 해 수준을 낮추고 있는 것은 아닌지 생각해볼 필요가 있다. 또한 상대를 설득하기 위해 과도하게 노력하다 보면 페미니즘은 매력적이고 흥미롭게 포장해야 하는 브랜딩의 대상이 되고 만다. 페미니즘은 우리 사회에서 당연하게 여겨지는 상식이 사실은 당연한 것이 아니었다고 주장한다. 따라서 기존 상식을 당연하게 받아들이던 사람이 페미니즘을 처음 접하면 불편함을 느낄 수밖에 없다. 이 낯섦과 불쾌함은 앎의 시작이다. 그런데 상대를 불쾌하게 하지 않으려 노력하며 이야기하다 보면, 마치 셀카를 보정하듯 페미니즘을 보정하게 된다. 페미니즘에서 급진적이거나 우둘투둘한 부분을 모두 깎아내고, 지극히 상식적이고 매끈한 부분만 남기게 되는 것이다. 정상성에 도전하는 페미니즘은 보정을 거쳐 정상성을 승인받고자 하는 대상으로 협소해진다.

문제는 인스타그램에서 페미니즘이 정치성을 상실했음에도 여성들이 그것을 알아차리기가 쉽지 않다는 것이다. 페미니즘이라는 소재를 '언급'하는 것만으로도 이미 여성들은 '확실한' 불이익을 받고 있기 때문이다. 사실상 급진적인 변화를 요구하거나 실제적인 변화가 일어나는 부분은 많지 않지만 페미니스트라는 사실을 드러내는 것만으로도 부정적 평가의 대상이 되고 있기에, 개인은 운동에 기여하거나 헌신한다고 느끼기 쉽다. 실제적인 변화의 폭에 비해 여성들이 소진되는 정도가 너무나 큰 기이한 상황이 발생하는 것이다. 인스타그램에서 페미니즘은 무엇을 하려는지보다 페미니즘이라는 어려운 소재를 꺼내는 개인에게 집중하는 경향이 생긴다. 사회정의를 새롭게 정의하려는 페미니즘 사상은 페미니즘이라는 텅 빈 이름을 인정하라고 요구하는 공허한 투쟁으로 남기 쉽다.

이렇듯 여성들은 인스타그램의 성차별주의자들을 의식하며 페미니즘을 정상적이고 매력적인 것으로 브랜딩하고자 애썼다. 그런데 인스타그램에는 페미니즘을 싫어하는 사람들만 있지 않다. 페미니스트도 있다. 이들은 보통 사람들보다 훨씬 더 정치적 올바름에 민감하다. 한편에 페미니즘을 싫어하는 사람들이, 또 한편에 높은 윤리적 기준을 가진 페미니스트들이 있다는 사실은 인스타그램에서의 페미니즘 전시가 모순적인 두 가지 효과를 함께 낳는다는 점을 시사한다. 페미니즘의 정치성을 탈각시키는 동시에, 정치적 올바름에 천착하게 하는 것이다. 인스타그램 페미니즘의 두 번째 특징은 페미니스트들끼리의 상호검열을 추동한다는 점이다.

페미니스트는 분위기를 깨고 상식과 관습에 문제를 제기하는 사람이다. 이들은 사적인 것에서 정치적 의미를 찾아내는 '프로불편러'로서 당연해 보이는 일상에 질문을 던진다. 이러한 행동은 사회를 새롭게 인식할 수 있게 하는 기회를 주지만 서로의 사소한 행동을 검열하는 효과를 낳기도 한다.

SNS는 각자가 처한 위치와 상황, 그리고 맥락이 삭제된 채 단편적인 몇 개의 게시글로 자신을 드러내는 공간이다. 우리 모두는 시간이 흐르며 생각이 바뀌기도 하고, 목표한 것을 못 지키기도 하며, 타협하거나 포기하기도 한다. 자신과 사회를 성찰하는 존재인 페미니스트는 더더욱 계속해서 변화하고 성장해나간다. 그리고 자신이 특정 시기에 한 생각 중 일부를 골라 인스타그램에 남긴다. 그런데 인스타그램에는

'왜'나 '어떻게' 없이 '무엇을'만 남기 때문에 단편적인 게시 글은 게시자를 평가하고 판단하는 지표가 되기 쉽다. 한 사람의 과거와 현재와 미래는 모두 현재적 시점으로 소환되어 쉽게 왜곡되거나 오해의 재료로 쓰인다.

인스타그램에서 페미니스트들은 종종 우리가 어떤 사회를 만들 것인지 질문하기보다는, 각자가 얼마나 '올바르고' '무해하게' 살고 있는지 증명하는 일에 집중한다. 감시의 시선과 폭로의 위험이 언제나 존재하기 때문이다. 온라인의 페미니스트는 '양성평등'이라는 용어를 사용하거나, 남자친구를 너무 많이 사랑하거나, 자신을 너무 좋아하거나/싫어하거나, 자신감이 너무 많거나/없거나, 테니스 스커트를 입은 여성 아이돌을 좋아하거나, 인스타그램을 너무 열심히 할 때 비난받는다. 10년 전에 싸이월드에 올린 성차별적 글이 발각돼 퍼지거나, 누군가와 갈등을 겪었거나, 올바르지 않은 말을 한 적이 있거나, 힘들어하는 친구에게 적절한 조언 대신 상처를 준 적이 있다면 문제는 더욱 심각해진다.

메갈리아가 등장한 후 지난 8년간, 온라인에서는 엄청난 속도와 파급력으로 올바르지 못한 페미니스트를 단죄하는 공론화가 일어났고 이 과정에서 수많은 여성이 자취를 감췄다. 페미니스트들은 누군가를 퇴출하는 상황에 직접 관여하거나 최소한 목격해왔다. 문제는 잘못의 기준이 모호하다는 데 있다. 우리는 모든 상황에서 여성을 합리적으로 미워할 수 있는 '논리적 근거'를 가지고 있다. "보수적인 시각에서 어려운 여자들을 분석해서 그들을 논란거리로 만들 수도 있고, 페미니스트적인 시각에서 단순한 여자들을 분석해서 또다시 논란거리로 만들 수 있다."[3] 심지어 말을 잘못하는 것뿐 아니라 중요한 사건이 터졌을 때 말을 얹지 않는 것도 문제가 될 수 있다. 우리는 온라인 공간에서 글을 쓰는 만큼만 존재하기 때문이다. 생각을 너무 많이 쓰면, 너무 조금 쓰면, 쓰지 않으면 모두 문제가 될 수 있다. 여성은 여성다워도 남성다워도 모두 문제가 될 수 있다. 페미니스트가 되는 것은 서로의 조건을 알고 차이를 이해해가는 과정이지만, 온라인에서는 무엇이든 쉽게 '유해함'의 근거로 남는다. 여성들은 좁디좁은 페미니스트 각본에 자신을 끼워 맞추기 위해 검열을 반복한다. 검열의 끝이 가닿는 곳은 침묵이다. 여성들은 서로의 차이를 이해할 기회를 얻기보다는 조금이라도 논란의 여지가 있는 내용을 올리지 않는 쪽을 선택한다. 사진을 찍을 때 잠시 테이블 위에 놓인 화장품을 치우거나 남자친구를 프레임에서 나오게 하는 식이다.

페미니즘은 여성이 그 자체로 온전하다고 말하지만, 인

스타그램의 페미니스트들은 피드를 새로 고침하며 자신의 글을 여러 각도에서 꼬아서 읽는다. 이들은 '착한 여자는 천국에 가고 나쁜 여자는 어디든 간다'라는 글귀를 공유하지만, 정치적으로 올바른 모습만 보여주고자 애쓴다. 그러나 인스타그램의 모습은 오프라인의 삶과는 당연히 다를뿐더러, 누구도 '무해'할 수 없기에 어떤 방식으로든 문제가 된다.

최근 연구들은 페미니스트들이 외부의 폭력과 내부 검열로 소진되고 있음을 지적한다.[4] 이렇게 인스타그램에서 안티 페미니스트들의 무지를 끝없이 이해하고 기다리고 맞춰주는 동시에, 동료 페미니스트들에게는 가혹하고 엄격해지는 경향이 만들어진다. 이런 경향은 어떻게 발생하며, 우리는 여기에 어떻게 접근해야 할까?

2. 인스타그램 × 페미니즘: 사적인 공간에서 공적인 운동하기

잠시 디지털 페미니즘의 물결이 SNS로 넘어오기 전, '메갈리아'와 '워마드'가 영향력을 발휘하던 시절로 돌아가보자. 메갈리아는 대중화된 페미니즘 운동의 시작이자, 한국의 디지털 담론 지형을 뒤바꿔놓은 중요한 사건이다. 메갈리아의 등장에는 게시글의 빠른 유통 및 확산을 가능케 하는 스프레더블 미디어 환경이 중요한 역할을 했다.[5] 이전의 사회운동은 오프라인의 조직화된 집단이 중심이 되어 선전을 통해 '대중'을 동원하는 방식으로 이뤄졌다. 한국의 경우 하루라도 빨리 독재정권을 무너뜨려야 한다는 시대적 사명감과 급박함이 있었기에, 조직의 목표가 개인의 삶보다 우선시될 때가 많았다. 개인은 자신의 욕망을 뒤로 하고 공동체적 사회운동에 헌신할 것을 요구받았다. 정형적이고 위계적인 운동은 참여자들을 단단하게 결속시켰지만, 그만큼 운동 주체를 한정했다. 운동은 정보와 자원을 압도적으로 많이 지녔고, 돌봄노동을 여성에게 전가할 수 있었던 비장애인 성인 남성을 중심으로 이뤄졌다. '평등'과 '민주'를 외쳤던 남성들의 '동지'에는 여성과 소수자가 없었다.

디지털 미디어 환경은 정보와 자원의 진입장벽을 획기적으로 낮춤으로써, 정치 접근성이 제한되었던 사회 주변부의 사람들이 운동에 참여할 수 있도록 해주었다. 과거의 운동이 사회 전반을 포괄하는 정의 개념으로서 '대의'를 중시했다면, 지금의 사회운동은 다양한 사람이 각자의 위치에 기반해 참여하는 경우가 많다. 운동 방식 또한 위계적이거나 통제적이기보다는, 다양한 사람이 이슈를 중심으로 산발적으로 모였다 흩어지는 자유로운 쪽으로 이뤄진다. 자연스레 참여자들끼리 소속감을 공유하는 일도 적어졌다.

특히 여성들에게 디지털 공간이 유용했던 이유는 익명성을 보장해주었기 때문이다. 개개인의 배경이 비가시화되는 사이버 공간이 유토피아가 되지 않을까 기대했던 과거 페미니스트들의 상상력은 메갈리아에서 제한적으로나마 실현되었다. 여성학 연구자 김리나는 메갈리아와 워마드를 중심으로 디지털 페미니즘 운동이 강한 파급력을 가질 수 있었던 요인을 분석했다.[6] 그에 따르면 운동 성공의 주요 요인은 시위 주체의 이름을 비가시화하고 이슈의 파급력을 높이는 일에 집중하는 데 있었다. 메갈리안과 워마디안은 닉네임을 주기적으로 변경하고 가입과 탈퇴를 반복하며 철저히 익명을 고수했다. 이들은 이용자 개인이 드러나는 것을 지양했을 뿐 아니라, 커뮤니티의 이름이 가시화되는 것 또한 경계했다. 특히 "메뽕"(메갈리아뽕)이나 "웜뽕"(워마드뽕) 같이 커뮤니티를 자랑스러워하거나 지나친 소속감을 느끼는 일을 경계했다. 커뮤니티와 자신을 동일시하면 방어 논리가 생기고, 운동의 정당성을 외부로부터 인정받으려는 경향이 만들어지기 때문이다. 이들은 자기검열 없이 "무엇이든 말할 수 있는 자유"를 중요하게 여겼기에 커뮤니티가 지나치게 주목받거나 좋은 이미지를 얻는 것도 경계했다. 이러한 경향은 이들이 스스로를 지칭했던 "메퇘지"(메갈리아+돼지)와 "웜퇘지"(워마드+돼지)라는 용어에서도 드러난다. 이들은 페미니스트에 대한 낙인에 아니라고 항변하는 대신, 부정적 이미지를 적극적으로 전유하여 자신을 더더욱 무서운 존재로 그려냈다. 이미지 관리와 거리를 둔 채 오로지 목표를 중심으로 플래시몹 하듯 이합집산을 반복했다.

김리나의 논문 제목인 "중요한 건 '누가' 아닌 우리의 '계획'이다"처럼, 이들은 스스로를 정의하는 공간을 비워두고 외부의 낙인을 전유하거나 명명을 사용하는 등 유목적 방식으로 존재하며 "무엇이든 될 수 있고 어디든 갈 수 있는 보지"가 되기를 꿈꿨다.[7] 사회적 인정이나 승인에 몰두하지 않고 운동의 목적 자체에 집중했던 이들의 실천은 많은 변화를 가져왔다. 그러나 사회운동이란 시간이 흐를수록 그 동력이 떨어질 뿐 아니라 커뮤니티의 화력도 옅어지기 마련이다. 익명 뒤에서 전투 모드로 살아가는 데 버거움을 느낀 여성들은 일상과 운동을 조화시킬 수 있는 공간을 찾아 인스타그램으로 넘어왔다. 문제는 인스타그램 또한 완전히 대안적인 공간이 될 수 없었다는 것이다. 익명 커뮤니티가 "누구인지는 중요하지 않으며, 중요한 것은 계획"인 공간이라면, 인스타그램은 '계획은 중요하지 않으며 중요한 것은 누구'인 공간이기 때문이다.

인스타그램이라는 공간

왜 인스타그램에서는 유독 이용자 개개인이 부각되는 경향이 생길까? 그 답의 일부를 애초에 이 공간이 설계된 방식에서 찾을 수 있다. 인스타그램은 이미 너무 익숙해져 사기업 플랫폼이라는 사실을 인식하는 것조차 쉽지 않지만, 이곳은 이익의 극대화라는 목표를 가지고 만들어진 상업 공간이다. 인스타그램의 기능은 기업의 비즈니스 구조와 연결되어 수익을 가져다주도록 설계되어 있다.

잠시 SNS가 등장해 폭발적으로 성장하기 시작한 1990년대 후반으로 돌아가보자. 당시 SNS 기업의 고민은 어떻게 하면 이용자에게 부담을 주지 않고 돈을 '자연스럽게' 벌 수 있을지에 있었다. 급속도로 성장하는 사이트를 관리하기 위해서는 비용이 필요했지만 소통 공간을 표방하는 SNS에서 돈을 벌기는 쉽지 않았다. 우리는 이미 이 책의 프롤로그에서 수익화 방안 마련에 실패한 SNS가 망한 사례를 살펴보았다. 바로 '프리챌' 말이다. 하루 접속자 180만 명을 넘길 정도로 규모가 컸던 프리챌은 서버 관리 비용 충당을 위해 결국 SNS 유료화라는 승부수를 던졌다. 사이버 공간에 월세를 내는 일이 익숙하지 않았던 이용자들은 즉시 이탈하기 시작했다. 싸이월드는 재빨리 이 기회를 잡아 무료 이용을 강조하는 슬로건을 내걸고 이용자를 모았다. 그렇다면 싸이월드는 3,000만 명이 이용하는 사이트의 관리 비용을 어떻게 마련했을까? 잘 알려진 것처럼 아바타와 미니룸 등 미니홈피를 꾸밀 수 있는 '도토리'를 판매하며 돈을 벌었다.

싸이월드는 인상 관리의 욕망을 온라인 수익화 방안과 연결해 상업적 성공을 거둔 매우 중요한 선례다. 싸이월드는 하버드대학 비즈니스 스쿨 케이스 스터디 대상으로 선정되기도 했다.[8] 당시 하버드대학의 수닐 굽타 교수Sunil Gupta는 직접 한국에 와서 싸이월드 회사를 견학하고 인터뷰해 논문을 썼고, 주커버그는 페이스북을 창립하기 전에 싸이월드의 수익화 방안을 벤치마킹하기 위해 한국에 방문했다고 알려져 있다. 싸이월드는 사람들이 사이버 자아 이미지를 꾸미는 데 돈을 쓴다는 것, 평판 관리가 돈이 된다는 것, 티 안 나게 돈을 벌 수 있는 방안이 있다는 것을 보여주었다.

이후 메타 그룹은 싸이월드에서 배운 교훈을 기반으로 한 단계 더 발전시킨 수익화 방안을 고안해냈다. 사람들이 더 자주 SNS에 방문하게 하고 이것을 광고 수익으로 연결시키는 것이다.[9] 페이스북의 초대 사장인 숀 파커를 비롯한 수많은 관계자가 밝혀왔듯, 기업은 오랜 기간 사회심리학 및 신경과학을 연구한 것을 바탕으로 사람들의 심리와 감정, 사고 체계를 통제하고 이용자가 하루에도 수십 번씩 SNS를 오가게 할 수 있게 하는 중독성 강한 인터페이스를 완성시켰다.[10]

인스타그램의 모든 기능은 이용자가 타인의 시선을 끊임없이 의식하고 즉각적인 보상을 획득하도록 정교하게 설계되어 있다. 사용자와 계정이 1대 1 관계를 맺고 있어 발화자에게 이목이 쏠린다. 피드가 계정주의 '온라인 생애'를 한눈에 보여주는 포트폴리오로 기능하며 이미지 형성에 영향을 준다. 다양한 집단군의 사람을 한꺼번에 대면한다. 계정 상단에 고정되어 있는 '팔로워 수'를 통해 타인의 반응과 관계 변동을 실시간으로 목격할 수 있다. 자신이 연출한 이미지가 타인에게 통했는지 매 순간 '좋아요'를 통해 확인할 수 있다. 불특정 다수가 해시태그를 통해 게시글에 접근하는 것도 가능하다. 즉, 인스타그램은 이용자가 타인의 시선을 의식하고 자기 이미지를 관리하도록 설계되어 있다.

사적 공간에서 공적 운동하기의 모순

인스타그램의 설계 방식은 여러 측면에서 문제적이지만, 사실 이용자 개개인의 입장에서는 그것들을 심각한 문제로 인식하기 어렵다. 오프라인에서 충분히 존중받지 못한다고 느끼는 사람에게 인스타그램은 오히려 자신을 입체적으로 선보일 가능성이 내포된 공간으로 여겨지기도 한다.

그러나 인스타그램이 개인 차원을 넘어 공적 운동과 만나는 순간 문제가 발생한다. 개인 중심적이고 상업적인 인스타그램의 성격이 공공적 목적을 가진 사회운동과 충돌하기 때문이다. 이곳에서 페미니스트 여성들은 개인이 중심이 되어 집단의 운동을 실천하고, 평판을 관리하되 사회적 낙인의 대상인 페미니즘을 전파하며, 일상적 대화를 나누던 공간에서 정치적 웅변을 하고, 상업성이 짙은 공간에서 공적 가치를 전달해야 하는 모순적인 상황에 놓이게 된다.

이런 모순은 인스타그램 페미니즘이 다른 곳에서의 페미니즘 실천과 구별되도록 만든다. 실명 대면으로 이뤄지는 오프라인 사회운동의 경우, 운동 공간과 일상 공간이 분리되기 때문에 개인이 공격을 받거나 일상에서 큰 불이익을 얻을 위험이 적다. 또한 서로를 지지하고 믿어주는 동지들과 함께하기에 소속감과 안정감이 있다. 낮에 광장에서 피켓을 들고 시위를 한다면 밤에는 술집에 마주 앉아 음식을 나누며 회포를 푼다. 반대로 온라인 익명 운동은 서로의 이름도, 얼굴도, 성별도, 소속도 모르기 때문에 안전하다. 이들에게는 운동의 공간을 떠나 쉴 수 있는 '무대 뒤편'이 있다.

그런데 인스타그램에는 '동지'와 '가면', '무대 뒤편'이 없다. 대신에 언제라도 내 계정을 '팔취'(팔로우 취소)할 수 있는 사람들과 미래에 어떤 방식으로 나에게 영향을 미칠지 모르는 사람들이 있을 뿐이다. 정상 규범으로부터의 이탈을 주장하는 데 뒤따르는 모든 위험을 혼자 책임져야 하는 상황에서 이용자들은 운동과 평판을 세심하게 조율한다. 매력적인 자신의 모습과 운동의 내용을 함께 전시한다.

SNS 공간의 모순을 인정하기

여성들은 인스타그램이 지닌 조건 안에서 페미니즘을 실천하고자 하지만, 그 공간에 응축된 모순은 운동을 개인화하거나 정치성을 탈각시키고 만다. 사실 이것은 접근하기가 매우 어렵고 까다롭다. 다만 SNS라는 공간을 구체적으로 들여다봄으로써 논의를 시작하자고 제안하고 싶다. 나는 연구를 진행하며 SNS 관련 논의가 자주 이분화된 방식으로 이뤄진다는 점을 발견했다. SNS가 사람들을 과도하게 연결시킨다는 평가는 언제나 SNS가 사람들을 단절시키고 외롭게 만든다는 정반대의 평가와 공존했다. 또한 SNS 이용자들이 자기 자신에게만 도취되어 있다는 평가는 이들이 타인의 시선을 지나치게 중시한다는 평가와 공존했다. 마찬가지로 SNS 정치는 실험적인 방식으로 세상을 바꿀 혁신적 시도였다가, 자기 자신에게만 몰두하는 과시적 행위라는 비판을 받았다. 특히 최근에는 SNS상의 정치 참여에 대한 비판적 목소리가 커졌는데, 그 대표적인 주장으로 '미덕 과시virtue signalling'와 '그랜드스탠딩grand standing' 논의가 있다. '미덕 과시'는 실제로는 사회에 크게 도움이 되는 일을 하지 않으면서 자신이 도덕적으로 우월하다는 것을 과시하는 행위를 뜻한다. 최근 국내에서 동명의 책으로도 번역된 '그랜드스탠딩'은 자기 과시를 위해 도덕적 이야기를 하는 것을 뜻한다.[11] 이 논의들은 SNS 정치가 개인의 인정 욕구를 실현하는 방향으로 흐를 때 공적 정치가 퇴색될 수 있다는 것을 짚어낸다는 점에서 중요하다. 그러나 이런 논의들이 SNS라는 공간에 대한 구체적인 이해와 함께 진행되지 않는다면 그저 이용자들의 각성만을 촉구하는 공허한 비판으로 남을 가능성도 있다.

SNS가 모순적인 요구들이 공존하는 공간이라는 사실을 인정하는 것에서부터 이야기를 시작해보면 어떨까? SNS

는 한 가지 특성으로 규정하기 어려울 정도로 많은 역할을 겸한다. SNS는 일기장이나 사진첩 같은 개인적 아카이빙의 영역부터, 단체 카톡방과 수다방 같은 친밀성의 영역, 심리 상담실이나 감정 쓰레기통 같은 정서적 안정의 영역, 명함이나 포트폴리오와 같은 자기 홍보 및 노동의 영역, 정치 토론장이나 길거리 집회장과 같은 정치의 영역까지 모두 포괄한다. 이곳은 공과 사를, 일상과 정치를, 오락과 토론을, 과시와 소통을, 친구와 '대중'을, 시민의 정치 참여와 생활인의 일상을 뒤섞는다. 인스타그램 이용자들은 사회를 바꾸려는 시민이자 자신을 알릴 기회를 찾는 취준생이고, 친구들과 일상을 공유하는 생활인이자 사랑받고 싶은 여성이다. 이 모든 정체성이 한꺼번에 뒤엉키는 과정에서 수많은 에너지와 상호작용, 때로는 부작용이 만들어진다.

이런 뒤엉킴이 예상 밖의 긍정적인 효과를 낳을 수도 있다. 페미니스트 연구자들은 온라인 커뮤니티 및 SNS가 등장함에 따라 여성들이 사적인 경험을 집단적으로 발화하고 정치화할 수 있는 가능성에 주목해왔다.[12] 기존의 사회운동이 전통적인 공사 구분을 기반으로 공적이고 조직적인 집단화를 통해 일어났다면, 온라인 사회운동에서는 기존 정치 영역에서 배제되었던 개인들이 일상 속 차별에 대한 저항 담론을 만들어 의제화하는 흐름이 부상하고 있다. 온라인 공간은 개인적이라고 여겨졌던 의제를 정치화하고 전통적 정치의 영역을 재구성하는 역할을 할 수 있다. 물론 반대로 정치적이고 공적인 담론을 개인화하는 결과를 초래할 수도 있다.

나는 이 문제가 더 큰 질문들을 포함하고 있다고 생각한다. 개인과 정치의 거리가 삭제되는 SNS에서 우리는 정치와 어떻게 관계를 맺어야 할까? 개인적인 것은 정치적인 것인데, 정치적인 것은 개인적인 것일까? 디지털 시민으로서 책임감을 갖되, 반드시 심각하고 진지한 얼굴만 하지 않고 즐겁게 지낼 방법은 없을까? 우리가 SNS를 완전히 떠나거나 바꿀 수는 없지만, 이 공간의 어떤 조건을 받아들이거나 거부할 것인지, 감수하거나 타협할 것인지에 대해서는 함께 이야기할 수 있다.

또한 우리는 SNS를 어떻게 이용할지를 넘어, SNS 플랫폼 기업 및 기술과 어떻게 관계 맺어야 하는지에 대해서도 적극적으로 이야기해야 한다. 미디어는 우리에게 이용당하는 '도구'나 '배경'이 아니라, 우리의 신체 감각과 세상을 지각하는 방식이자 삶의 패턴에 총체적인 변화를 만들어내는 행위자이기도 하기 때문이다. 우리가 대화할 때 상대의 표정과 말투, 손짓과 태도를 그가 말하는 내용과 분리해 인식하지 않듯, 미디어의 다양한 기술적 기능은 내용과 뒤섞인 채로 전달된다. 미디어 기술은 눈에 띄지 않게 인간의 감각과 경험을 은밀히 변형하고 재구조화한다. 어떤 내가 되어, 무엇을 어떻게 경험하며, 누구와 어떤 방식으로 관계를 맺을지에 관여하는 것이다. 새로운 미디어 플랫폼은 앞으로도 계속해서 등장할 것이므로, 미디어의 안과 밖을 함께 살피며 이것과 어떻게 관계를 맺어야 할지 비판적으로 사유하고 통합적으로 논의하는 장이 필요하다.

3. 여성 × 페미니즘: 사랑받고 싶은 여성과 사랑의 조건을 바꾸는 페미니즘

지금까지 SNS 공간을 중심으로, 페미니스트 여성들이 인상 관리에 몰두하는 맥락을 살펴보았다. 여성들이 페미니즘을 전시하며 멋진 자기 이미지를 추구하는 데는 SNS라는 공간의 특성이 개입한다. 그런데 SNS에 대한 이해만으로 이 상황이 다 설명되는 것은 아니다.

　사실 운동 참여자가 자신이 가진 사회적 자원을 활용해 운동의 발언권을 확보하려는 시도는 다른 사회운동에서도 종종 목격된다. 사회를 바꾸고자 하는 운동에 참여하는 사람들은 발화의 자격을 요구받기 때문이다. 대표적인 것이 학력 차별 철폐 운동의 참여자들에게 학력을 묻는 일이다. '비명문대' 출신의 참여자는 자신의 무능함을 사회 탓으로 돌린다는 의심을 받기 때문에, '명문대'를 자퇴하거나 차라리 시험 응시를 거부해 성적 파악이 어려운 위치는 돼야 발언의 진정성을 인정받을 수 있다. 유사한 맥락에서 지역 차별을 비판하려는 사람들도 수도권에 와서 말할 때 '들릴 권리'를 얻을 수 있다. 권력의 위치를 재배치하려는 사람들은 자신이 비판하는 사회적 권위를 일부 가지고 있다는 점을 입증해야 주장에 힘이 실리는 역설이 생긴다. 개인화된 공간인 SNS에서 이런 경향은 더욱 거세진다.

이 때문에 운동의 참여자들이 기성의 권위를 활용하는 경우도 벌어지지만, 그렇다고 해서 운동의 방향이 '멋진 사회운동가'나 '멋진 피해자' 이미지를 보여주는 쪽으로 흐르는 건 아니다. 애초에 사회운동은 자신들을 평가하는 그 기준이 편협하다는 점을 지적하고 바꾸는 것을 목표로 삼기 때문이다. 그런데 페미니스트들에게는 유독 멋지고 예쁜 모습을 보여주고 증명하는 일이 중요하게 여겨진다. 운동이 자기전시와 결합하는 것을 넘어, 자기전시 자체가 운동의 내용이 되기도 한다. 다시 말해 멋지거나 예쁜 여성을 전시하는 일 자체가 페미니즘에 도움이 된다고 여겨지는 것이다. 여성운동에 헌신해온 활동가나 연구자보다 자신의 외모와 능력을 잘 가꿔온 여성들이 '페미니스트 리더'의 자리에 선다. 이 현상은 플랫폼의 효과와 별개로 대중 페미니즘 운동의 특수성에 대한 별도의 주목을 요청한다.

마지막 장에서는 이상적인 여성의 이미지가 페미니즘에 도움이 될 것이라는 믿음에 대해 이야기해보려고 한다. 이 전략이 정말로 효과적인지, 여성들은 왜 이런 이미지를 추구하는지 살펴보려고 한다.

인정받는 여성이라는 환상

먼저 개인의 차원에서, 인정받는 여성이 되는 일이 현실적으로 얼마나 가능한지 살펴볼 수 있다. 가부장 사회는 여성을 통치하기 위해 비난받을 만한 여성과 칭찬받을 만한 여성이라는 이분법을 활용해왔다. 여성들은 높은 강도의 자기감시와 통제, 검열을 감내하며 이상적인 여성상을 획득하고자 노력한다. 그런데 실상은 아무리 노력해도 목표를 달성하기 어렵다는 데 있다. 여성에게 요구되는 모습이 이미 모순을 품고 있기 때문이다. 과거에는 차라리 비교적 일관적인 여성상을 요구받았다면, 이제 여성들은 공적으로 '남성스럽되' 사적으로 '여성스러워야' 한다. 여성학 연구자 엄혜진은 1990년대 말부터 2000년대 초중반에 유행한 여성 자기계발서 분석을 통해 '경쟁력 있는 개인'이라는 시민상에 은폐되어 있는 성차별성을 파헤쳤다.[13] 1990년대부터 한국에 신자유주의 기조가 본격화되며 자기계발 및 셀프 브랜딩 열풍이 불기 시작했다. 안정적 노동 생애가 불가능해진 사회에서 사람들은 살길을 스스로 마련해 헤쳐가야 하는 각자도생의 상황에 놓였다. 그런데 개인이 자신의 성과에만 집중해 공적 영역에서 경쟁력을 갖추기 위해서는 사적 영역에서 생산 및 재생산 노동을 타인에게 완전히 전가해야만 했다. 그리고 이것은 당연히 일부 비장애인 남성 생계 부양자에게만 가능했다. 경쟁에 지친 남성을 위로하고 내조하는 역할을 부여받은 여성들은 각자도생을 위해 뛰어들 수 없었다. 여성들은 경쟁 사회에서 자신의 역량을 키워 생존해야 하는 한편, 남자친구 및 남편을 위해 헌신해야 했다. 말하자면 남자처럼 살아남되, 남자처럼 자신만을 위해 살 수 없는 모순적 위치에 놓인 것이다. 여성들이 남성과 동일시된 '개인'과 '여성' 사이의 긴장을 관리하기 위해 택한 방법이 바로 "속물"이 되는 것이었다. 여성들은 사랑, 결혼, 연애 등의 사적 영역과 경제력을 결합하는 '혼테크'

및 '재테크'를 활용해 여성과 개인 사이의 위험을 관리하고자 했다.

그러나 애초에 이상적 개인상이 남성을 기준으로 하는 상황에서 이 기획이 궁극적으로 성공하기는 어렵다. 여성을 향한 규칙들은 이중 언어로 되어 있어서 어떤 목표를 달성해도 또다시 새로운 수렁에 빠져들게 되기 때문이다. 일을 열심히 하는 여성은 가정을 돌보지 않는 이기적인 존재로, 가정에 충실한 여성은 남편의 밥벌이에 빌붙는 의존적인 여성으로 여겨진다. 똑똑한 여성은 남성의 자리를 뺏거나 '공정'을 해치는 특혜 입은 존재로, 멍청한 여성은 무능한 '짐'으로 여겨진다. 예쁜 여성은 외모에만 신경 쓰느라 능력 개발과 내면의 성장에는 게으른 이로, 반대로 외모 관리에 공들이지 않는 여성은 자신을 돌보지 않는 게으른 이로 여겨진다. 여성은 똑똑하되 '순진'하고, 유능하되 적당히 맹하고, 청순하되 섹시하고, 조용하되 지루하지 않아야 한다. 여성은 여성 같아도 남성 같아도 비난받는다. 이것은 인간의 기준이 남성으로 설정돼 있어 발생하는 문제이기에 개인의 노력으로 극복하는 데 한계가 있다. 여성의 정의를 남성이 규정하도록 두고 그 기준에 맞추기 위해 노력하는 이상, 문제는 해결될 수 없다. 칭찬받는 여성의 기준 자체가 심의되지 않는다면 여성들은 무한한 자기검열의 굴레에서 빠져나오기 어렵다.

멋진 페미니스트의 모순

설령 여성이 운 좋게 많은 자원을 획득하고 인정받는 위치에 올랐다 하더라도 이것을 페미니즘과 결부하려는 시도는 오히려 성차별적 구조를 강화하는 데 기여할 수 있다. 오랜 시간 지속되어온 가부장제는 시대와 끊임없이 발 맞추며 변형과 타협을 지속해왔다. 지금의 가부장제는 자본주의, 신자유주의 등과 결합한다. 이 과정에서 운이 좋은 몇몇 여성은 정상성을 분배받고 사회적 차별에서 '잠시' 떨어져 특권을 누릴 수 있는 기회를 제공받는다. 극히 예외적인 사례들은 성차별이 종식되고 평등 사회가 도래했다는 판타지를 증명하는 근거로 널리 홍보된다.

여성들이 개인 차원에서 많은 성취를 하고 좋은 자원을 획득하고 멋진 여성이 되는 것은 긍정적인 일이다. 높은 자리에 오른 여성이 지위를 활용해 변화를 만드는 사례도 드물지만 발견할 수 있다. 그러나 일부 여성이 차별의 사각지대에 설 기회를 얻는 것은 엄밀히 말해 성차별적 구조를 개선하는 것과 거리가 멀다. 심지어 이것을 페미니스트의 모습과 연결 짓고자 한다면, 오히려 그 과정에서 많은 여성이 배제될 수밖에 없을 것이다.

　페미니스트의 이미지를 멋진 것으로 전유하려는 시도는 다른 여성과의 차별화를 전제하므로 자신을 구제하고 다른 여성들을 누락시킨다. 이들은 남성 중심 사회를 상대로 멋진 페미니스트를 보여주려고 하지만, 사실 그 장면을 다른 페미니스트들도 보고 있기 때문이다. 우리는 이미 알고 있다. 페미니스트 중에는 예쁜 사람도, 못생긴 사람도, 뚱뚱한 사람도, 대학에 가지 않은/못한 사람도, 아프거나 우울하거나 '이상'한 사람도 많다는 것을 말이다. 일부 여성이 학력과 직업, 아름다움을 뽐내며 그것이 페미니스트의 모습이라고 이야기할 때, 어떤 여성은 페미니즘의 의제가 자신을 위한 것이 아니라고 느낀다. 누군가 페미니스트의 이미지를 브랜딩하려고 노력할 때, 아이러니하게도 어떤 여성은 페미니즘으로부터 더욱 멀어진다. 그리고 그들의 삶을 개선할 수 있는 가장 현실적이고 합리적인 전략으로 전통적 여성성을 활용한다. 페미니스트의 이미지가 화려하고 멋진 것이 될수록 그것을 꿈꾸기 어려운 여성들은 거리감을 느낀다. 멋진 여성들은 자신이 이 정도 지위에 올라도 '여전히' 차별받는다는 점을 주장하고자 하지만, 반대로 그것을 보는 여성들은 '이 정도로' 예쁘거나 똑똑해야만 페미니스트로 살아남을 수 있다고 느끼기도 한다.

　이 모습이 의도했던 바대로 남성 중심 사회에 인식의 변화를 일으키고 있는지도 질문해볼 수 있다. 차별의 실재를 주장하기 위해 여성들이 자원을 총동원하는 상황은 그 자체로 매우 아이러니한 장면을 완성한다. 성을 제외한 다른 사회적 범주에서 우위를 갖춘 이들이 피해자 대표로 나서는 장면은 오히려 반대의 효과를 낳기 쉽다. 특권을 가진 여성들이 자신을 피해자라고 주장한다는 여성우월론이나 남성약자론, 역차별론의 증거로 오용되는 것이다. 지위를 활용해 성차별의 실재를 주장하고자 하지만, 바로 그 지위 때문에 성차별은 없다는 결론이 도출되는 모순적인 상황이 일어난다.

　이렇듯 여성들은 여러 겹의 모순과 마주한다. 자신의 말이 신뢰를 얻기 위해서는 발언권을 얻어야 한다. 그런데 발언권을 취득하면 반대로 발언권이 있다는 이유로 특권을 가진 사람으로 몰린다. 성차별의 증거로 제시했던 것은 어느새 성차별이 없다는 증거로 변해 있다. 결국 사회에서 인정받는 사람이 되어 자신을 전시하는 방식으로 운동하려는 시도는 진퇴양난과 자기검열의 늪에 빠지게 만든다. 이 상황을 변화시키려면 여성을 평가하는 기준 자체가 바뀌어야 한다. 그런데도 왜 여성들은 기준을 바꾸려 하기보다 그 기준에 맞는 모습만을 보여주려 애쓸까?

우리는 어떤 여자가 되고 싶어 하는가?

가부장 사회는 바람직한 삶의 기준을 독점하고 강요한다. 여성들은 자라며 각본의 일부를 거부하고 일부를 수용하며 일부를 간절히 원한다. 페미니스트도 예외가 아니다. 젠더 각본은 일상을 촘촘히 잠식하고 있어서 벗어나기 어렵다. 그 결과, 페미니스트가 성차별적 문법을 철저히 익혀 우두머리가 되겠다는 야망을 품거나 각본에 저항하고자 하지만 그 시도마저 주류 규범으로 포섭되어 성차별을 재생산하는 상황이 쉽게 일어난다. 이미 규범이 여성 안에 깊이 내면화되어 있어서 이것이 사회가 강요하는 것인지 자신이 바라는 것인지조차 구분하기 어렵다. 여성들은 생애 과정에서 존재 자체만으로 충분히 인정받는 경험을 하기 어렵기 때문에 정서적 허기나 심리적 취약함에 쉽게 노출된다. 사회적 차별로 인해 내면화된 자기혐오는 정상 규범을 수용하고 갈망하게 한다. 이들은 여성으로서, 그리고 페미니스트로서 자신의 쓸모를 증명하고 인정받아야 한다는 강박을 느낀다. 자신을 옭아매는 기준을 문제 삼기보다는 그 기준에 부합하고자 애쓴다.

　페미니스트들은 때때로 페미니즘 명언에 붙어 있는 부

정적인 수사를 낭만적으로 전유하기를 즐긴다. 스스로를 시대와 불화하는 '미친 여자'나 '마녀'와 동일시하기도 하고, '이상한'이나 '비정상적인' 같은 수식어를 적극적으로 활용하기도 한다. 그렇다면 뚱뚱한 여자는 어떨까? 못생긴 여자는? 공부 못하는 여자는? 인기 없는 여자는? 가난한 여자는? 우리가 진짜로 무서워하는 단어는 이런 것들이 아닐까? 멍청함, 못생김, 무능함, 인기 없음, 뚱뚱함, 가난함, 찌질함, 매력 없음, 늙음, 아픔, 약함, 의존적임.

우리는 광고나 영화에 비현실적으로 완벽한 여성이 나오는 것을 보며 그것이 왜 문제인지 비판할 수 있다. 그런데 인스타그램을 보면 어떨까? 몸이 지워진 인스타그램에서 여성들은 그간 비판해온 이미지를 반복한다. 여성의 정의를 넓히기보다 여성의 이미지에서 부정적인 것을 몰아내는 데 집중한다. 그 기준이 틀렸다고 말하기보다 그 기준에 완벽하게 부합하는 모습을 보여주기 위해 애쓴다. 한 인터뷰이는 대화 도중 "남자친구가 긴 생머리를 자르라고 하면 기분이 팍 상하지만 그럼에도 자르진 않을 것 같다"고 말했다. 나는 이 말이 현재 여성들이 처한 상황에 대한 비유인 것처럼 느껴졌다. 그것이 성차별이라고 신랄하게 비판한 후에 내가 어떤 여성이 되고 싶은지 물었을 때 여전히 작동하는 각본들. 우리의 사랑받고 싶은 마음이 차별적 세계를 수호하는 동력 중 하나라는 진실을, 우리가 '멋진 여성'이 되려 노력하며 오히려 스스로를 갉아먹고 있다는 진실을 어떻게 마주해야 할까?

동시에 나는 정반대의 질문도 떠올린다. 그렇다면 어떻게 하자는 것일까? 기준을 바꾸기 위해 그것과 정반대로 행동하며 이상적 여성상과 멀어지자는 것일까? 기준을 바꾸자는 '옳은' 주장을 일상에서 어떻게 적용할 수 있을까? 이 주장이 그렇지 않아도 취약한 여성들의 삶의 기반을 더욱 취약하게 하는 것은 아닐까?

사실 여성들이 완벽한 모습에 집착하는 것 자체가 이미 차별의 결과이기도 하다. 권력자에게는 그가 어떤 모습을 하더라도 이해받을 수 있는 서사가 존재한다. 우리는 약하고, 아프고, 가난하고, 못생기고, 뚱뚱하고, 도박과 술에 중독되고, 아내와 자식들에게 폭력을 행사하는 남성들의 '인간다움'에 대한 구체적인 이야기들을 알고 있다. 사람들은 언제라도 그들을 안쓰러워할 준비가 되어 있다. 반면 여성은 바늘귀 같은 기준을 통과해야만 인정받을 수 있다. 여성에게 쓸모와 완벽함을 강요하는 일은 어렸을 때부터 시작된다. 여성학 연구자 김서화는 최근 유행하는 '덜떨어진 아들'과 '야무진 딸', 그리고 아들은 '동메달', 딸은 '금메달'이라는 비유가 여성에게 쓸모를 강요하는 성역할의 현대화된 판본이라고 분석한다.[14] 과거에 딸이 오빠의 대학 진학을 위한 '집안 재산'으로 활용되었던 것처럼, 딸은 반드시 쓰임새를 증명해야 가치를 인정받는다는 것이다. 다양한 삶의 선택지가 주어진 사람들은 자신의 욕망을 실험하고 고민할 수 있는 여유를 갖는 반면, 그 선택지가 적은 사람들은 정답 밖으로 나가는 모험을 감행하기 어렵다. 어떤 대단함은 권력의 결과지만 어떤 대단함은 차별의 결과다. 누군가는 자신에게 최적화된 방식으로 설계된 경로를 따라가며 권력을 획득하지만, 누군가는 자신의 쓸모를 인정받고자 권력에 목숨을 건다. 따라서 여성들이 너무 똑똑해지고 있는 것, 너무 예뻐지고 있는 것, 너무 대단해지고 있는 것은 성차별의 완화를 증거하는 동시에 성차별의 심각성을 증거한다.

우리는 우리가 변화시키고자 하는 바로 그 기반 위에서 살아가고 있다. 변화를 추구하는 과정은 우리를 해방시키는 동시에 취약하게 한다. 따라서 우리는 변화를 원하고 또 원하지 않는다. 어떻게 이 세계를 살아가는 동시에 변화시킬 수 있을까? 어떻게 사회를 바꾸면서 나의 삶을 돌볼 수 있을까? 나는 이 글을 쓰며 서로 다른 맥락에서 온 몇 가지 구절을 함께 떠올렸다.

지적인 신념은 있지만 그에 상응하는 정서적 뿌리는 없다는 것. 페미니즘의 힘을 머리로는 이해하지만 어떤 식으로든 몸으로는 알지 못한다는 것.[15]

자기 주장을 할 권리와 그러한 자기주장을 실행 가능한 것 혹은 비현실적인 것으로 만드는 사회 환경을 조정하는 능력 간에 도사린 간극이 갈수록 벌어지고 있는 것이야말로 유동적 근대의 주요한 모순인듯 보인다.[16]

우리가 원한다면 가능하다. 그러나 과연 우리가 원할까? 당신은 무엇을 원하는가? 만약 당신이 이상적인 여성이 되는 데 성공했다면, 그 여성의 모습으로 만족하고 사랑받는다면, 당신을 언제나 과장하게 하고 폄하하는 시스템 안에서 효율적으로 기능하는 사람이 되었다면, 과연 탈출을 원할 것인가?[17]

차별받은 사람은 새로운 세계를 꿈꿀 수 있을까?

그리하여 이 책이 마지막으로 도착한 질문은 이것이다. 차별받은 사람은 어떻게 새로운 세계를 꿈꿀 수 있을까? 우리가 사회에서 받은 상처들은 인정에 매몰되게 하고, 우리가 피해를 강조할수록 상대의 권력은 더욱 커지는 아이러니 속에서 어떻게 나갈 수 있을까? 우리는 어떻게 기존의 세계를 미워하며 닮아가지 않고 새로운 세계로 이행할 수 있을까?

이 질문을 놓고 오래 고민하던 나는 보화의 이야기에서 힌트를 발견했다. 보화는 다른 인터뷰이들에 비해 취약한 조건에서 살아가는 여성이다. 그는 어렸을 때부터 외부에서 경제적 지원을 받으며 생활했고, 엄마와 둘이 살며 수많은 젠더폭력에 노출되었다. 소수자 정체성을 숨겨야 했고 고등학교를 자퇴했기 때문에 안정된 공동체나 체계적인 배움의 기회를 경험하기 어려웠다. 나는 보화를 만나기 전에 이러한 환경이 그가 삶을 살아가는 태도와 미래 전망에 큰 영향을 주었으리라 생각했다. 그런데 보화는 내가 상상하지 못한 이야기를 꺼냈다.

> **보화** 과연 돈이 없다고 나쁜 환경에 있는 걸까, 라는 의구심이 있어요. 어쨌거나 저는 돈이 없잖아요. 근데 제 가치가 막 명품 같은 거 사고 좋은 집에 사는 거에 방점이 찍혀 있었다면 모르겠지만, 그냥 자그마해도 몸 누일 집이 있고 꾸준히 읽고 쓸 수 있고 식물이라도 하나 더 키울 수 있다면 많이 갖춘 게 아닐까 생각하거든요. 어떤 경우에든 제가 쓸 수 있는 환경이 만들어진다면 많은 게 채워진다고 느끼는 것 같아요.

보화는 수입이 없음에도 생활고에 잠식되지 않고 매일 글을 읽고 쓰며 작가의 꿈을 키우는 데 집중하고 있었다. 나는 그에게 어떻게 하면 덜 불안해할 수 있는지 물었다.

보화　엄마가 정말 많은 지지를 보내줬어요. 대부분 경제적으로 어려우면 나가서 돈이나 벌어오라고 하잖아요. 근데 엄마는 제가 글 쓴다고 했을 때 너무 기뻤대요. 한번은 "엄마, 나 버러지만도 못한 것 같아" 그랬거든요. "나는 돈도 못 벌어. 근데 돈 안 되는 글이나 찍어내고 있는데 내가 쓴 것들이 다 마음에 안 들어. 다 쓰레기 같아" 이러면서요. 근데 엄마가 그러는 거예요. "야, 네가 지금 노는 거냐? 돈 안 벌면 노는 거야? 그게 다 쌓여서 자산이 돼. 잘 되는 사람일수록 다 그래. 그러니까 너 자신을 들들 볶지마 당장 해결되는 거 아니잖아" 이러면서 항상 지지를 해줬어요.

보화는 자신과 엄마의 관계를 화가 고흐와 동생 테오의 관계에 비유했다. 테오가 평생 가난했던 고흐를 경제적·정신적으로 지지해주었던 것처럼, 엄마는 보화에게 온전한 지지를 보내주었다. 그가 불안해할 때는 오히려 그를 다독이며 인생을 길게 보라고 조언했다. 현재 학교나 직장에 속해 있지 않은 보화가 믿고 의지하는 거의 유일한 사람은 엄마다. 자신에게 가장 중요한 대상에게 인정과 지지를 받는 경험은 그가 위축되지 않도록 해주었다.

이뿐만이 아니다. 보화는 지금 여기를 초과하는 참고문헌을 다양하게 가지고 있었다.

> **보화**　저는 세상의 잣대로 보면 진짜 한심한 사람이에요. 직장도 없고 이 나이 먹고 정부 보조금으로 생활하고 있잖아요. 엄마랑 단 둘이 살고 있고요. 최악의 조건들이 다 따라붙었지만 시선을 돌려보면 완전 최악은 아니에요. 예전에 프랑스의 중산층 기준을 살펴봤는데 정말 놀랐어요. 한국 중산층 기준은 '30평대 아파트가 있는가?', '5000cc 자동차가 있는가?', '월 소득이 500만 원 이상인가?'와 같이 전부 돈이 중심에 있는데, 유럽의 중산층 기준은 '구사할 줄 아는 외국어가 한 가지 이상 있는가?', '자신이 가장 좋아하고 즐기는 스포츠가 있는가?', '사회적 약자와 연대할 수 있는가?' 같은 것들이더라고요. 이 지표를 보고 저는 중산층의 기준을 여기에 두겠다고 다짐했어요. 비록 한국이란 땅에 발 딛고 서 있지만 한국사회가 강요하는 조건들에 매몰되지 않고 더 나은 조건들을 찾아가기로 한 거죠.

보화의 말은 문화인류학 연구자 김현미가 제안한 '페미니스트 라이프스타일' 개념과도 상통한다.[18] 페미니스트 라이프스타일이란 "내 에너지를 누구와 무엇을 모색하며 어떤 희망과 목적을 갖기 위해서 만들어낼 것인가에 대한 윤리적 입장"이자 "무엇이 중요한 일, 기쁜 일인지에 대한 '참조 체계'를 바꾸는 과정"이다. 보화의 '현실'은 경제적·사회적으로 취약한 상황에만 있지 않았다. 그가 참조하는 현실은 다른 세계에도 있었다.

> **보화** '너희가 나에게 보여준 세계가 그런 거라면 나는 다른 세계를 뿌리면 돼'라고 생각해요. 저에게는 얼마든지 다른 세계가 가능하다는 걸 보여준 작가와 영화감독이 있으니까요. 제가 사랑하는 사람들은 다 이런 사람들이에요. 현실로부터 무조건 도망치지도 않고 무조건 타협하지도 않는 사람들. 자신이 맡은 일을 충실히 해냄과 동시에 다른 세계를 꿈꾸는 사람들이요. 스피노자는 낮에는 렌즈 세공업자였지만 밤에는 글을 쓰고 철학하는 사람이었어요. 에밀리 디킨슨도 가사노동을 하면서 매일 시를 썼고요. 이들 덕분에 알게 된 거죠. '나도 다른 세상으로 향하는 문을 열고 싶으면 새로운 기준을 만들어서 그에 맞게 살아가는 법을 터득하면 되겠구나.'

보화에게는 두 개의 현실이 존재했다. 하나는 생활고를 겪는 상황이고, 다른 하나는 사랑하는 작가들이 보여주는 세계다. 보화는 자신의 야망이 "성공이라는 야망을 품지 않는 것"에 있다고 했다.

보화　저는 승부욕이 있기 때문에 만약 경쟁 체제에 들어가면 누구든 다 짓밟아버리겠다고 생각할 수 있을 것 같아요. 근데 저로서는 지금 이런 시대에 야망을 품지 않는 것이 제 야망이거든요. 그러니까 경쟁 세계에서 성공하겠다는 야망, 사회적 성공이라는 야망을 품지 않는 것이 제 야망이에요.

지효　어떻게 성공하지 않겠다는 마음을 먹을 수 있었어요? 어떻게 다른 길을 찾고 그 길을 믿을 수 있었어요?

보화　어렸을 때 아버지가 경쟁을 엄청 강요했어요. 무조건 위로 올라가야 한다고, 지면 도태되는 거라고요. 남들도 다 그러고 사니까 어쩔 수 없다는 논리였죠. 그때는 아버지 말이 법이었으니 너무 불안하고 불행했어요. 이미 그 어린 나이에 엉망진창인 삶을 겪어서인지 또 그렇게 살고 싶진 않더라고요. 게다가 저는 진보주의자이자 페미니스트라는 정체성을 가지고 있는데 '단 하나도 포기하지 못하는 게 진보주의자인가?' 하는 생각이 들더라고요. 무엇보다 저는 제 인성 수준을 그다지 신뢰하지 않아요. 제가 위로 올라가잖아요? 그럼 저는 사다리를 좁은 걸로 교체하지 않고 사다리 자체를 없애버릴 거예요. 이런 사람은 인류의 재앙이잖아요. 저는 좋은 사람이 되는 것까지는 바라지도 않지만 그렇다고 괴물이 되고 싶지도 않아요.

보화는 "미치지 않"고 "이곳에서 제정신으로 살"며 "이 삶을 포기하지 않"겠다고 마음먹었다고 했다. 그럼에도 평정심이 언제나 유지되는 것은 아니다. 그는 때때로 불안과 두려움에 잠식당한다. 특히 "기생수"(기초생활수급자를 비하하는 말)와 같은 혐오 발언을 들을 때 사회가 자신에게 자리를 내어주지 않는다는 불안감이 극도로 높아진다고 했다. 그러나 보화는 불안 또한 "내 삶의 일부"로 받아들였다고 했다. "내 삶을 엄청나게 사랑하지는 않지만 익숙해"졌기 때문에 "다른 인생을 준다면 안 살" 것이라고도 했다.

보화의 사례는 매우 특수하다. 보화는 사회적·경제적으로 취약한 조건에 놓여 있지만, 그 조건 때문에 오히려 자유로움을 얻기도 했다. 현재 그는 학교나 직장에 속해 있지 않고 집 밖에서 사람을 만나는 일도 드물기에 직접적인 비난이나 부정적인 시선을 접할 기회가 적다. 즉 그는 타의에 의해 맺고 있는 관계가 없다. 가장 중요한 관계를 맺고 있는 엄마는 그에게 온전한 지지를 보낸다. 보화는 자신이 믿는 세계에서 충만하게 살 수 있는 시간과 공간을 가진 여성이었다.

보화의 사례를 널리 적용하기는 어렵다. 성차별적 집단, 남초 집단, 여초 집단, 페미니스트 집단에 속한 여성과 고립된 여성의 상황은 모두 다르다. 그러나 우리는 그의 이야기에서 중요한 힌트를 얻을 수 있다. 현실은 주어진 것이기도 하지만 각자가 '선택한' 것이기도 하다. 이것은 '믿는 대로 된다'거나 '긍정의 힘'과 같이 물적 조건을 무시하고 개인의 의지로 현실을 '극복'하자는 말과 다르다. '주어진' 현실을 극복하자는 게 아니라, 반대로 자신이 주목하는 가치에 따라 세계가 '주어지는 방식' 자체가 다르다는 의미다. 사람마다 다를 뿐 아니라 한 사람 안에서도 시기마다 '현실'이라고 구성되는 내용이 다르다. 현실은 유동적인 개념이다.

다양한 여성들과 인터뷰하는 과정에서 내가 아이러니하게 느꼈던 부분은 여성들이 실제로 자신이 놓인 위치와 자기 인식이 정비례하지 않았다는 점이다. 객관적으로 좋은 조건을 가진 여성들은 오히려 자신이 열등하다고 생각하며 불안해하는 경향이 있었다. 이들이 권력을 얻기 위해 노력하는 과정에는 특목고, 명문대 등 경쟁적인 환경이 깔려 있거나, 주변에 비슷한 목표를 가진 이들로 채워졌기 때문이다. 이들에게 현실은 냉혹한 곳, 경쟁이 치열한 곳, 못나면 도태되는 곳으로 여겨졌다. 반면에 경제적·사회적 자원을 덜 가졌거나 덜 경쟁적인 집단에 속한 이들은 상대적으로 여유롭거나 자신을 덜 부정하는 경향이 있었다. 세상이 그렇게까지 '정글' 같거나 두려운 곳이라고 여기지도 않았다. 즉 현실은 각자에게 모두 다르게 인식되고 있었고, 그 인식은 상당 부분 자신의 준거집단에 기반했다. 그런데 지금껏 살펴본 것처럼, 준거집단은 소속집단이기도 하고 자신이 소속감을 느끼는 집단이기도 하다. 따라서 현실은 자신이 속한 상황이기도 하고, 자신이 가장 많이 보고 들으며 신뢰하는 상황이기도 했다. 보화에게는 현실이 그를 차별하는 것이기도 했지만 새로운 세계를 보여주는 것이기도 했듯 말이다. 보화는 소속집단과 자신이 동일시하는 집단의 격차가 가장 큰 여성이었다.

　현실은 주어지는 것이기도 하고 우리가 선택한 것이기도 하다. 각자가 현실이라고 믿는 것은 삶을 살아가는 태도에 영향을 준다. 사회를 정글같이 경쟁적인 공간이라고 믿는 사람은 타인을 적대시하며 자기만을 위하려고 한다. 반대로 사회를 서로를 돌보는 공간으로 생각하는 사람들은 타인과 돌봄의 책임을 나눠지며 살아간다. 전자는 후자를 종종 '현실감각'이 없거나 '이상적'이라며 폄하하지만, 이 발언은 현실의 냉혹함뿐 아니라 발화자의 자기 인식도 보여준다. 마찬가지로 "어쩔 수 없다"는 말을 너무 자주 반복하는 페미니스트는 자기가 자주 쳐다보고 닮고 싶어 하는 사회가 어느 쪽에 있는지 드러낸다. 수천 개의 현실은 지금 이곳에 뒤섞인 채로 존재한다. 새로운 세계는 미래 어느 시점에 도달해야 할 이상향이 아니라 누군가가 '이미' 살고 있는 '현실'이다.

각자의 현실관은 자기실현적 예언이 되어 그것을 현실으로 재생산한다. 퀴어 페미니스트 연구자 사라 아메드는 강제적 이성애 제도를 교통 제도로 비유했다. 방향을 유지한다는 것은 곧 그 방향을 지지하는 일이다. 사람들이 특정 길을 많이 갈수록 그 길은 더욱 선명해진다. 여기에 "발자국의 역설"이 있다. "길은 사람들이 그 길을 따라가기에 생기고, 길이 생기기에 사람들이 그 길을 따른다. 우리는 길을 사용하는 한 길을 사용할 수 있다."[19]

현실'들' 사이의 혼란

그러나…… 나는 여기까지 쓰고 다시 망설인다. 그렇다면 준거집단을 바꾸자고 주장하면 될까? 새로운 세계로 이행하자고 외치며 아름답게 결론을 맺으면 될까? 다시 망설인다. 왜냐하면 나는 새로운 세계를 꿈꾸는 과정에서 오히려 취약해진 부분도 있다고 느끼기 때문이다.

　이 책의 마지막 사례로 나의 이야기를 꺼내고 싶다. 나는 앞서 본 인터뷰이들과 반대 방향에 서 있던 사례다. 나는 대학생 때 페미니즘을 접한 이후 페미니즘에 푹 빠져 살았다. 페미니즘이 삶을 해석하는 관점이자 사회 전체가 새로운 세계로 이행할 것을 주장하는 정의론이라는 점이 너무 좋았다. 내가 근 10년간 가장 깊게 관계를 맺고 있던 상대는 페미니즘 책이었다. 그런데 나는 구조적 차별과 사회정의의 문제에 너무 이입한 나머지, 내 삶을 돌보고 계획하는 행위를 이기적이라고 느끼는 지점까지 가닿았다.

　각자도생식 삶과 멀어져야 한다는 강박 때문에 내가 가진 특권에 대해 지나치게 집착하는 자의식 과잉까지 생겼다. 커피 한 잔을 마실 때도 과도하게 의미를 부여하며 괴로워했고, 내가 가진 것들을 샅샅이 뒤지며 스스로를 미워했다. 그간 누려온 무지의 특권을 어떻게 처리(?)할지 고민하느라, 내가 놓인 또 다른 위치(무직, 30대, 여성, '여성학' 전공자, 직장 및 소득 없음)를 잊어버렸다. 말하자면, 나는 준거집단에 빠져 소속집단을 등한시하고 있던 셈이다(이것은 내가 일시적이게나마 '소신'을 따를 수 있는 환경에 있는 특권을 가졌음을 뜻하기도 한다).

그렇게 사랑하는 세계에 몰입하던 시기를 보내고 대학원을 졸업한 후에 비로소 내가 놓인 또 다른 현실을 직면했다. 현명한 동료들은 이미 살길을 찾아 멀리 떠난 지 오래였다. 내가 '특권을 가진 사람'만이 아닌 '청년 문제의 당사자'였다는 사실을 비로소 깨닫자 화들짝 놀라 불안해하기 시작했다.

불안은 이 책을 쓰며 극에 달했다. 페미니즘에 가장 거리감을 느낀 시기에 이 책을 썼다는 사실이 아이러니하게 느껴진다. 좋은 책을 읽으며 글을 쓸 때는 사랑하는 작가들과 함께 다른 삶도 가능하다고 말하고 싶었다. 나만 대단해지기보다는 함께 나아지고 싶었다. 그런데 집에 돌아와 침대에 누우면 반대로 내 글을 다 찢어버리고 싶었다. 이런 글을 쓸 시간에 당장 토익 공부라도 해야 하는 것은 아닌지 고민했다.

내가 이것도 저것도 하지 못하며 갈팡질팡할 때 찾았던 곳은 인스타그램이었다. 이 책의 초고를 쓰는 동안, 나는 열혈 인스타그래머로 살았다. 희망이 없어 보이는 시기에 인스타그램에는 '좋아요'를 눌러주는 사람들이 있었다. 또한 지금 여기서 다른 세계를 살아가는 얼굴 모를 인스타 친구들이 있었다.

나는 매일매일 분열하며 글을 썼다. 어떤 날은 인기가 많아지고 싶었고, 어떤 날은 나보다 인기 없는 사람 옆에 서고 싶었다. 또 어떤 날은 인기 많아지고 싶어하는 사람을 비판하고 싶었고, 어떤 날에는 그 사람들을 비판함으로써 인기를 얻고 싶었다. 나는 어떤 날에는 인스타그램 중독자였고, 어떤 날에는 인스타그램을 신랄하게 비판하는 여성학도였으며, 어떤 날에는 인스타그램을 분석하는 책으로 대박 나고 싶은 속물이었다. 이 시기에 만난 사람들은 나를 모두 다른 모습으로 기억할 것이다.

이렇게 혼란스러운 시기에 책을 쓰는 게 두렵기도 했다. 나의 갈팡질팡함, 올바르지 않음, 세속적임, 차별적임, 페미니스트답지 않음이 금방 다 탄로 나고 들킬 것 같았다. 더 일찍 책을 썼다면 조금 더 비장하고 올바른 주장을 할 수 있었을 텐데 아쉬웠다. 이런 나를 또 미워했다. 매일이 흔들림의 연속이었다.

그렇지만 내가 놓인 불안한 위치는 새로운 관점을 열어주기도 했다. 나는 관점들 사이를 뛰어다니며 글을 썼다. 마치 페미니스트가 몸이 없는 존재인 듯, 성찰과 윤리만을 요구하는 지식인들에게 여성 청년이 놓인 조건을 구체적으로 읽으라고 말하기. 그러나 우리가 스스로의 한계를 직시하고 나아져야 한다고 말하기. 스스로를 돌봐야 하지만 나만 중요한 건 아니라고 말하기. 페미니즘에는 정답이 없지만 아무거나 다 페미니즘은 아니라고 말하기. 우리는 차별받았지만 그것을 벗어날 수 있다고 말하기. 우리는 이 세계에 살며 새로운 세계로 이행할 수 있다고 말하기.

정반대로도 다시 쓰고 싶다. 우리는 나아져야 하지만 각자가 놓인 조건도 고려해야 한다고 말하기. 나만 중요한 건 아니지만 나의 삶을 살아내는 것도 중요하다고 말하기. 아무거나 다 페미니즘은 아니지만 페미니즘에는 정답이 없다고 말하기. 우리는 벗어날 수 있지만 성차별 사회의 피해자이기도 하다고 말하기. 우리는 새로운 세계로 이행할 수 있지만 여전히 이 세계에 살고 있다고 말하기.

'갈팡질팡'이라는 운동 전략

같은 이야기로 책의 결말을 맺고 싶다. 우리는 한곳에 정착하기보다 소속집단과 준거집단을 옮겨 다니며 살 수 있지 않을까? 우리가 발 딛고 있는 세계를 인식하되, 더 나은 세계를 향한 상상력을 잊지 않고 살 수 있지 않을까? 완벽한 페미니스트가 되기를 기대하거나 어쩔 수 없다는 말을 반복하는 대신,

그때그때 자신의 위치에서 할 수 있는 일을 해내며 살 수 있지 않을까?

　세계 '들' 사이를 왔다갔다 하며, 이리저리 뛰어다니며, 이게 맞는지 헷갈려 하며, 이쪽에서 받지 못한 돌봄을 저쪽에서 받고 이쪽의 후진 기준을 저쪽의 기준으로 대체하며, 너무 비장하게 선을 긋지도 너무 편안하게 타협하지도 않으며, 모든 것을 정치로만 환원하지 않고 그렇다고 모든 것이 정치와 무관하다고 믿지 않으며, 때로는 비현실적인 주장을 하는 페미니스트를 미워하고 또 때로는 현실에 매몰된 여자들을 미워하며, 내가 이미 알고 있는 얼굴과 새롭게 알아갈 얼굴을 교차해 마주하며, 그렇게 서로를 '어쩔 수 없는 현실'의 증거로 여기는 악순환을 끊으며, 아슬아슬하게. 그러나 아슬아슬해서 오히려 지속 가능하게 살아갈 수 있지 않을까? 세계들 사이에서 여러 참조점 사이를 왔다 갔다 하는 것은 그 자체로 우리의 생존 조건이자 운동 전략이 될 수 있다.

　사실 '갈팡질팡'은 이미 정해진 결말이기도 하다. 성차별적 세계의 구성원인 우리는 아무리 노력해도 완전무결해질 수 없기 때문이다. 우리는 평생 여러 세계 사이를 헤매며 살게 될 것이다. 어떤 세계의 냉혹함은 나에게 소중한 사람의 얼굴을 하고 있을 때가 많다. 우리는 앞으로도 "딸아, 주님은 언제나 네가 돌아오기를 기다리고 계신다"고 말하는 엄마와 "너는 대체 요즘 뭐 하고 사니?"라고 비꼬는 친척들과 "쟤 꼴페미래. 조심해"라고 낙인찍는 직장 동료와 함께 살아가야한다. 주기적으로 내 인스타그램을 차단하거나 팔로잉을 끊은 친구들을 발견하는 것은 덤이다.

부러워하지 않으려고 해도 자꾸만 쳐다보고 싶은 마음, 내가 '못한' 게 아니라 '안 한' 거라고 변명하며 오히려 우월적 위치를 점하고 싶은 마음, 반지성주의와 엘리트주의를 때에 따라 내 입맛에 맞게 활용하고 싶은 마음과 평생 싸우며 살아가야 할지도 모른다.

우리는 계속 실패하겠지만 그럼에도 기억할 수 있다. 새로운 세계는 이미 이곳에 도착해 있다는 사실을. 나 또한 누군가의 '현실'이라는 사실을. 우리는 서로에게 새로운 세계가 되어주며 현실들 사이의 균형점을 새롭게 만들어갈 수 있다는 사실을.

닮고 싶은 세계의 닮고 싶은 사람들

인생샷부터 탈코르셋, 페미니즘까지 많은 이야기를 했지만 사실 이 책 전체는 하나의 질문, 즉 '나에게 중요한 타자는 누구인가?'로 이루어져 있다. 이는 곧 '우리는 누구를 닮고 싶

313

어 하는가?'라는 질문으로 다시 쓰일 수 있다. 특별할 것 없어 보이는 이 질문은 타인의 욕망을 욕망함으로써 작동되는 세계의 정중앙을 통과한다.

유독 더 큰 불안이 찾아오는 날에, 여러 세계 사이에서 갈피를 잡기 어려운 날에 나는 책장 앞으로 간다. 나의 가장 중요한 참고문헌이자 내가 닮고 싶은 이들의 문장으로 끝을 맺고 싶다.

내가 야학을 하는 게 너무 싫었던 아버지와 야학이 너무 좋았던 나는 오랫동안 사이가 좋지 않았다. 아버지는 내가 세상 물정을 모른다고 생각했고 나는 아버지가 속물적이라고 생각했다. 우리가 뱉은 말은 서로를 비켜가며 각자의 인생에 지워지지 않는 흉터를 남겼는데, 왜인지 그날 아버지의 말은 내 가슴에 정확히 꽂혔다.

"청춘이 너를 한정없이 기다려주는 게 아니다. 청춘이 끝나면 너는 후회할 거다. 후회해도 소용없어. 그건 돌아오는 게 아니거든."

아버지가 나를 걱정하고 있다는 느낌이 든 건 그때가 처음이었다. 아버지는 내가 선택한 삶이 나의 열정이 끝났을 때 아무것도 남는 게 없는 것일까 봐 걱정하고 있었다. 그 날이 바로 아버지가 말했던 그 순간이었다. 청춘의 대부분을 보냈던 노들야학을 그만둔 나는 사막 한가운데 홀로 떨어진 느낌이었다. 가진 것도 없고 어디로 가야 할지도 모른 채 극심한 부상까지 입은 상태였다.

'아…… 이렇게 끝나는 거였구나.'

생각보다 그런 순간이 빨리 와서 당황하고 있었다. 그런데 이상한 건 어쩐지 전혀 후회스럽지 않다는 것이었다. 오히려 가슴이 점점 벅차올라서 눈물이 조금 날 것 같았다. 관객이 되어 바라본 내 청춘이 너무 마음에 들었기 때문이다.[20]

제가 페미니즘에서 배운 가장 소중한 것은 그렇게 타자를 만나는 방식입니다. 페미니즘이 열어놓은 수많은 길마다 여성과 마찬가지로 괴물, 미친 자, 비정상, 열등한 것, 비천한 것, 결핍된 것, 그림자가 되어 변두리로 밀려난 이들이 있었습니다. 그들은 결국 제 자신이기도 했습니다. 나라는 이 독특한 매듭을 얽은 실들을 따라가면 거기에 기어코 그들이 있었으니까요. 그 타자들 중 저에게 가장 어렵고 큰 변화를 요구하는 타자, 가장 경이롭고 중요하게 생각된 타자는 자연과 동물이었습니다. 당신에게는 누구인가요?[21]

내 메모장을 들춰보면 내 천국에는 삼천명의 하인도, 으리으리한 궁궐도 없다. 개인 비행기도 사절이다. 펜트하우스도 럭셔리한 집도 가구도 필요없다. 내 천국에는 책이 있고, 사랑하는 친구들, 가족들, 나의 검은 눈의 강아지 루씨가 있다. 물소리와 고래와 커다란 나무와 작은 꽃, 생명의 다양함, 변화를 원하고 행하는 용감한 사람들이 있다. 내 천국에선 대화가 곧 쾌락이다. 그 빛나고 아름다운 것들은 항상 나를 끌어당긴다. 그 세계의 일부가 돼보지 않겠느냐고. 나는 도저히 그 유혹에 저항할 수 없다.[22]

닮고 싶은 서로의 얼굴을 바라보며 걸으면, 우리는 더 이상 외롭지 않을 것이다.

1 일부 탈코르셋 여성은 준거집단을 바꾸고 자신의 삶을 비이성애적 서사로
   재구성하는 과정에서 여성 간에 확장적 관계를 경험했다. 이들은 자신을
   레즈비언으로 호명하며 여성애 관계를 적극적으로 탐색하고 실천했다. 일부
   탈코르셋 여성이 새로운 멋짐을 추구하는 과정은 레즈비언 관계를 위해 성적
   매력을 습득하고 실천하는 측면과도 관련이 있다. 자세한 내용은 다음 논문을
   참고하라. 이민경, 〈메갈리아 이후 여성에 동일시한 여성들의 생애이행〉,
   연세대학교 대학원 문화인류학과 석사학위논문, 2021.

2 한국여성정책연구원, 《청년 관점의 '젠더 갈등' 진단과 포용국가를 위한
   정책적 대응방안 연구》, 2020, 249쪽.

3 지아 톨렌티노, 《트릭미러》, 389쪽.

4 송지수, 〈페미니즘 알기의 의미: 10~20대 'TERF' 지지 입장을 중심으로〉,
   서울대학교 대학원 사회학과 석사학위논문, 2021.; 이정연, 〈페미니스트들의
   '번아웃' 호소를 통해 드러난 강남역 이후 페미니즘 운동의 정치학〉,
   이화여자대학교 대학원 여성학과 석사학위논문, 2022.; 추지현,
   〈페미니즘'들': 변화, 위해, 소통의 경험들〉, 《여성학논집》 36(1), 2019 등.

5 장민지, 〈디지털 네이티브 여/성주체(Digital Native Fe/male Subject)의 운동
   전략: 메갈리아를 중심으로〉, 《미디어, 젠더 & 문화》 31(3), 2016.

6 김리나, 〈온라인 액티비즘으로 재/구성되는 '여성' 범주와 연대 : '메갈리아'
   와 '워마드'의 사례〉, 이화여자대학교 대학원 여성학과 석사학위논문, 2017.;
   〈메갈리안들의 '여성' 범주 기획과 연대: "중요한 건 '누가' 아닌 우리의 '계획'
   이다〉, 《한국여성학》 33(3), 2017.

7 〈온라인 액티비즘으로 재/구성되는 '여성' 범주와 연대〉, 106쪽.

8 Sunil Gupta & Sangman Han, "Cyworld: Creating and Capturing Value
   in a Social Network", *Harvard Business School Case*, 2008.

9 지금까지 메타는 주로 이용자들의 개인정보를 광고에 활용해 돈을 벌어왔다. 그런데 최근 구글과 애플이 개인정보 관련 정책을 바꾸면서 기존 방식으로 수익을 얻기 어려워졌다. 메타는 조만간 SNS 유료 인증 서비스를 도입할 계획이라고 밝혔다. 지금은 프리챌이 유행하던 1990년대와 비교하기 어려울 정도로 온라인 공간의 영향력이 커진 시대다. 이제는 디지털 서비스를 구독하거나 아이템을 결제하는 일이 더는 특별하지 않아졌다. 다시 시작되는 SNS 유료화가 과연 성공을 거둘지 함께 지켜보자.

10 〈"이용자 중독상태 이끄는 SNS" 저커버그가 페북 뜬한 이유〉, 《한겨레》, 2018. 1. 24.

11 저스틴 토시·브랜던 웜키, 《그랜드스탠딩》, 김미덕 옮김, 오월의봄, 2022, 77쪽.

12 김수아, 〈온라인 글쓰기에서의 자기 서사와 정체성 구성〉, 《한국언론학보》 52(5), 2008; 윤보라, 〈온라인 외모관리 커뮤니티와 20~30대 여성들의 정치주체화〉.

13 엄혜진, 〈신자유주의 시대 여성 자아 기획의 이중성과 '속물'의 탄생: 베스트셀러 여성 자기계발서 분석을 중심으로〉, 《한국여성학》 32(2), 2016, 61쪽.

14 김서화, 《페미니스트 엄마와 초딩 아들의 성적 대화》, 미디어일다, 2018, 25쪽.

15 캐롤라인 냅, 《욕구들》, 정지인 옮김, 북하우스, 2021, 244쪽.

16 지그문트 바우만, 《액체 현대》, 이일수 옮김, 필로소픽, 2022, 99쪽.

17 지아 톨렌티노, 《트릭미러》, 156쪽.

18 김현미, 《페미니스트 라이프스타일》, 반비, 2021, 26~27쪽.

19 사라 아메드, 《페미니스트로 살아가기》, 이경미 옮김, 동녘, 2017, 92쪽.

20 홍은전, 《그냥, 사람》, 봄날의책, 2020, 15~16쪽.

21 한우리·김보명·나영·황주영, 《교차성 페미니즘》, 여성문화이론연구소, 2018, 187쪽.

22 정혜윤, 《아무튼 메모》, 위고, 2020, 162쪽.

나가며

이 책은 내가 2020년에 쓴 석사학위논문을 수정 및 보완한 것이다. 석사논문이 나온 후 연구 동기에 대한 질문을 자주 받았다. 그때마다 나는 매번 다른 답을 해왔다. 프롤로그에서 인생샷에 중심을 두고 동기를 설명했다면, 여기서는 여성학도의 입장에서 이 책을 쓴 또 다른 동기에 대해 이야기해보려고 한다.

이야기는 내가 페미니즘을 처음 접한 때로 거슬러 올라간다. 나는 메갈리아가 등장하기 '전' 정희진 선생님의 '책'을 통해 페미니즘을 접했다. 그때 나는 보수 성향이 강한 개신교인이었는데, 수업시간에 과제로 읽은《페미니즘의 도전》한 권이 빈틈없이 견고했던 나의 세계에 균열을 냈다. 나는 페미니즘이 '이단'이 아닐까 의심하는 혼란스러운 시기를 거쳐 페미니즘을 이해하기 시작했다. 이 이야기를 꺼내는 이유는 나에게 페미니즘이 여성 인권에 대한 이야기이기도 하지만, 그보다 근본적으로 세상을 바라보는 관점이자 기준, 인식론에 대한 이야기였다는 점을 언급하기 위해서다. 페미니즘은 내가 신뢰하던 가치들을 무너뜨리고 신앙관과 가치관, 세계관을 다시 쌓았다.

내가 페미니즘을 받아들인 시기는 대중적으로 페미니즘 논의가 거의 이뤄지지 않던 때였다. 페미니즘에 대한 대중적 반응은 '악플'보다 '무플'에 가까웠고, 당연히 또래 중에서도 페미니스트를 찾기 어려웠다. 나는 중고서점을 샅샅이 뒤져 과거의 페미니스트들이 쓴 책을 찾아 읽곤 했다. 나의 몸은 2010년대 대학에 속해 있지만 생각은 늘 1990년대의 영페미 언니들을 쫓아다녔던 셈이다.

그러던 어느 날, 갑자기 어딘가에서 '메갈'이 나타났다! 난생처음 또래 페미니스트를 목격한 나는 큰 충격을 받았다. 심지어 주변에도 하나둘씩 메갈리아에 영향을 받은 친구들이 등장하기 시작했다. 그런데 솔직히 말하면, 음…… 나는 그들이 좀 불편했다. 편의상 거칠게 나눠보자면, 나에게 페미니즘은 큰 목소리로 상대방의 말을 받아치는 운동보다는 젠더를 생산하는 기준을 성찰하고 질문하는 사유 체계에 가까웠다. 그래서 남성들을 향해 '과격한' 언어를 쏟아내는 그 모습이 잘 이해가 가지 않았다. 메갈리아 운동에 열심히 참여하는 친구와 싸운 적도 있었다. 말하자면 나는 '메갈 세대'에 속하지만, 페미니즘을 이해하는 방식은 여성학을 공부한 과거의 페미니스트들과 닮아 있었던 것이다. 나는 친구들 사이에서 어딘가 계속 어정쩡하게 서 있었다.

이후 대학을 졸업하고 여성학 대학원에 진학했다. 그런데 대학원에서는 또래들과 정반대의 분위기가 흐르고 있었다. 이곳에서 디지털 페미니즘은 신자유주의나 포스트페미니즘, '반지성', '비성찰'과 같은 단어와 자주 붙어 다녔다. 처음에는 이제 막 학계에 들어온 사람으로서 나도 연구자가 됐다는 점을 증명하고 인정받고 싶었던 것 같다. 그래서 대학원 초반에는 (반지성적이고 비성찰적인) '메갈'과 (페미니즘을 깊이 있게 성찰하는) 나를 구분 지으며 또래 여성들을 꾸짖는 페이퍼를 주로 썼다. 그러다 보니 문제가 생겼다. 친구들을 비판하고 진단하는 언어를 너무 많이 알게 되어 그들의 얼굴을 더 이상 똑바로 바라볼 수 없었던 것이다. 물론 디지털 페미니즘에 대한 우려의 시선은 운동에 참여하는 개개인이 아닌 운동을 특정한 방향으로 추동하는 구조를 향해 있다. 그런데 우리가 '신자유주의적 주체화' 과정을 통해 경쟁과 각자도생의 규율을 내면화하고 재생산한다는 이야기를 반복해서 접하다 보면, 그것을 구체적인 모습과 분리시켜 보는 것은 쉽지 않았다. 특히 청년은 너무 인기 있는 연구 주제라

더 그랬다. 신자유주의에서 자유로운 사람은 없지만, 중·장년의 아파트 투기나 주식투자, 자녀 교육 등의 문제는 '시대의 문제'로 일컬어진다. 반면 청년의 입시 및 취업에 대한 집착은 '세대의 문제'로 여겨지며, 마치 이들이 망한 세상을 이끄는 선봉장처럼 여겨진다. 나는 나 자신과 친구들에게 자꾸 제대로 소화하지도 못한 몇몇 개념들을 함부로 붙여보게 됐다.

재밌는 점은 내가 이렇게 '메갈'과 나를 구분지으려고 노력할 때, 대학원에서는 계속 '메갈'로 소환되었다는 사실이다. 나는 2017년에 대학원에 입학했다. 당시는 메갈리아의 붐을 타고 페미니즘에 관심을 갖게 된 청년들이 대학을 졸업하고 이제 막 대학원에 입학하기 시작한 시기였다. 당연히 선생님들은 '우리'를 궁금해하셨다. 현명한 동기들은 말을 아꼈지만, 나는 수업 시간마다 헛소리를 장황하게 쏟아냈다. 선생님들은 '거기 메갈'의 의견을 궁금해하셨고, 어쩌다 보니 나는 자꾸 메갈의 입장을 대변하는 사람이 되어 있었다. 단 한 번도 메갈리아에 접속해본 적은 없지만.

그러다 한 선생님과 대화를 나눈 일이 중요한 전환점이 되었다. 디지털 페미니즘 운동을 비판적으로 연구하신 선생님께서는 나에게 대체 '요즘 여자애들'이 무슨 차별을 당해서 메갈이 되는 거냐고 물으셨다. 공부도 많이 했고 얼굴도 예쁘고 똑똑하고 날씬하고 다 가진 듯 보이는데 뭐가 그렇게 억울한 거냐고. 세 시간 넘게 선생님과 토론하고 돌아온 그날, 나는 뭔가 잘못됐다는 생각을 했던 것 같다.

정리하자면 나는 메갈리아를 하는 친구들과 학계의 연구자 사이에서 어느 쪽에도 끼지 못한 채 서 있었다. 또래들과 시기적으로 공유하는 경험이 있었지만, 페미니즘을 받아들인 경로가 다른 만큼 그것을 이해하는 방식이 달랐다. 학계의 페미니즘 논의를 따라가고 싶었지만, 동시에 청년 여성들을 보는 관점에 불편함을 느꼈다. 이 어정쩡한 위치는 '청년 여성'과 (페미니즘을 접하는) '매체'에 대한 관심으로 연결되었다.

인생샷은 이 둘을 함께 살펴볼 수 있는 최적의 주제로 보였다. 인생샷은 "예쁘고 똑똑하고 날씬하고 다 가진 듯" 보이는 문화다. 나는 인생샷을 통해 어떤 차별은 차별처럼 보이지만, 어떤 차별은 오히려 잘남이나 잘난 척에 더 가까워 보인다는 이야기를 하고 싶었다. 인생샷을 보다 보면 자연스레 디지털 공간과 매체의 문제도 볼 수 있을 것이었다. 청년 여성과 매체는 내가 인생샷 논의에 숨겨놓은 주제였다.

인생샷으로 연구 주제를 정하고 온라인에 인생샷 찍는

여성을 만나고 싶다는 글을 올렸다. 인생샷이 대중적으로 큰 파급력을 가진 문화인 만큼 순식간에 많은 연락을 받았다. 여러 인터뷰이들은 이미 온라인에 게시된 글을 분석했을 때는 결코 알 수 없는 소중한 이야기를 해주었다. 나는 화려해 보이는 인생샷이 성차별과 어떻게 연결되어 있는지, 이것을 왜 마냥 비판하면 안 되는지 뒷받침하는 논리를 만들어가기 시작했다. 그렇게 신나게 논문을 쓰던 어느 날, 나의 매끈한 졸업 여정에 균열을 일으키는 새로운 여성들을 만나게 된다.

인터뷰이를 만나기로 약속한 장소에 나갔던 날, 자리에 앉아 있는 삭발 여성을 보고 당혹감을 느꼈던 기억이 아직도 생생하다. 내가 이 책에 등장하는 대부분의 인터뷰이를 만난 2019~2020년은 SNS에서 탈코르셋 운동이 활발하던 시기였다. 당시 탈코르셋 운동의 주된 비판 대상은 바로 인생샷 문화였다. 탈코르셋 여성들 사이에서 공유되었던 인생샷을 비판하는 분위기와 '여성학과 대학원생'이라는 나의 위치가 결합해 특정한 기대감을 만들어냈다는 사실을 그때 깨달았다. 몇몇 탈코르셋 여성은 내가 '당연히' 인생샷을 비판하는 연구를 진행할 것이라고 예상하며 인터뷰에 지원했다.

그러나 내가 연구를 통해 하고 싶었던 건 비판보다 해명에 가까웠다. 페미니스트들에게는 과시적이라고, 사회에서는 한심하다고 비판받는 문화를 새롭게 해석해보고 싶었다. 하지만 탈코르셋 여성들은 내가 가장 거리를 두고 싶었던 이야기를 쏟아냈다. 인생샷에 대한 비난을 몇 시간에 걸쳐 듣는 과정은 너무나 혼란스러웠다. 특히 나는 한 학기 안에 연구 주제 선정부터 논문 통과까지 모두 끝내는 것을 목표로 했기에 이 혼란을 제대로 마주할 시간이 없었다. 그래서 처음에는 탈코르셋 여성들의 인터뷰를 모두 덜어내는 방법을 택했다. 애초의 목적에 걸맞은 여성들의 이야기만을 인용해 논문을 작성하고 초고 발표회를 진행했다. 그런데 심사위원장이신 배은경 교수님께서는 이 상황을 정확하게 꿰뚫어 보시고, 논문의 논리가 어딘가 어색하고 방어적이며 뭔가 빠진 듯한 느낌이 든다고 말씀해주셨다. 탈코르셋 이야기를 이미 '들어버린' 나는 운동의 논리에 반박하는 방식으로 인생샷 논의를 펼치고 있었던 것이다. 탈코르셋 여성들을 만나기 전으로 돌아갈 수 없었다. 탈코르셋 운동을 직면하지 않고는 논문을 쓸 수 없다는 것을 깨달은 순간이었다.

마침 탈코르셋 실천 여성들이 조금씩 궁금해지기 시작한 참이었다. 나는 인생샷 문화에 참여하는 여성들과 이야기를 나누며 20대 여성에게 '외모'가 얼마나 중요한 요소인지 알게 되었다. 그런데 탈코르셋 여성들은 이 모든 압력으로부터 벗어난 듯 보였다. 점점 궁금해졌다. 이들은 친구가 없나? 사람들에게 미움받는 게 두렵지 않은가? 여러 질문을 품고 처음부터 탈코르셋 여성의 인터뷰를 다시 읽기 시작했고, 나중에는 직접 그 여성들에게 연락을 취해 추가 인터뷰를 진행하기도 했다. 그 결과, 인생샷과 탈코르셋, 페미니즘 논의가 오밀조밀 조합된 독특한 구성의 글이 완성되었다.

지금 생각해보면 탈코르셋 여성들이 인생샷에 대해 내린 능동적인 해석들이 논의를 훨씬 더 풍성하고 다채롭게 만들어준 것 같다. 내가 쓰고 싶은 대로 썼다면 조금 더 납작하거나 지루한 이야기가 되었을지도 모른다. 청년 여성과 매체에 대한 이야기를 하고 싶었던 나와 아름다움과 차별의 이야기를 하고 싶었던 인생샷 여성, 그리고 인생샷 문화에 균열을 일으키고 싶었던 탈코르셋 여성이 만나 새로운 이야기가 만들어졌다. 언제나 좋은 것은 내 세계 밖에 있다는 걸 깨닫는다. 나를 저 멀리 데려가준 인터뷰이들께 다시 한번 감사드린다.

몇 달 전, "첫 작품을 쓰는 데 걸리는 시간은 그때까지의 평생"*이라는 구절을 보았다. 깊이 공감한다. 이 책은 내

---

* 위즈덤하우스 뉴스레터 〈위픽〉 16호(2023. 3. 15.), 편집자 이은정.

20대 초반에 중요했던 인생샷과 아름다움의 문제, 20대 중반에 중요했던 디지털 페미니즘과 여성학의 문제, 20대 후반에 중요했던 페미니스트 선언을 넘어 지속 가능하게 살아가는 문제를 모두 담고 있다. 서른 살에 책을 내는 것이 운명처럼 느껴지기도 한다.

이 주제를 오래 붙잡고 있는 동안 많은 것이 바뀌었다. 페미니즘의 열기로 가득하던 2010년대 중반이 지나고 대중 페미니즘 운동은 사실상 소강 상태에 접어든 지 꽤 오래되었다. 이제 SNS에 페미니즘 이야기가 전처럼 자주 올라오지 않고, 길거리에서 탈코르셋을 한 여성을 찾아보기도 어렵다. 페미니즘은 가끔 이슈가 있을 때 관련 글에 '좋아요'를 누르거나 댓글을 다는 정도의 소재가 된 것처럼 보인다. 길거리와 온라인에서 열렬히 싸우던 여성들은 이제 각자의 자리에서 학생, 직장인으로서 본분에 충실하며 '현생'에 집중하고 있다. 가끔은 예전의 뜨거웠던 여자들이 모두 어디로 가버렸나 싶어 허탈하게 느껴지기도 한다.

그러나 우리가 페미니즘이라는 단어 앞에 비장하게 모일 때만 페미니스트인 것은 아닐 것이다. 사회를 변화시키려는 시도는 페미니즘이라는 이름이 등장하기 전부터 이미 존재해왔기 때문이다. 나눠지고 있는 현실의 조각들 속에서 자신이 할 수 있는 일을 해내며 살다 보면 언젠가는 그 불씨들이 모여 새로운 변화를 일으키고 우리가 몰랐던 세계가 열릴 것이다. 그러니 당장 서로가 보이거나 들리지 않더라도 잊지 말자. 액정 뒤에는 당신과 함께 하는 수많은 여자들이 있다.

감사의 말

책을 다 쓰고 나서야 제가 미워했던 사람들로부터 이 이야기를 시작했음을 깨달았습니다. 저는 셀카에 민망할 정도로 집착하는 여자들, 그리고 페미니스트라면서 자기 자신만 중요하게 생각하는 여자들이 싫었습니다. 이 말은 제가 그들을 미워함으로써 저의 일부로 받아들였다는 뜻이기도 합니다. 따라서 이 책을 쓰는 과정은 제가 싫어했던 사람을 알아가는 동시에 스스로를 이해하는 여정이었습니다. 저를 사랑하고 미워하며 마음 한 켠을 내어주셨던 분들께 감사의 마음을 보냅니다.

논문을 쓰고 책을 내기까지 도움을 주셨던 분들께 감사의 말씀을 드리고 싶습니다. 가장 먼저 지도교수님이신 김수아 교수님께 감사드립니다. 교수님께서는 제가 인생샷이라는 소재를 처음 떠올렸을 때부터 귀 기울여주시고 논의를 확장하는 데 핵심적인 조언을 해주셨습니다. 실력은 부족하고 열의만 앞서는 제자를 사려 깊게 이끌어주신 덕분에 논문을 마무리할 수 있었습니다. 교수님의 첫 석사 지도제자가 된 것이 제게 큰 행운이었습니다.

논문을 심사해주신 배은경·추지현 교수님께 감사드립니다. 탈코르셋 여성들의 인터뷰를 어떻게 해석해야 할지 몰라 길을 잃었을 때, 배은경 교수님께서 회피하지 말고 직면하라고 해주신 덕분에 연구의 방향을 다시 찾을 수 있었습니다. 또한 인터뷰이들의 입체적인 모습을 연구에 어떻게 담아내야 할지 고민할 때, 추지현 교수님은 조건과 한계 사이에서 균형 잡는 법을 가르쳐주셨습니다. 미흡한 글이지만 조금이라도 나은 부분이 있다면 교수님들의 가르침 덕분이라고 생각합니다.

부족한 저자를 인내심 있게 기다리고 돌봐주신 임세현·윤현아 편집자님께 죄송하고 감사하다는 말씀을 드리고 싶습니다. 교정교열뿐 아니라 눈에 보이지 않는 수많은 작업을 꼼꼼하게 챙겨주신 덕분에 다른 걱정 없이 글에만 집중할 수 있었습니다. 책을 함께 만들어주신 신연경 마케터님과 피차 디자이너님, 협업해주신 분들께도 감사를 전합니다. "다른 세상은 가능하다!" 오월의봄에서 첫 책을 낼 수 있어 큰 영광입니다.

온라인 및 오프라인에서 만났던 분들께 감사를 전합니

다. 먼저 만난 적은 없지만 서로의 온갖 TMI를 공유하고 있는 인스타 친구 및 블로그 이웃들에게, 저의 하소연과 자랑을 인내심 있게 견뎌주셔서 고맙습니다. 당신들의 하트 하나, 댓글 하나에 힘을 얻어 글을 포기하지 않을 수 있었습니다. 제가 가끔 너무 과해 보인다면, 당신께 잘 보이고 싶어서 그런 거라고 이해해주세요. 너무 잘 보이고 싶은 상대 앞에 서면 자기도 모르게 무리수를 두거나 뚝딱이게 되잖아요? 앞으로도 서로를 귀여워하고 재수 없어 하며 즐거운 SNS 생활을 해나갑시다.

저와 삶의 한 시기를 공유한 대학 선후배 친구들과 교수님들, 대학원 선후배 동기들, 정책연구기관의 박사님과 동료들, 그 외 다른 곳에서 만났던 분들께 감사합니다. 우리가 나눈 시간의 일부가 이 책의 한 부분을 이루고 있을 것이라 생각합니다. 특히 책을 쓰는 과정에서 여러모로 큰 도움을 준 해인, 미량, 지용, 희수, 효정, 승아에게 특별한 애정을 보냅니다. 고마움을 차차 갚아나가겠습니다.

저의 가장 핵심적인 부분을 이루는 분들께 사랑을 전합니다. 이 책을 쓰는 과정의 모든 디테일을 알고 있는 예진이와 민진이에게. 나는 너네랑 놀면서 어떤 사람은 굳이 페미니즘 같은 단어를 입에 담지 않고도 세상을 나아지게 한다는 걸

배웠어. 내가 운동이나 정의, 윤리라는 거창한 이름을 발음해가며 알게 된 걸 너네는 배우지 않아도 이미 알고 있지. 너희랑 있으면 나도 좀 더 나은 사람이 될 수 있을 것 같아! 지난 10년간 지지하고 응원하고 위로해줘서 고마워. 서로의 가장 중요한 모습을 기억하고 꼭 필요한 때에 되새겨 주는 관계가 있다는 게 큰 힘이 돼. 드디어 다 끝났으니 이제부터 신나게 놀자!

마지막으로 이 책의 타깃 독자와 가장 멀리 떨어져 있는 엄마와 아빠에게. 나는 여성학을 전공하기로 결심한 2016년부터 이 글을 쓸 지금을 기다려왔어. 세상에서 가장 어렵고 귀한 사랑의 방식인 '기다림'을 선물해줘서 고마워.

엄마 아빠에게 이 책은 내가 신의 진리로부터 얼마나 멀리 떨어져 있는 지 보여주는 증표로 읽힐 가능성이 크겠지만, 그래도 말하고 싶어. 이 책은 내 나름의 방식대로 엄마 아빠를 사랑하고자 했던 결과물이라고. 또한 엄마 아빠가 보여준 사랑을 흉내내서 세상을 이해하려 노력해본 흔적이라고. 나의 출처이자 지향점인 엄마 아빠에게, 나의 전부인 엄마에게. 내가 평생 배워온 모든 지식과 관점을 뛰어넘는 최선의 사랑을 드립니다.

인생샷 뒤의 여자들

초판 1쇄 펴낸날 2023년 7월 14일
초판 3쇄 펴낸날 2023년 11월 10일
지은이 김지효
펴낸이 박재영
편집 이정신·임세현·한의영
마케팅 신연경
디자인 조하늘
제작 제이오
펴낸곳 도서출판 오월의봄
주소 경기도 파주시 회동길 363-15 201호
등록 제406-2010-000111호
전화 070-7704-2131
팩스 0505-300-0518
이메일 maybook05@naver.com
트위터 @oohbom
블로그 blog.naver.com/maybook05
페이스북 facebook.com/maybook05
인스타그램 instagram.com/maybooks_05

ISBN 979-11-6873-065-6 03300

만든 사람들
편집 윤현아·임세현
디자인 피차